Alpine Guide

ヤマケイ アルペンガイド

100
Mountains of Japan

日本百名山
登山ガイド 下

北アルプス南部／美ヶ原・八ヶ岳／奥秩父・南関東／中央アルプス／
南アルプス／北陸・関西／中国・四国／九州

Alpine Guide

ヤマケイ アルペンガイド

100
Mountains of Japan

日本百名山
登山ガイド 下

Contents

日本百名山
登山ガイド 上

日本百名山 登山ガイド 下

Index Map

4

日本百名山
登山ガイド 上

北海道
1. 利尻山 (利尻岳)
2. 羅臼岳
3. 斜里岳
4. 阿寒岳
5. 大雪山
6. トムラウシ山 (トムラウシ)
7. 十勝岳
8. 幌尻岳
9. 羊蹄山 (後方羊蹄山)

東北
10. 岩木山
11. 八甲田山
12. 八幡平
13. 岩手山
14. 早池峰山 (早池峰)
15. 鳥海山
16. 月山
17. 朝日岳
18. 蔵王山
19. 飯豊山
20. 吾妻山
21. 安達太良山
22. 磐梯山
23. 会津駒ヶ岳

北関東・信越
24. 那須岳
25. 越後駒ヶ岳 (魚沼駒ヶ岳)
26. 平ヶ岳
27. 巻機山
28. 燧ヶ岳 (燧岳)
29. 至仏山
30. 谷川岳
31. 雨飾山
32. 苗場山
33. 妙高山
34. 火打山
35. 高妻山
36. 男体山
37. 日光白根山 (奥白根山)
38. 皇海山
39. 武尊山
40. 赤城山
41. 草津白根山
42. 四阿山
43. 浅間山
44. 筑波山

北アルプス北部
45. 白馬岳
46. 五竜岳
47. 鹿島槍ヶ岳 (鹿島槍岳)
48. 劔岳 (剣岳)
49. 立山
50. 薬師岳

5

本書の利用法

本書は、深田久弥氏『日本百名山』（新潮社刊）の中から西日本を中心に50山を取り上げ、コースを厳選して紹介しています（東日本の50山は『日本百名山 登山ガイド』上巻をご覧ください）。本書に掲載した情報やデータはすべて2021年2月現在のものです。

❶山名

現在一般的に呼ばれている名称としています。なお、深田久弥著『日本百名山』と山名が異なる場合は、『日本百名山』での山名を（ ）内に記載しています。

❷都道県名

複数の都道県にまたがる山の場合は、山頂ではなくその山全体の都府県を記載しています。

❸標高

三角点ピークの場合は小数点第一位以下を四捨五入した数値で紹介しています。タイトルの山名と最高点の名称が異なる場合は（ ）内に記載しています。

❹グレード

無雪期におけるコースの難易度を初級・中級・上級に区分し、さらに技術度、体力度をそれぞれ5段階で表示しています。グレードはあくまでも目安なので、自分の体力や登山スタイルを考慮して判断して下さい。

初級 技術度、体力度ともに1〜2
中級 技術度3、体力度3〜4
上級 技術度、体力度ともに4〜5
これらを基準に、
宿泊を伴う行程や岩場の規模、
読図の有無などを加味して判定

技術度
1＝よく整備された散策路・遊歩道
2＝とくに難所がなく、道標も整っている
3＝ガレ場や雪渓、小規模な岩場がある
4＝注意を要する岩場や、迷いやすい箇所がある
5＝きわめて注意を要する険路
これらを基準に、天候急変時などに退避路となる
エスケープルートや、コース中の山小屋・避難小屋の
有無などを加味して判定

体力度
1＝休憩を含まない1日のコースタイムが3時間未満
2＝同3〜6時間程度
3＝同6〜8時間程度
4＝同8〜10時間程度
5＝同10時間以上
これらを基準に、コースの起伏や標高差、
日程などを加味して判定

❺深田久弥と○○山

深田久弥著『日本百名山』から、深田久弥氏のその山における行動記録やエピソードなどを取り上げています。

❻歩行時間・歩行距離

歩行時間は 30〜50歳の登山者がその山に合った装備を携行して歩く場合を想定した標準的な所要時間で、休憩時間は含みません（コースタイムは個人差があるので、あくまでも目安です）。歩行距離は機械的に算出したもので、実際の距離とは異なる場合があります。

❼コース本文

ガイド文中で、太字で表記されている地名などは、コースタイムの区切りの地点となっています。なお、自然災害などにより出版時とは現地の状況が変わることがあるので、登山の計画を立てる際には現地の最新情報をご確認ください。

❽プランニング&アドバイス

登る際の計画やコース取り、注意点、登山適期、花の見頃などについて記載しています。

❾コース断面図・日程グラフ

縦軸を標高、横軸を地図上の水平距離としたコース断面図です。日程グラフは、ガイド本文で紹介している標準日程と、コースによっては下段に応用日程を示しています。

❿おすすめの撮影ポイント

紹介コース中の好撮影ポイントのほか、山によっては山麓からその山を撮影するためのポイントも紹介しています。

⓫その他のコースプラン

紹介コース以外のおすすめのコースを記載しています。実際に歩かれる際は、小社刊行のアルペンガイド、分県登山ガイドなどのガイドブック・シリーズの該当書を参照してください。

⓬交通図

大都市圏を起点として、公共交通機関ならびにマイカー（レンタカー）を利用した登山口までの交通手段を示しています。主として、北海道の山は札幌および近接の空港、東北・上越・関東周辺の山は東京、中部山岳・北陸の山は東京及び大阪、関西・中国・四国の山は大阪、九州の山は福岡（博多）を起点としています。

⓭アクセス

公共交通機関の場合は⓬交通図に記載されているバス路線の本数や運行期間、他のアクセス方法、マイカーの場合は駐車場や⓬交通図以外でのアクセス方法などについて記載しています。

⓮コース地図

紹介コースを赤の破線、「その他のコースプラン」で取り上げたコースを緑の破線で記載しています。

主な地図記号

- - - 紹介コース	○○ コースタイムポイント	⌂ 営業小屋	▲ テント場	WC トイレ
- - - その他のコースプラン	⌑ バス停	⌂ 避難小屋	✳ 水場	Ⓟ 駐車場

深田久弥と日本百名山

　小説家で登山家の深田久弥は、第二次世界大戦前には日本の著名な山の大半を登っていて、その中から百名山を選ぶという構想を抱いていた。1940年（昭和15）年に一度はスタートしたものの戦中の混乱期の中で挫折した構想を立て直し、1959年、深田が56歳の時に雑誌『山と高原』で「日本百名山」を連載、1964年に新潮社から単行本として刊行されたのが『日本百名山』だ。

■日本百名山とは

　山としての日本百名山は、深田自身が登った数多くの山から「①山の品格」「②山の歴史」「③個性ある山」を兼ね備え、さらに「おおよそ標高1500m以上」という線引きをして選んでいる。

　本来であればなるべく多くの都道府県から選びたかったようだが、北海道から日本アルプスまでで86山を占め、高峰が少ない関西以西を中心として16府県に日本百名山が存在しない。

■百名山の選定から漏れた山

　先述の通り、日本百名山の選定は①〜③の基準のほかに「おおよそ標高1500m以上」といういわば不合格の決定ラインのようなものがあったため、泣く泣く落とさなければならない山が数多く存在した。ほかにも「もうひとつ特徴がない」「登る機会がなかった」などの理由があるが、深田は「愛する教え子を落第させる試験官の辛さに似ている」と表現している。

　本書では、選から漏れた山から上巻21山、下巻25山を巻末にて取り上げている（『日本百名山』の後記ではほかに弥彦山、比叡山、英彦山にも触れているが、本書では未掲載）。これらの山の大半は、のちに日本三百名山、日本二百名山としてピックアップされている。

奥秩父・国師ヶ岳山頂での深田久弥。1964年9月21日（写真／望月達夫）

深田久弥
ふかだ　きゅうや

1903（明治36）年3月11日、石川県大聖寺町（現加賀市）生まれ。第一高等学校を経て東京帝国大学哲学科入学。高校・大学時代に丹沢、大菩薩、奥秩父、八ヶ岳など各地の山に登る。大学在学中に出版社に入社し、のちに文筆生活へ入隊・復員を挟んで文筆生活と山登りは続け、1964（昭和39）年上梓の『日本百名山』で第16回読売文学賞受賞。1971（昭和46）年3月11日、山梨県茅ヶ岳にて脳卒中で急逝。

100
Mountains of Japan

北アルプス南部

黒部五郎岳
（くろべごろうだけ）

カールが抱く巨石と清流
風に揺れる高嶺の花。
氷河が生みだした
巨大な庭園をめざす

標高
2840m

「これほど独自の個性を持った山も稀である」「圏谷の底という感じをこれほど強烈に与える場所はほかにない」。深田久弥がこう記すように、黒部五郎岳の姿は実に特異だ。北アルプスには多くのカール＝圏谷があるが、黒部五郎岳はカールそのものであるといいたいほどに特徴的。黒部五郎岳には中之俣（なかのまた）岳という呼び名もある。越中富山側の呼称であり、覚えておきたい。

100
Mountains of Japan

深田久弥と黒部五郎岳

「To the happy few の山」深田久弥は黒部五郎岳についてこう形容している。ひと握りの僥倖（ぎょうこう）に恵まれた人の山、といったところだろうか。深田久弥が足を運び入れた時代、黒部五郎岳は、登山者のいない山であった。「この強烈な個性が世に認められるまでには、まだ年月を必要としよう」と語り、その知られざることゆえ、「ますます私には好ましい」と締めくくっている。百名山ブームの1990年代以降、黒部五郎岳は人気となり、多くの人の我が心の山となった。何とも皮肉なものである。

コースグレード｜**中級**

技術度｜★★★☆☆　3

体力度｜★★★☆☆　3

黒部五郎岳と黒部五郎小舎。山頂へはカール経由と稜線通しの道がある

1日目 新穂高温泉から鏡平山荘へ

歩行時間：**4時間40分** ｜ 歩行距離：**9.5km**

新穂高温泉は岐阜県側の北アルプス玄関口。そこから、名峰・双六岳と三俣蓮華岳を経由して、黒部五郎岳へ、さらに北ノ俣岳を経由して、富山県の折立へ下る3泊4日の縦走コースだ。

1日目、**新穂高温泉バス停**から、蒲田川左俣林道を経て**わさび平**へ。以前より少し大きくなった小屋を過ぎると、まもなく車道と別れ小池新道の入口となる。

小池新道に入り、手入れのよい道を進む。秩父沢、秩父小沢との出合は休憩適地だ。少しずつ登りの傾斜が増してくる。イタドリが原を経てシシウド原までは広い谷の底を行く。そこから斜面をトラバース。小さな谷を登ると鏡平となる。鏡平の池畔を木道で進むと初日の宿、**鏡平山荘**だ。

鏡平は槍・穂高連峰の好展望地

2日目 鏡平山荘から黒部五郎小舎へ

歩行時間：**5時間55分** ｜ 歩行距離：**9.6km**

鏡平山荘から稜線上の**弓折乗越**まで登る。荷物を軽くして弓折岳を往復しておこう。さて、乗越からは稜線上を進む。適度なアップダウンのあと、双六岳側に回りこむと、まもなくこの地の基幹小屋である**双六小屋**だ。

プランニング＆アドバイス

深田久弥がはじめてこの山を登ったのは「上ノ岳の方から」と記している。すなわち、太郎平から稜線をたどっていったコースだと思われる。しかし、これはおすすめしない。できれば黒部五郎小舎側から登るようにしてもらいたい。この山頂は飛騨側からガスが湧きやすいので、山頂到着が遅くなる太郎平側からのアプローチでは、せっかく登っても絶景を楽しめないことが多い。深田も「霧のため何にも見えなかった」と記している。なお新穂高を起・終点とする場合、黒部五郎岳山頂からは稜線づたいで黒部五郎小舎へ戻るのもよい。選択肢に入れておこう。

鷲羽岳を正面に見て双六小屋へと向かう

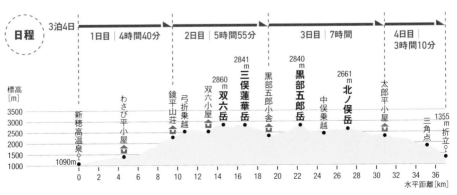

双六小屋前からいきなりの急登となる。巻き道、中道を続けて分ける。さらに急登をもう一段登りきると、双六岳稜線。振り返ると槍ヶ岳・穂高岳の稜線がみごとだ。

双六岳からは稜線をたどり、丸山（山名標なし）を経て**三俣蓮華岳**山頂へ。三俣の名の通り富山・岐阜・長野3県の境となる山頂で大展望を満喫したら、2日目の宿、**黒部五郎小舎**の建つ黒部乗越をめざし西への稜線を下る。

3日目 黒部五郎小舎から山頂に立ち、太郎兵衛平へ下る
歩行時間：**7時間** ｜ 歩行距離：**11.7**km

池塘もある黒部乗越をあとに、カール内へのコースへ進もう。山腹を進む道はいつしか荘厳な黒部五郎カール内部の道となる。

折立〜太郎平小屋間の爽快な道

おすすめの撮影ポイント

黒部五郎岳をカール内から見上げる。まるで岩の大伽藍につつまれるような、清々しくも荘厳な景色に、時間を忘れてシャッターを切ることになる。氷河が刻んだという、ドームをひっくり返したような地形。屹立したカール壁の迫力。ゴロゴロと転がる岩々。雪解け水の鮮烈な流れ。ダイナミックな風景は撮り飽きることがないはずだ。なお、黒部五郎岳は、霧が湧く時間が早いので、山が見えるうちに、まずシャッターを切っておこう。

小川が流れる雲上の別天地・黒部五郎カール

カール中央には清冽な流れがあり、取り囲むカール壁の様相もみごと。ゴロゴロとした岩、涼気を湛える雪渓。記憶深くに刻みたい風景である。

カール壁の急斜面を登れば、すぐに山頂への分岐となる黒部五郎岳の肩。ザックを置いて山頂を往復してこよう。**黒部五郎岳**の山頂から見下ろすカールも、また絶景である。

肩に戻り、ザレた長い下りをジグザグと下る。ここからは比較的緩やかなアップダウンだ。山頂をわずかに巻く赤木岳を越え、さらにゆったりとした山頂の**北ノ俣岳**（上ノ岳）へと向かう。

山頂の直下で飛越トンネルへ向かう飛越新道（神岡新道）を分けて、ゆったりと下る。広々とした太郎兵衛平の草原を木道で登り返す。わずかに木道から分岐する太郎山にも足を運ぼう。山頂西側から富山平野と能登半島の大観を楽しみ、眼下の小屋、**太郎平小屋**に荷を降ろそう。

4日目 太郎兵衛平から折立へ下る
歩行時間：**3時間10分** ｜ 歩行距離：**6.2**km

小屋の前から太郎兵衛平をゆったり下る。直下の有峰湖、見上げた薬師岳を眼福として、バス停のある**折立**をめざそう。

雲ノ平山荘から夜の黒部五郎岳と笠ヶ岳

スイス庭園で絶景を楽しんでから、祖父岳へ。さらにワリモ岳、鷲羽岳を経由して、三俣山荘の建つ鷲羽乗越へ。乗越からはテント場内から分岐する巻き道を経て、宿泊地の黒部五郎小舎へ。

黒部五郎小舎からは、ガイドページで紹介したカール内の道を経由して黒部五郎岳山頂へ。さらに北ノ俣岳を経由して太郎平小屋泊。最終日は折立に下る。

文・写真／三宅岳

その他のコースプラン

黒部川源流に広がる溶岩台地・雲ノ平を経由して、鷲羽岳にも足をのばしながら黒部五郎岳をめざす周遊コース。

登山口の折立から樹林帯を登る。三角点を過ぎると展望が広がる。雄大な太郎兵衛平を経て宿泊地の太郎平小屋となる。

2日目は、いったん下り薬師沢小屋へ。薬師沢小屋から急登をじっくりと登ろう。アラスカ庭園からは木道が続くが、傷んでいる箇所が多く慎重に進む。アルプス庭園（祖母岳）に立ち寄り、雲ノ平山荘泊。

鷲羽岳山頂からのカールを抱く黒部五郎岳

問合せ先
[市町村役場] 高山市役所☎0577-32-3333、飛騨市役所☎0577-73-2111、富山市役所☎076-431-6111、[交通機関] アルピコ交通（バス）☎0263-92-2511、濃飛バス☎0577-32-1160、富山地鉄乗車券センター（折立発）☎076-442-8122、富山地鉄タクシー（富山市）☎076-421-4200
[山小屋] わさび平小屋☎090-8074-7778、鏡平山荘☎090-1566-7559、双六小屋☎090-3480-0434、黒部五郎小舎☎0577-34-6268、太郎平小屋☎080-1951-3030

アクセス
新穂高温泉へのアクセスはP38を参照。折立発のバスは7月中旬〜10月中旬の運行。ただし夏期以外は富山地鉄有峰口駅止まり。バスの運行期間外はタクシー利用になるが、折立は携帯電話が通じないことがあるので、タクシーは太郎平小屋付近で予約をしておくこと。マイカー利用で折立から往復する場合は、折立に約100台分の無料駐車場がある（満車時は周辺の臨時駐車場を利用する）。

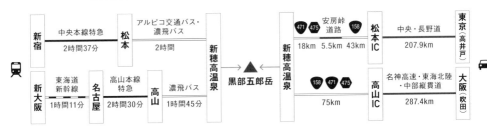

	中央本線特急 2時間37分		アルピコ交通バス・濃飛バス 2時間				安房峠道路 471 475 158 18km 5.5km 43km	松本IC	中央・長野道 207.9km	東京（高井戸）
新宿		松本		新穂高温泉	黒部五郎岳	新穂高温泉				
新大阪	東海道新幹線 1時間11分	名古屋	高山本線特急 2時間30分	高山	濃飛バス 1時間45分		158 471 475 75km	高山IC	名神高速・東海北陸・中部縦貫道 287.4km	大阪（吹田）

2万5000分ノ1地形図　笠ヶ岳、三俣蓮華岳、薬師岳、有峰湖

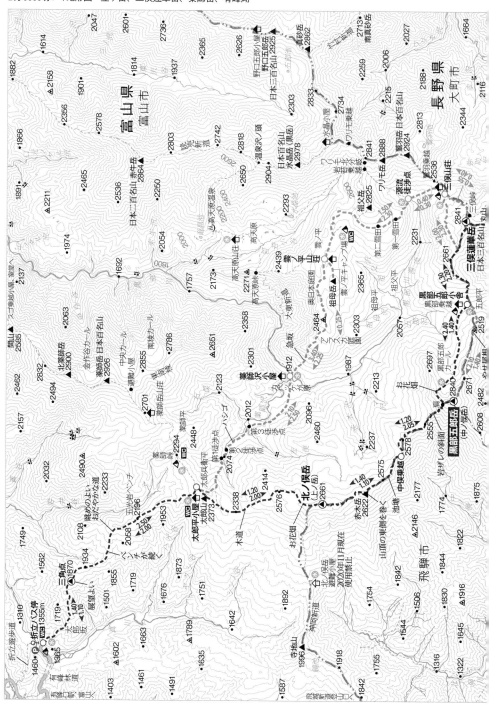

14

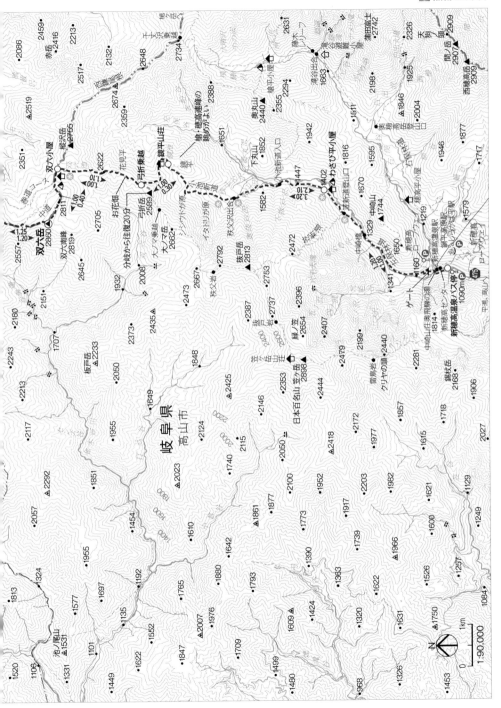

北アルプス南部／富山県・長野県

鷲羽岳（わしばだけ）
水晶岳（すいしょうだけ）
（黒岳）（くろだけ）

水晶岳のミネウスユキソウ

標高
2986m（水晶岳）
2924m（鷲羽岳）

北ア最深部にそびえる2座の名峰を巡る山旅。稜線のロングコースを存分に楽しむ

水晶岳（黒岳）は山名の通り、かつては水晶やザクロ石を産出していた。雲ノ平の高原からどっしりした重量感をもって迫る姿は深田も一目置いていたほど。「（雲ノ平から見て）一番まとまりのある堂々とした山」とほめ称えている。一方の鷲羽岳は秘境黒部川の源流域の一山。山頂直下には鷲羽池が鎮座する。2座とも北アルプス最深部に位置し、登山者にとって憧れの山である。

100
Mountains of Japan

深田久弥と水晶岳・鷲羽岳

1957年、三俣山荘（当時は三俣蓮華小屋と呼ばれていた）の初代・伊藤正一氏が、湯俣から鷲羽岳中腹を経て三俣山荘に至る伊藤新道を切り開いた。その年の8月、深田久弥は開通したての伊藤新道を踏破している。一行はその後笠ヶ岳に向かうが、まずは黒部源流域を巡り雲ノ平へ。さらに鷲羽岳へも三俣山荘から登頂し、展望のすばらしさを絶賛している。1961年、2度目の鷲羽岳に登頂した際には水晶岳にも足を運んだ。その当時は道ばたで水晶のかけらが拾えたというから、現代からすると隔世の感がある。

コースグレード｜中級

技術度 ★★★☆☆ 3

体力度 ★★★★★ 5

祖父岳から望む迫力ある姿の水晶岳（黒岳）

1日目 高瀬ダムから烏帽子小屋へ
歩行時間：**7時間40分**｜歩行距離：**6.8**km

高瀬ダムの堰堤までタクシーで入り、堰堤の先でトンネルに入る。濁沢を丸太橋で渡り、**ブナ立尾根登山口**に出る。ブナ立尾根は水場がないので取り付きの水場で水筒を満たそう。

登山口からすぐに工事用の足場を組んだ階段を登り、さらに急勾配の登りに入って

花崗岩に覆われた白い鋭峰の烏帽子岳

樹林帯の急登が続く烏帽子小屋へのブナ立尾根

いく。ブナ立尾根は北アルプス三大急登と呼ばれるほど急坂が連続する登山道のひとつ。名の通り美しいブナの森をたどっていく。登山道脇にはNo.12のブナ立尾根登山口からNo.0の烏帽子小屋まで道標が現れ、それを目安に登っていく。急ぐことなく、じっくり歩を進めていこう。No.6の中休みが中間地点、No.4の三角点で3分の2である。タヌキ岩を過ぎ花崗岩が現れればようやく稜線に出て、**烏帽子小屋**に着く。

烏帽子小屋で荷を軽くし烏帽子岳を往復

プランニング＆アドバイス

この往復登山では水晶岳への登頂は天候を見て判断しよう。帰りの方がよさそうなら往路ではパスして、帰路に寄る方が体力的にも安心できる。高瀬ダムからの往復ではもったいないと思う人には、双六岳を越えて新穂高への下山がおすすめ。また裏銀座コースを忠実にたどり、槍ヶ岳をめざすなら野口五郎小屋、双六小屋、槍ヶ岳山荘の3泊は最低必要。

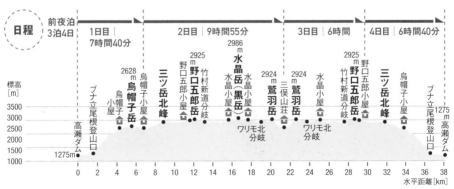

17

水晶小屋に荷物をデポして水晶岳を往復する

しよう。花崗岩の砂礫に覆われた稜線上には可憐なコマクサが咲き誇っている。山頂部はクサリが架かる岩場でバランスに気をつけて。**烏帽子岳**の狭い山頂からは、めざす水晶岳も見渡せる。

2日目 烏帽子小屋から三俣山荘へ
歩行時間：9時間55分｜歩行距離：14.4km

烏帽子小屋を出発し、最初に三ツ岳をめざす。テント場のあるひょうたん池まで下り、目前に迫る三ツ岳への登りに入る。三ツ岳は名の通り3つの山頂部を持つ山。三角点のある**北峰**を通り、本峰は西側を巻く。次の西峰はカールを通る巻き道と稜線通しの道とがあるが、西峰の先で合流する。

黒部五郎岳より。右から鷲羽岳、雲ノ平、水晶岳

N

0   1km
1:70,000

・2210
薬師見平

235
餓鬼新道

黒部ダムから日本二百名山の
赤牛岳を経て水晶岳へと向かう
ロングコース（登り14時間30分、
下り12時間30分）

2578

日本二百名山
赤牛岳
2864▲

・2803

夢ノ平

竜晶池

最低鞍部
2742

立石奇岩

高天原

・2818

高天原山荘

温泉沢ノ頭

高天原峠

水晶岳
（黒岳）
▲2986

・2439

奥日本庭園

コロナ観測所

水晶池

山頂直下は岩場。
バランス注意

水晶
小屋

赤岳

雲ノ平

スイス庭園

ワリモ北分岐

アルプス庭園

雲ノ平山荘
ギリシャ庭園

水

ワリモ
乗越

祖母平

日本庭園

2825▲
祖父岳

岩苔乗越

ワリモ岳
2888

祖父平

・2924

黒部川源流

徒渉点

鷲羽乗越

鷲羽岳

鷲羽池

浮石多く
落石、スリップ
注意

黒部五郎
小舎

2661

三俣山荘

日本三百名山
三俣蓮華岳
三俣峠
2841

岐阜県
高山市

双六小屋、新穂高温泉へ

2万5000分ノ1地形図　三俣蓮華岳、薬師岳、烏帽子岳

18

奥黒部ヒュッテ

平ノ渡し、黒部ダムへ

船窪小屋へ

不動岳 ▲2601

2178● 鼻突八丁 (八合目)

七倉、信濃大町駅へ

1882

4.00/6.00

南沢岳 ▲2625

南沢乗越

一般車通行止め。 地元特定タクシー会社のみ ダムサイトまで通行可

烏帽子四十八池

四十八池

1052

権太落とし

東京電力管理道路

日本二百名山 **烏帽子岳** ▲2628

山頂分岐

急坂が続く

無名滝

丸太橋は増水時 通行不可

不動沢橋

仙人トンネル

源五郎沢 トンネル

不動沢 トンネル

コマクサ

3.30

5.30

ブナの美しい森

0.40

高瀬

0.50

ブナ立尾根

ブナ立尾根登山口

1127.5m 高瀬ダム WC

2628

0.40

2551

2209

槍見台 三角点

高瀬

高瀬湖

富山県 富山市

1.00

1.30

ひょうたん池

2616

急坂

北峰

▲2845 三ツ岳

西峰

第五発電所

2792

稜線コースと 巻き道がある

東沢

2.30

2.50

1.30

1.40

大岩が多く バランス注意

林道終点

ワサビ沢

この尾根、東沢乗越まで 両側とも崩壊。 通行注意

野口五郎小屋

野口五郎岳 2925 日本三百名山

長野県 大町市

名無沢

0.10

高瀬川

0.50

展望よい

0.40

名無避難小屋

稜線下り口

五郎池

1.50

2.00

真砂岳 ▲2862

五郎沢

2600

竹村新道分岐

急坂が連続する 熟練者向きコース

東沢乗越

2400

竹村新道

1.30

1.30

2200

ウサギギク、 ハクサンフウロ

2713 ▲ **南真砂岳**

1.30 1.30

湯俣岳 ▲2379

2.50 4.00

セバ沢

川古里

燕岳 2763 ▲

ワリモ沢

2017

槍見石展望台

地獄噴湯丘

湯俣温泉晴嵐荘

休業中 湯俣山荘

安曇野市

赤沢

湯俣川

水俣川

中東沢

蛙岩

大下りの頭

19

鷲羽岳から見た鷲羽池と槍・穂高連峰

花崗岩がゴロゴロする二重山稜を進み、左手に**野口五郎小屋**を見ながら尾根上を行く。道標に従い左手に入れば広い**野口五郎岳**だ。槍ヶ岳も姿を見せ、雄大なパノラマが満喫できる。

さらに稜線を進み、真砂岳山腹を巻き、**竹村新道分岐**を見送る。鞍部まで下って、稜線左に入るとアップダウンの少ない気持ちのよいお花畑の中を進み、やがて広い東沢乗越に出る。稜線左奥にはワリモ岳と鷲羽岳が連なって見える。ここから水晶小屋の建つ赤岳への登りとなる。滑りやすい赤茶けた岩屑を踏みしめ、稜線に上がれば**水晶小屋**の前に出る。周辺に荷物をデポして、水晶岳の山頂を往復しよう。

広い尾根道を進み、尾根がやせてくると岩場に入り、バランスに注意しながら登っていく。すれ違いに注意しながら岩場を越え、道標の立つ**水晶岳（黒岳）**に到着する。狭いながらも展望はすばらしく、歩いてきた裏銀座の稜線も手に取るようだ。

水晶小屋からいったん大きく下り、**ワリモ北分岐**へ緩やかに登り返す。ワリモ岳から鷲羽岳との鞍部まで足もとの悪い岩場を通って下っていく。鞍部に下り立つと目の前に大きく鷲羽岳が立ちはだかる。石屑の道を大きく登り返すと標高2924mの**鷲羽岳**山頂だ。北アルプス最奥の頂だけに槍・穂高や表銀座をはじめ、赤牛岳、たどってきた野口五郎岳など大パノラマが広がる。

足もとに見える今日の宿泊地の**三俣山荘**まで、滑りやすい岩屑の大下りが続く。気をつけていこう。

ワリモ岳の直下から鷲羽岳と登山道を見上げる

3日目 三俣山荘から野口五郎小屋へ

歩行時間：**6時間**｜歩行距離：**7.8km**

三俣山荘から往路を**野口五郎小屋**へ。

4日目 野口五郎小屋から高瀬ダムへ
歩行時間：6時間40分　歩行距離：9.2㎞

野口五郎小屋から三ツ岳の**北峰**を越えて**烏帽子小屋**へ。さらにブナ立尾根の急坂を下って**高瀬ダム**へ戻る。

その他のコースプラン

高瀬ダムから主稜線に上がるのに、湯俣温泉から竹村新道を経由して真砂岳に至るコースがある。この場合、湯俣温泉晴嵐荘に1泊して、翌日は野口五郎小屋泊なら無理がない。とはいえ湯俣岳までは急登に次ぐ急登が連続し、森林限界を超える南真砂岳までも長く厳しい健脚向けコース。高瀬川の氾濫で吊り橋が流されたのち、現在は木橋が渡されているが、通行が可能か事前に確認してから出かけたい。

入下山の拠点となる高瀬ダム堰堤

ほかにも新穂高温泉からこの2座を往復することもできる。この場合は双六小屋泊、鷲羽岳、水晶岳を往復して三俣山荘泊、下山となる2泊3日。さらに健脚向けだが、水晶岳からさらに稜線を進み、赤牛岳を経て読売新道を下る長大なコースもある。

文・写真／渡辺幸雄

双六小屋から望む鷲羽岳（右）と水晶岳

問合せ先
［市町村役場］大町市役所 ☎0261-22-0420、富山市役所 ☎076-443-2072
［交通機関］信州アルピコタクシー ☎0261-23-2323、アルプス第一交通 ☎0261-22-2121 ほか（ともに信濃大町駅）
［山小屋］七倉山荘 ☎090-6007-0208、烏帽子小屋 ☎090-3149-1198、野口五郎小屋 ☎090-3149-1197、三俣山荘（水晶小屋も同様）☎090-4672-8108

アクセス
JR大糸線信濃大町駅からタクシー約45分で高瀬ダムへ（ダムまで入れるタクシー会社が決まっており要予約）。マイカーの場合は七倉山荘前に約80台分の駐車場があり、タクシー（要予約）約15分で高瀬ダムへ。高瀬ダムへの乗り入れ時間が朝6時30分から19時（夏期シーズン）。七倉山荘から徒歩の場合、高瀬ダムまで5.3㎞、約2時間かかる。

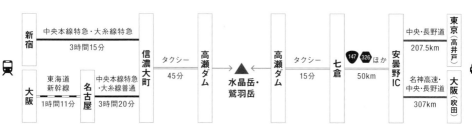

| 新宿 | 中央本線特急・大糸線特急 3時間15分 | | 信濃大町 | タクシー 45分 | 高瀬ダム | → | 水晶岳・鷲羽岳 ▲ | 高瀬ダム | タクシー 15分 | 七倉 | 147 326 ほか 50km | 安曇野IC | 中央・長野道 207.5km | 東京〈高井戸〉 |
| 大阪 | 東海道新幹線 1時間11分 | 名古屋 | 中央本線特急・大糸線普通 3時間20分 | | | | | | | | | | 名神高速・中央・長野道 307km | 大阪〈吹田〉 |

54

槍ヶ岳
（やりがたけ）

**標高
3180m**

天空にそびえる鋭い頂は
北アルプスのシンボル。
登山者あこがれの
「穂先」をめざす

天空に突き上がるような尖鋭峰。北アルプスの主だった山頂からその姿を見ることができ、北アルプスのシンボルといわれているのが槍ヶ岳だ。新田次郎の『槍ヶ岳開山』にあるように1828（文政11）年、念仏僧播隆上人が開山したことでも知られる。「槍ヶ岳の頂上に立ってみたいと願わない者はないだろう」と深田久弥が書くように、一度は登りたいあこがれの一峰である。

槍ヶ岳山頂の祠

コースグレード｜中級

技術度｜★★★★☆ 4

体力度｜★★★☆☆ 3

100
Mountains of Japan

深田久弥と槍ヶ岳

深田が初めて槍ヶ岳に登頂したのは1922（大正11）年。『日本百名山』にも書かれているが、当時はまだ喜作新道が開かれておらず（実際には1920年に開通）、燕岳から大天井岳を越え、常念乗越から一ノ俣、中山峠を越え、さらに二ノ俣を下って槍沢へ出たとされる。1933年に上高地へのバスが開通する以前の話で、槍沢に行くのも大変な時代である。この際に小林喜作ゆかりで、開業したばかりの殺生小屋にも投宿している。深田にとって初の3000m峰登山だったというから、さぞかし思い出深い山行だっただろう。

南方の大喰岳から望む槍ヶ岳と槍ヶ岳山荘

夏の日差しを浴びて槍沢上部のお花畑を登る

1日目 上高地から槍沢ロッヂへ
歩行時間：4時間45分｜歩行距離：14km

上高地から横尾まで約10km、梓川左岸沿いに比較的平坦で広い道がのびる。**明神**を過ぎ、梓川を見下ろす場所からは谷の奥に常念岳の姿が見える。初夏にはニリンソウが咲く**徳沢**はかつての上高地牧場で、現在は気持ちのいいキャンプ場だ。

さらに進んで前穂高岳東壁がよく見えるようになれば、やがて**横尾**に到着する。横尾は穂高岳、蝶ヶ岳、槍ヶ岳と3つの登山道が分岐する槍・穂高登山の拠点で、この先、本格的な山道に入っていく。

横尾から横尾谷と分かれ、槍沢へ入っていく。しばらく平坦な道が続くが、周辺は深い森となる。谷の奥に槍ヶ岳の穂先が見える槍見河原を過ぎ、ほどなく休憩ポイントの**一ノ俣**に出る。二ノ俣橋を過ぎ、河原

槍沢ロッヂの上部にあるババ平のテント場

より30mほど高度を上げると今日の宿泊地、**槍沢ロッヂ**だ。

2日目 槍沢ロッヂから槍ヶ岳山荘へ
歩行時間：5時間30分｜歩行距離：5.5km

樹林帯の中を進み、赤茶けた岩がゴロゴロする**赤沢**を通っていく。登山道の左下に

プランニング＆アドバイス

槍ヶ岳登山で最も不安に思うのは、穂先への岩場。ハシゴやクサリなどで整備されているとはいえ、不慣れな岩場では身が縮こまってしまうものだ。腰が引けるとかえってバランスが悪くなるので、怖がらず上半身を岩から離すと足もともよく見える。クサリも強く握らず、しっかり自分の足で立つことを心がけ、あくまで補助として使いたい。上高地到着が昼になる場合、横尾に宿泊する計画を立てよう。また槍ヶ岳は尖った形だけに雷がよく落ちる。槍ヶ岳山荘のアラームが鳴っている時は穂先に近づかないように。

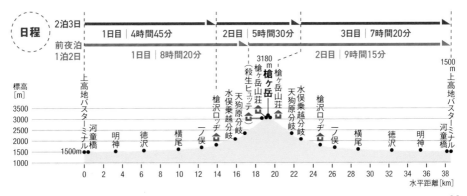

23

穂先の岩場。困難ではないが落石には注意

見える大岩は、「日本近代登山の父」W.ウェストンも利用した岩小屋だ。さらに一段登ると灌木帯を抜け出て、ババ平と呼ばれるテント場に出る。

　ここからは槍沢下流のU字谷地形がよくわかる。上部は谷が広くなり、夏は日差しがきつく厳しい登りだ。水汲沢を渡って、水俣乗越分岐に出る。東鎌尾根からのエスケープルートである。この先、槍沢は左へ大きくカーブを描くので、周辺は大曲りと

呼ばれる。夏の初めまで残雪があり、雪の上を歩くこともある。徐々に傾斜が増し、お花畑の中を登るようになる。左手にモレーンを見ながらジグザグに刻み、天狗原分岐へ。

　最後の水場を過ぎ、槍ヶ岳が大きな姿を現わすと傾斜も落ち着き、グリーンバンドに出る。岩に記された槍の肩までの距離を目安に岩屑の道を踏みいくと、槍ヶ岳を開山した播隆上人ゆかりの播隆窟がある。お花畑の横を通って、殺生ヒュッテ分岐を過ぎたらいよいよ最後の急斜面に入る。つづら折りで高度を上げると東鎌尾根の道と合流し、槍ヶ岳山荘の立つ槍の肩へ到着する。

　身軽にして山頂を往復しよう。穂先は岩場の連続だが、ハシゴやクサリなどで整備された上下別ルートは意外に登りやすい。しかし登山道を外れると浮石が多く、落石の危険もあるので注意。長い2本のハシゴを登りきると、待ちに待った槍ヶ岳の山頂だ。北アルプスが一望できる大展望を満喫しよう。山頂は狭いので、記念写真を撮って下山にかかる。一部ルートが交差しているが、安全第一で譲り合っていこう。最後の30m以上ある長いクサリを下ればひと安心。槍ヶ岳山荘に戻り着く。

おすすめの撮影ポイント

この槍沢コースをたどるなら、ぜひ時間を取って訪れたいのが天狗原。別名、氷河公園ともいわれる別天地である。槍沢の急坂を登る途中に分岐があり、往復1時間強。ここにある天狗池は槍ヶ岳を映す池として知られ、特に紅葉の季節は多くの写真愛好家が訪れてシャッターを切る紅葉の名所である。夏の遅い時期にようやく池が全貌を現わすが、人知れずたたずむ池の畔はかつて写真家・田淵行男が傑作を生み出した撮影ポイントである。

槍ヶ岳を映す天狗池（コース外）

槍ヶ岳の肩に立つ槍ヶ岳山荘と穂先

ながら歩く雲上の大縦走路で、近づくにつれ大きく迫力を増す槍ヶ岳の姿は感動的。さらに長大だが、高瀬ダムからの裏銀座コース（高瀬ダムから26時間強・途中2泊）も魅力的だ。

文・写真／渡辺幸雄

3日目 槍ヶ岳山荘から上高地へ
歩行時間：7時間20分 | 歩行距離：19.3km

　槍ヶ岳山荘前で日の出を拝み、往路を**上高地**へ向けて下りはじめよう。時間があれば槍ヶ岳の絶景ポイント・天狗原にも立ち寄っていきたい（P24コラム参照）。

その他のコースプラン

　槍ヶ岳をめざす一般コースはほかに飛騨側からのものがある（約9時間半）。新穂高から蒲田川右俣を経て、槍平小屋で1泊。さらに飛騨沢を遡り、槍ヶ岳山荘へ。槍沢コース同様、槍の肩まではクサリが架かる岩場もなく安心できる。一方、槍と穂高を結ぶ大キレットは、国内屈指の岩稜縦走路。穂高から槍をめざす（北穂高岳から約6時間半）か、槍沢などで槍に登頂後に穂高に向かうかだが、どちらも難度は変わらない。ほかにも燕岳から大天井岳、西岳を経て東鎌尾根をたどる表銀座コース（燕岳から約9時間半）がある。展望とお花畑を楽しみ

表銀座コースの燕岳から見た槍ヶ岳

問合せ先
[市町村役場] 松本市役所 ☎0263-94-2307
[交通機関] アルピコ交通（バス）☎0263-92-2511、濃飛バス ☎0577-32-1160、アルピコタクシー（沢渡）☎0263-93-2700、はとタクシー ☎0577-32-0246、新興タクシー ☎0577-32-1700、山都タクシー ☎0577-32-2323（いずれも高山駅）
[山小屋] 横尾山荘 ☎0263-95-2421、槍沢ロッヂ ☎0263-95-2626、殺生ヒュッテ ☎0263-77-1488、槍ヶ岳山荘 ☎090-2641-1911

アクセス
下山時の上高地〜新島々駅間のバスは乗車整理券（翌々日分まで発行）が必要になる。マイカーの場合は、松本ICから国道158号で沢渡にある有料駐車場を利用、シャトルバスかタクシーに乗り換え上高地に入る。人数がそろうならタクシーの方が動きやすい。帰りの混雑時は、沢渡行きバスの乗車待ちの列が河童橋まで続くこともある。

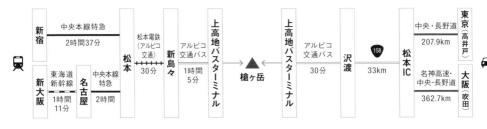

新宿	中央本線特急 2時間37分		松本	松本電鉄 （アルピコ交通） 30分	新島々	アルピコ 交通バス 1時間 5分	上高地バスターミナル		槍ヶ岳	上高地バスターミナル	アルピコ 交通バス 30分	沢渡	158 33km	松本IC	中央・長野道 207.9km	東京（高井戸）
新大阪	東海道 新幹線 1時間 11分	名古屋	中央本線 特急 2時間												名神高速・ 中央・長野道 362.7km	大阪（吹田）

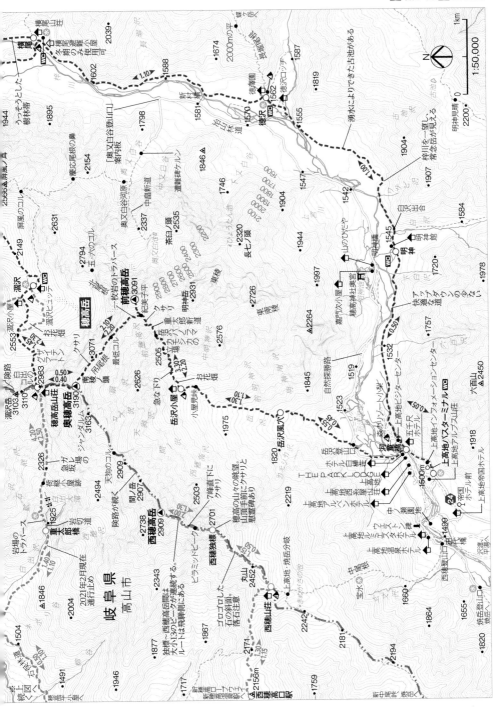

1:50,000

N

1km

55

穂高岳
（ほたかだけ）

標高
3190m
（奥穂高岳）

岩の殿堂とも呼ばれる
北アルプス最高峰の頂。
吊尾根を前穂高岳へと歩き
岳沢を上高地へと下る

奥穂高岳は標高3190m、穂高連峰の盟主のみならず北アルプスの最高峰である。穂高岳は日本でも有数の岩峰群が連なり、岩の殿堂と呼ばれている。特に北穂高岳の飛騨側は滝谷と呼ばれる1000m近い岩場が切れ落ちている。「死ぬ者は今後も絶えないだろう。それでもなお穂高はそのきびしい美しさで誘惑しつづけるだろう」と深田が書くように、ビギナーにとって手強い山である。

奥穂高岳山頂の祠

コースグレード	上級
技術度	★★★★★ 5
体力度	★★★★☆ 4

100
Mountains of Japan

深田久弥と穂高岳

1951（昭和26）年9月、深田は上高地から奥穂高岳を経て、北穂高岳。さらに大キレットを縦走して、槍の肩（この時は天候が悪く登頂はせず）に達している。当時、涸沢ヒュッテはまだ建てられたばかりで、以前からあった涸沢小屋に投宿している。また翌日には奥穂高岳を越え、ロバの耳の岩峰まで足をのばしたあと、小屋にまだ小屋番がいる（当時は山小屋の営業期間も短かった）北穂高岳へ向かった。翌日はその年の初雪に見舞われたため行動できず、この時の山行では北穂高小屋で2晩を過ごしている。

涸沢岳から見た奥穂高岳と前穂高岳（左）

1日目 上高地から横尾へ

歩行時間：3時間5分 ｜ 歩行距離：9.9km

上高地バスターミナルから観光客で賑わう**河童橋**のたもとを通り、横尾まで続く梓川左岸の遊歩道に入る。**明神**では時間があれば、対岸の明神池にも寄りたい。**徳沢**を経て横尾山荘のある**横尾**に着く。

2日目 横尾から穂高岳山荘へ

歩行時間：5時間30分 ｜ 歩行距離：7.7km

横尾から本格的な山道となる。横尾山荘前の横尾大橋を渡り、横尾谷に入っていく。河原に面する横尾岩小屋跡から階段状の道を一段登ると、緩やかな道が**本谷橋**まで続く。対岸の屏風岩を仰ぎ見て、ブナ林を通過したら正面に北穂高岳が見えだす。横尾谷を渡る本谷橋周辺は、絶好の休憩ポイントだ。

ここから屏風岩の裾野を巻く急登になる。

奥穂高岳をめざしてザイテングラートを登る

涸沢のお花畑から涸沢岳と涸沢槍（右）を見上げる

階段状の道を登り、急登が終われば、**南岳**の獅子鼻岩が望める小広い展望地だ。斜度も落ち着き、向かう先には前穂高岳も見えてくる。屏風岩側から崩れ落ちたガレ場を足早に通り、Sガレと呼ばれる休憩ポイントに出れば、涸沢ヒュッテが視界に入ってくる。

夏のはじめには雪の残る沢筋を登っていく。秋には真っ赤なナナカマドに囲まれる道を進むとテント場との分岐。モレーン（氷

プランニング＆アドバイス

前穂高岳から上高地への下りは標高差が1600ｍ近くもあり、体にかなりの負担となる。前穂高岳ですでに体力が消耗しているなり、岳沢小屋泊も検討したい。下りで集中力が途切れることは事故の原因になる。このような急なコースは、肉体的にはきつく感じるが、実は下りより登りで利用した方が安全に登山できるもの。重太郎新道を登りで利用する逆コースなら、岳沢小屋、穂高岳山荘泊となる。また穂高岳山荘は3000ｍ近い高所にあり、この高度での宿泊が初めての場合は、頭が痛いなど高山病の初期症状が出る可能性もあるので注意しよう。

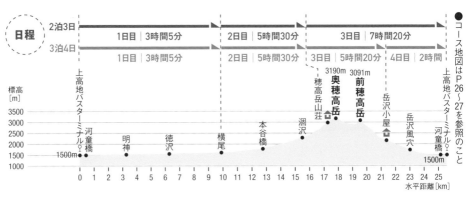

日程	2泊3日	1日目｜3時間5分	2日目｜5時間30分	3日目｜7時間20分	
	3泊4日	1日目｜3時間5分	2日目｜5時間30分	3日目｜5時間20分	4日目｜2時間

●コース地図はP 26～27を参照のこと

標高[m]

3190m 奥穂高岳
3091m 前穂高岳

上高地バスターミナル ／ 河童橋 1500m ／ 明神 ／ 徳沢 ／ 横尾 ／ 本谷橋 ／ 涸沢 ／ 穂高岳山荘 ／ 岳沢小屋 ／ 岳沢風穴 ／ 河童橋 1500m ／ 上高地バスターミナル

水平距離[km]
0 1 2 3 4 5 6 7 8 9 10 11 12 13 14 15 16 17 18 19 20 21 22 23 24 25

河地形のひとつで、氷河に削られその末端に堆積した岩塊でできた丘）を回りこみ、ひと登りで涸沢ヒュッテだ。

国内最大規模のカールといわれる**涸沢**の展望を満喫し、テント場の長野県涸沢山岳相談所の脇から涸沢パノラマコースに入る。大岩を縫うように、登山道の丸印を忠実にたどっていく。上部モレーンの上に出れば、きれいなお花畑が広がる。ガレ場を大きく横切ったら、ザイテングラート取付点だ。ザイテングラートは白出のコルに突き上げる支稜線で、急峻な岩尾根である。

岩尾根を一段登り、さらなるクサリやハシゴが架かる岩場を越えていく。いったん吊尾根と呼ばれる緩やかな箇所を通過し、上部の岩場に入る。尾根の傾斜が緩めば、**穂高岳山荘**に到着する。

奥穂高岳から望むジャンダルム

おすすめの撮影ポイント

数ある槍・穂高連峰の峰々の中で、1等三角点を有するのは唯一、前穂高岳である。それだけここからの眺望が優れているといえる。槍・穂高連峰主稜線から離れた位置にあり、西穂高岳から奥穂高岳や北穂高岳、さらには槍ヶ岳までも見渡せる大パノラマが展開する。もちろん常念山脈をはじめ、遠くは富士山、御嶽山なども望める。足もとから北アルプス三大岩稜のひとつ北尾根が派生しており、岩稜を登ってくるクライマーの姿も見ることができる。

■3日目■ 奥穂高岳、前穂高岳を越え、上高地へ
歩行時間：7時間20分｜歩行距離：8.2km

穂高岳山荘の上部はクサリやハシゴが連続して架かる岩場で、奥穂高岳への核心部。ここを越えると岩屑の道となり、振り返れば槍ヶ岳の姿が見えてくる。間違い尾根への岩場を越え、なだらかな道をたどれば祠が立つ**奥穂高岳**の山頂だ。360度の展望を存分に満喫しよう。

大きくそびえる前穂高岳に向かって縦走が始まる。大きく下って南稜ノ頭まで下っていく。道は上高地側についており、足もとが切れ落ちているので慎重に。クサリの架かる岩場を2カ所下降し、前穂の基部を回りこみ紀美子平へ。**前穂高岳**はここから岩場の往復となる。

紀美子平からの下りはクサリやハシゴの岩場が連続する難所。さらに岳沢小屋まで標高差の大きい急な下りが続く。岳沢パノラマを過ぎると樹林帯に割りこむが長いハシゴもあり、まだ油断できない。お花畑を抜け、沢を横切ると**岳沢小屋**に出る。

涸沢と北穂高岳（左）　穂高岳山荘上部の岩場（右）

奥穂高岳から涸沢岳・北穂高岳越しに槍ヶ岳を望む

あるが、独標から先は穂高の稜線を行くハードなコース。初日は西穂山荘まで登り1泊。翌早朝に西穂丸山で森林限界を超え、独標（11峰）へ向かうが、岩場歩きに不安がある場合はここまで。さらに進むとピラミッドピーク（8峰）を越え、クサリを使って7峰を巻いていく。本峰（1峰）直下の一枚岩が核心部で、ここを越えると西穂高岳山頂だ。下りも気が抜けないコースである。

文・写真／渡辺幸雄

再び沢を横切って、樹林帯に入る。階段状の道を大きく下り、**岳沢風穴**を通過すると斜度も落ち着く。登山口の**上高地バスターミナル**へはもうひと息だ。

その他のコースプラン

奥穂高岳への一般コースは飛騨側からの道もある。新穂高温泉を起点に蒲田川右俣林道を経て、奥穂高岳登山口へ。そこから白出沢沿いの道を進み、白出沢をつめていくもの（奥穂高岳まで8時間45分）。ただし2020年の上高地群発地震によりルート上の岩切道が崩落し、通行禁止となっている（2021年2月現在）。また新穂高温泉から新穂高ロープウェイを利用して、西穂高岳へ登るコース（西穂高岳まで4時間45分）もある。ロープウェイを利用でき手軽では

西穂独標から望む西穂稜線

問合せ先
[市町村役場] 松本市役所 ☎0263-94-2307
[交通機関] アルピコ交通（バス）☎0263-92-2511、濃飛バス ☎0577-32-1160、アルピコタクシー（沢渡）☎0263-93-2700、はとタクシー ☎0577-32-0246、新興タクシー ☎0577-32-1700、山都タクシー ☎0577-32-2323（いずれも高山駅）
[山小屋] 横尾山荘 ☎0263-95-2421、涸沢ヒュッテ ☎090-9002-2534、涸沢小屋 ☎090-2204-1300、穂高岳山荘 ☎090-7869-0045、岳沢小屋 ☎090-2546-2100

アクセス
上高地へは信州側のみならず飛騨側からもアクセスできる。中京圏や関西圏からだと飛騨側の方が有利なこともある。JR高山本線高山駅から濃飛バスで平湯温泉へ。ここでシャトルバスに乗り換えて上高地に入る。高山から上高地へは乗り継ぎ（往復）切符がありお得。マイカーの場合も同様で、平湯にあるあかんだな駐車場を利用してシャトルバスに乗り換える。

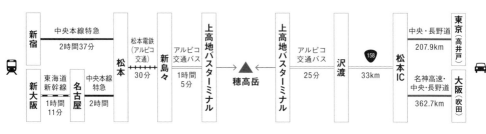

| 新宿 | 中央本線特急 2時間37分 | | 松本 | 松本電鉄（アルピコ交通）30分 | 新島々 | アルピコ交通バス 1時間5分 | 上高地バスターミナル | | 穂高岳 | | 上高地バスターミナル | アルピコ交通バス 25分 | 沢渡 | 158 33km | 松本IC | 中央・長野道 207.9km | 東京（高井戸） |
| 新大阪 | 東海道新幹線 1時間11分 | 名古屋 | 中央本線特急 2時間 | | | | | | | | | | | | | 名神高速・中央・長野道 362.7km | 大阪（吹田） |

56

常念岳

じょうねんだけ

常念岳山頂の祠

コースグレード｜中級

技術度｜★★★☆☆ 3

体力度｜★★☆☆☆ 2

標高
2857m

美しい三角錐の山容の常念岳から蝶ヶ岳へ、槍・穂高の絶景地を巡る稜線歩きを満喫

かつてW・ウェストンが「ペニンアルプスの女王ワイスホーンの縮図を想わせる優美な三角形」とほめ称えた常念岳。麓の安曇野から最も目をひく、三角錐の山である。かつては「常念坊」と呼ばれ、古くから地元の人々に親しまれてきた。対して蝶ヶ岳は、穏やかな起伏の女性的な山で知られる。常念山脈は険しい岩場もないため、北アルプスビギナーでも楽しめる縦走である。

100
Mountains of Japan

深田久弥と常念岳

深田が常念岳にはじめて足跡を刻んだのは、1922（大正11）年、旧制一高1年生の夏休み。旅行部の登山で燕岳から槍ヶ岳への途中である。当時は喜作新道の完成前で、一ノ俣谷を経て槍沢に下る際、建設後わずか3年の常念小屋に宿泊している。この山行では同行者が暴風雨と疲労のため行動不能になり（今でいう低体温症と思われる）、小屋に担ぎこまれる事態になったという。そのこともあり、常念小屋には2泊している。深田にとってはじめてのアルプス行でもあり、印象深い山行だったようだ。

最低鞍部先の小ピークから振り返った常念岳の雄姿

1日目 一ノ沢から常念小屋へ

歩行時間：4時間40分｜歩行距離：4.9km

一ノ沢登山口から歩き出す。沢沿いのコースで、登りはじめは傾斜が緩く、トチノキを祀った山の神を過ぎると、徐々に傾斜が増してくる。休憩ポイントとなる**王滝ベンチ**の周囲は、秋にはカツラ、サワグルミなどの紅葉がきれいだ。

烏帽子沢、笠原沢を渡ると一ノ沢本流の河原に出る。丸木橋を渡って、対岸をさらに遡っていく。左岸に渡り返し、河原をたどっていくと右手の斜面を取り付く。胸突八丁の急登で、谷側はスッパリ切れ落ちている。古いクサリの架かる福助落としを過ぎると、最後の水場に出る。ここから常念乗越まで尾根状の急な登りになる。途中にベンチが設けられていて、第三ベンチを過ぎれば常念小屋の立つ**常念乗越**に到着する。

2日目 常念岳から蝶ヶ岳ヒュッテへ

歩行時間：5時間25分｜歩行距離：6.1km

常念小屋から常念岳へは標高差約400m。ガレ場の斜面をジグザグに高度を上げていく。斜度が緩むと肩に出て前常念岳との分岐となる。山頂へはあとわずか、大岩を縫うようにしていくと祠が祀られた**常念岳**の頂だ。槍・穂高の絶景を堪能しよう。

常念岳をあとに、蝶ヶ岳に向かって大岩が積み重なった道を下る。最低鞍部まで標高差は400m。最低鞍部からはアップダウンをくり返し、森林限界を割りこみコメツ

蝶槍から望む槍・穂高連峰。中央の岩壁は屏風岩

プランニング＆アドバイス

常念岳周辺は石が積み重なった斜面を登山道がジグザグに刻んでいる。浮石も多く、ルートを外した登下降は、落石の危険があるので避けよう。なるべくしっかりした道をトレースしたい。一ノ沢は沢筋のため、大雨後は通行できなくなることもあるので要注意。このコースは通常2泊3日で歩くが、健脚者なら常念小屋泊の1泊で三股まで下ることも可能。ただし思った以上にアップダウンがある縦走路で、距離も長く、三股までの最後の下りは急傾斜なので心して挑みたい。

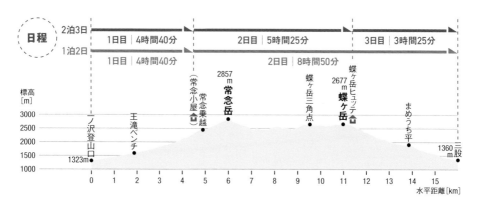

ガ林に入っていく。稜線の縦走路とは思えないほど鬱蒼とした森を進み、池のある鞍部に出る。登り返すと視界が広け、振り返ると常念岳の雄大な姿が望める。

2592mの小ピーク周辺はお花畑で、ニッコウキスゲやイブキトラノオが咲き誇る。行く手には蝶槍の尖ったピークが見え、いったん下って登り返した蝶槍のピークからは槍・穂高連峰のパノラマが広がっている。

蝶ヶ岳特有の二重稜線は梓川側を進み、**蝶ヶ岳三角点**のピークを越え横尾の分岐を分ける。緩やかな登り返しでやがて宿泊地、**蝶ヶ岳ヒュッテ**に到着する。長塀尾根ノ頭とも呼ばれる蝶ヶ岳の山頂へは目と鼻の先。心ゆくまで展望を楽しもう。

3日目 蝶ヶ岳ヒュッテから三股へ
歩行時間:3時間10分 | 歩行距離:6km

朝の壮大な槍・穂高を望んで、三股へ下山しよう。テント場の脇を通り、お花畑を

進んだら大滝山への分岐だ。道はすぐに針葉樹林帯となり、蝶沢を過ぎ、大きく下っていく。休憩ポイントの**まめうち平**からさらに急坂を下り、本沢に架かる吊橋を渡る。登山相談所のある**三股**に出れば、タクシーの待つ林道ゲートまでもう少しだ。

その他のコースプラン

マイカー利用者に人気なのが、三股から前常念岳を経由して蝶ヶ岳を巡るコース(常念岳まで6時間40分)。近年荒れていた前常念岳から常念乗越へのルートも、2020年再整備された。燕岳から大天井岳を越えて、常念岳・蝶ヶ岳を踏破する縦走路は、「パノラマ銀座」と名付けられるコース(常念岳まで7時間15分)。槍・穂高に平行してのびる常念山脈を存分に楽しめる。ほかにも蝶ヶ岳へは徳沢や横尾から登ることができ、上高地を出発点にした逆縦走もできる。蝶ヶ岳の先、徳本峠・霞沢岳まで稜線上にトレイルがのび、つなげればさらに長大な縦走を満喫できる。

文・写真/渡辺幸雄

アクセス

一ノ沢、三股ともに公共交通機関はなく、タクシーを利用する。両登山口とも登山口は携帯電話の通話圏外なので、下山のタクシーは携帯電話が通じる稜線上から下山予定時刻に配車しよう。マイカーの場合、タクシー利用者向けに預かりサービスを行っている事業者もあり、登山口の駐車場が混雑する週末などに利用価値がある。

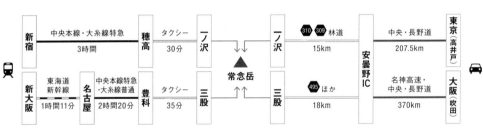

問合せ先
［市町村役場］安曇野市役所☎0263-71-2000
［交通機関］安曇観光タクシー（穂高駅）
☎0263-82-3113、南安タクシー（豊科駅）
☎0263-72-2855
［山小屋］常念小屋☎090-1430-3328、蝶ヶ
岳ヒュッテ☎090-1056-3455

初日に泊まる常念小屋。常念乗越に建つ

笠ヶ岳

（かさがたけ）

標高
2898m

北アルプスのどの地域から
望んでも笠の形を崩さない
秀麗な姿は、まさに
飛騨が誇る名峰である

山都・高山市からは北アルプスの山並みをすべて見渡すことができる。その中には槍ヶ岳や穂高連峰、乗鞍岳、御嶽山など3000mを越す山が10山も連なっている。しかし、3000mに満たずとも笠ヶ岳はひときわ目立つ存在であり、故に人はこの山の開山をめざしてきた。初登頂者は円空とつたえられるが、のちに播隆上人が笠ヶ岳の再興を果たし、その時には霧の上に御来迎が現れたという。

100
Mountains of Japan

深田久弥と笠ヶ岳

深田は『日本百名山』で笠ヶ岳を「この山ほど〈笠〉の名に忠実なものはない」と記している。その笠ヶ岳は深田が登った時は「まだ北肩の小屋（笠ヶ岳山荘）が無かった」とあるが、石室の小屋を見落としたと思われる。その頃の笠ヶ岳の登山道は1927（昭和2）年にできたクリヤ道のみだった。氏は双六小屋から弓折岳、抜戸岳の稜線をたどり紙屑・空缶ひとつない笠ヶ岳山頂に立ち、播隆上人同様に御来迎に巡り会った。その日のうちにクリヤ谷を下ったようだが、荒れた道だけに長く感じたことだろう。

雲海に映す影笠

コースグレード **上級**

技術度 ★★★☆☆ 3

体力度 ★★★★☆ 4

抜戸岳の稜線からの笠ヶ岳の雄姿。右の突起は小笠

笠新道登山口。登り始めから急登だ

混じってくると徐々に灌木の林に変わる。大きな岩が露出したあたりで、穂高連峰を背にするようになる。やがて尾根を乗り越すと前面が開け、杓子平が広がる。ここまで来るとひと安心だ。左手前方にめざす笠ヶ岳の山頂もよく望まれるようになる。

ひと息入れたら大きなカールの中を進み、右手の抜戸岳の小さな尾根に取り付く。以前は左手前方の最低鞍部に道がついていたが遅くまで雪が残ることもあり、尾根上に道が付け替えられた。このあたりは花が豊富で空も広く、気持ちよく登っていける。

笠新道分岐からは稜線漫歩。抜戸岩をくぐりテント場まで登れば**笠ヶ岳山荘**は近い。

1日目 笠新道を登って笠ヶ岳山荘へ
歩行時間：**7時間55分**｜歩行距離：**10.3km**

新穂高温泉バス停そばの登山指導センターに立ち寄り、コース情報の入手と登山届を提出してから出発しよう。左俣林道を歩くことおよそ1時間、ブナ林が出てくると**笠新道の登山口**がある。ここにはわさび平からの水が引かれている。登路の笠新道には水場がないので必ず補給しておこう。

笠新道に入ると、中腹の杓子平まで急登が続く。初めはブナ林の中だが、針葉樹が

2日目 笠ヶ岳山頂からクリヤ谷を下る
歩行時間：**5時間20分**｜歩行距離：**7.4km**

山荘を出て15分ほどで**笠ヶ岳**の山頂に着く。山頂は三角点のある南峰と手前の北

クリヤの頭。ここから長い下りが始まる

プランニング&アドバイス

笠新道は笠ヶ岳へのメインルートだが、きわめて急な斜面が長く続くことから、近年は登りを鏡平経由の稜線歩きにして、下山を笠新道とする人も増えている。だが笠新道は登りが急ということは下りも同様で、連続する急斜面の下りは体への負担が大きく、また事故も多い。結局はわさび平山荘に前泊し、早朝から笠新道をマイペースで登るのがベター。下山路のクリヤ谷は古く開かれた味わいのある道だが、ロングコースかつ標高差は笠新道以上で荒れた箇所もあるだけに、体力に自信のないは往路を引き返すようにしたい。

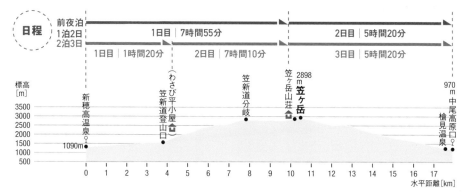

日程	前夜泊 1泊2日 2泊3日				
		1日目｜7時間55分		2日目｜5時間20分	
	1日目｜1時間20分	2日目｜7時間10分	3日目｜5時間20分	

標高[m]

```
3500
3000
2500
2000
1500
1000
 500
```

新穂高温泉 1090m ／ （わさび平小屋）笠新道登山口 ／ 笠新道分岐 ／ 笠ヶ岳山荘 笠ヶ岳 2898m ／ 檜見温泉 中尾高原口 970m

水平距離 0 1 2 3 4 5 6 7 8 9 10 11 12 13 14 15 16 17 [km]

なんといっても稜線からの槍・穂高の連なりだろう。また、笠ヶ岳山頂から雲海上に浮かぶ影笠や笠ヶ岳山荘から雲海を隔てた槍・穂高、下山路のクリヤ谷のブナ林の上に浮かぶ怪峰・錫杖岳にも圧倒される。逆に笠ヶ岳の雄姿を眺めるなら、奥穂高岳や西穂高岳などからになる。

峰に分かれ、北峰には笠ヶ岳神社が祀られている。快晴の日は雲海が出る確率が高い。蒲田川を埋めつくす雲海の上に浮かぶ穂高・槍の姿は絶景そのものだ。西に目を移すと白山まで続く雲海が三角形の影笠を映している。天候が悪くてもガスの中にブロッケン現象が出てくれることが多い。

山頂から足場の悪い岩の道を下り、尾根を巻きながら進むと雷鳥岩に着く。その先のクリヤの頭からいよいよクリヤ谷の下りとなる。蜂ノ巣岩手前の水場あたりは笹で道がわかりづらいので、注意したい。

やがて道はブナ林の中へと入る。天候急変時に心強いクリヤの岩小屋を経て錫杖沢出合へ。ブナ林越しに錫杖岳の岩峰が目に飛びこむ。穴滝上部で谷を渡り、大木場ノ辻の東斜面を横切って最後の急斜面を下ると槍見温泉だ。中尾高原口からバスに乗る前に温泉でひと風呂浴びたい。

笠ヶ岳への登山道は3本ある。紹介した笠新道とクリヤ谷のほか、双六小屋や鏡平山荘からの縦走路である。黒部源流方面は百名山が黒部五郎岳、鷲羽岳、水晶岳と固まって存在するので、それらの山からの下山の際に縦走路をたどって笠ヶ岳にも登頂するプランも考えてみたい。登山熟達者に限られるが、穴毛谷を遡って杓子平に登り上げ、笠新道に合流するルートもある。途中の穴毛岩や穴毛大滝が見どころで、昔の踏み跡がわずかに残っているかもしれない。

文・写真／島田 靖

笠ヶ岳山頂を背に建つ笠ヶ岳山荘

問合せ先
［市町村役場］高山市役所☎0577-32-3333、新穂高登山指導センター☎0578-89-3610
［交通機関］P43 を参照
［山小屋］わさび平小屋☎090-8074-7778、笠ヶ岳山荘☎090-7020-5666

アクセス
JR松本駅から新穂高行きのバスは1日2便と少ないうえ、運行期間も7月中旬〜8月下旬のみ。期間外は松本からのアルピコ交通か濃飛バスで平湯に行き、新穂高行きバスに乗り換える。また新穂高へは東京からの登山バス「毎日あるぺん号」（運行日注意）も運行される。マイカーは新穂高温泉周辺の駐車場を利用するが、夏場の週末は混み合うので注意。

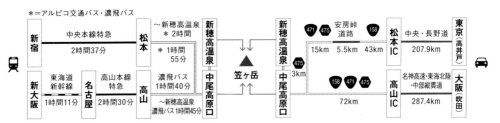

N

0　　　　　　1km

1:55,000

岐阜県
高山市

▲2435

双六小屋へ

弓折乗越
弓折岳
2588 ▲

0.30
1.00

鏡平山荘

大ノマ乗越

南側を巻く

大ノマ岳
2662 ▲

熊の踊り場

通過注意

3.00
3.10

シシウドヶ原

秩父平

イタドリヶ原

2667

• 2093

2792
秩父岩

小池新道

3.20
3.40

▲2425

• 1852
下丸山

奥丸山登山口

頂上の西側を通る

抜戸岳
▲2813

好展望の稜線

笠新道分岐

1500

1.05
1.00

抜戸岩

2737

2753

尾根は花が多い

奥丸山へ

笠ヶ岳山荘

小笠

播隆平

早い時期は水あり

小池新道
入口

笠ヶ岳
2898

2654・緑ノ笠

杓子平
2472

展望よい

抜戸岳南尾根に出る

5.50
4.00

穂高連峰が
見えだす

足場の悪い下り

杓子平への
バリエーションルート

笠新道

0.20
0.15

わさび平小屋

ペンキ印あり

発電所取水口

笠新道
登山口

雷鳥岩

1670・

クリヤの頭 2440

かつての笠新道は
このあたりから取り付いていた

蜂ノ巣岩

急下降

中崎橋

1.00
0.45

▲1744
中崎山

左俣林道

ブナ林の下り

お助け風穴

1650

右俣林道

5.00
7.00

錫杖岳
▲2168

クリヤの岩小屋

錫杖岳の岩壁が
そびえ立つ

錫杖沢出合

新穂高ロープウェイ

ゲート

穂高平小屋

WC

• 1946

牧南沢出合

徒渉

中崎山荘
奥飛騨の湯

新穂高温泉駅

大木場ノ辻
▲2232

増水時注意

新穂高温泉
バス停
1090m
無料

WC

鍋平高原駅

しらかば平駅

登山指導
センター
鍋平

新穂高ビジター
センター山楽館

1880

西穂平

第二飯場

深山荘

475

千石尾根

第一飯場

槍見温泉

0.05

ひがくの湯

西穂高口駅へ

新穂高の湯
露天風呂

2970m
中尾高原口バス停

平湯、高山駅へ

新穂高ロープウェイ

西穂山荘へ

白出小屋跡、槍平小屋へ

焼岳
（やけだけ）

標高
2456m
（南峰）

今も水蒸気を上げる
北アルプスを代表する活火山。
上高地の形成に深く関わる
シンボル的な山

日本を代表する山岳景観地・上高地の形成に大きく関わっているのが焼岳。1915（大正4）年の噴火で梓川が堰き止められ、大正池ができたことが知られる。山頂から水蒸気を上げる荒々しい姿は、上高地のシンボル的な風景である。「北アルプスの溶鉱炉」ともいわれる活火山で、常時観測火山にも指定されている。登山の際には気象庁のHPなどで情報を入手してから登りたい。

新中尾峠に立つ焼岳小屋

コースグレード｜**中級**

技術度｜★★★☆☆ 3

体力度｜★★★☆☆ 3

100
Mountains of Japan

深田久弥と焼岳

「焼岳は付近の群雄に比べたら、取るに足らぬ小兵かもしれぬ」。深田は焼岳を敢えてこう語った。だが、この言葉には続きがあって、「この小兵は他に見られぬ独自性を持っている。まず、日本アルプスを通じて唯一の活火山である。（中略）群雄の大伽藍（編集部注：穂高連峰）の衛兵のようだが、なかなかのくせもので表面は穏和を装いながら、次に打つ手（編集部注：噴火）を考えているかもしれない」と火山への強い畏怖をにじませている。その焼岳へ深田は上高地から中尾峠経由で山頂に立っている。

焼岳展望台から望む山頂部の荒々しい山肌

山頂付近の噴火口。こんなところでは長居は無用

日帰り 上高地から焼岳を経て中の湯へ
歩行時間：**7時間** ｜ 歩行距離：**12.4km**

バスで上高地に入ると真っ先に目に飛びこんでくるのが焼岳。上高地バスターミナルで降り、登山届を出したら出発だ。梓川に出て、下流に向かって歩いていく。梓川に架かる田代橋、穂高橋を渡ると左手に折れ、林道を約600m進んでいく。右手に焼岳登山口の道標が現われ、ここから山道に入っていく。

プランニング＆アドバイス

上高地に滞在して焼岳登山を楽しむこともできる。マイカー利用者に人気なのは、新中の湯登山口からの往復登山（5時間強）。登山口までマイカーで入れるが、駐車スペースが限られ週末では満車になってしまう。中の湯温泉泊まりなら便宜も図ってもらえる。中の湯バス停まで直接下りるコースは廃道になった。登山口にも注意喚起があるが、焼岳は活火山であることを留意し、万一の時の備えとしてヘルメットを持参したい。2014年の御嶽山の噴火災害の教訓を忘れないでほしい。

石がゴロゴロする下湯沢を横切り、ホオノキやサワグルミの平坦な森を行く。右手の尾根を巻くように進み、徐々に高度を上げていく。左手に砂防堰堤が見えれば**峠沢**に出て、活火山らしく荒々しい焼岳が姿を見せる。

鬱蒼とした森の中の急登となるが、大きな段差は階段やハシゴで整備されている。上高地を見下ろすようになると、三段バシゴの架かる岩場に出る。足もとに注意しながらハシゴや岩場を越えていく。やがて笹の生い茂った斜面に入り、新中尾峠に建つ焼岳小屋に出る。焼岳小屋は昔ながらのランプの宿で、趣のある山小屋である。

焼岳小屋から一段高台にあるのが焼岳展望台で、焼岳が迫力ある姿で見える。いつ

北峰から見下ろす火口湖の正賀池は立入禁止

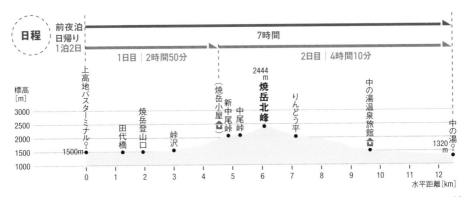

41

おすすめの撮影ポイント

焼岳を望む絶好の撮影ポイントは、焼岳小屋から一段上がった場所にある焼岳展望台。中尾峠をはさんで対峙する焼岳は、岩肌を削る上堀沢が荒々しく迫力満点。1962(昭和37)年の噴火後は、1990(平成2)年までこの展望台までしか登ることができなかった。周囲は地熱が高く、噴気孔から蒸気が立ち上っていて活火山を強く感じられる。焼岳の北東斜面を望むのに、朝の斜光線時がおすすめ。山中にある唯一の山小屋・焼岳小屋に泊まり撮影に挑みたい。

たん中尾峠に下り、山頂へ登り返す。火山特有のごつごつした岩で滑りやすく、落石にも注意しながら登っていく。登山道の丸印をたどって小尾根に取り付き、溶岩ドームと北峰との間のコルをめざしていく。コルの山頂側から蒸気が上がるが避けながら岩場を登り、焼岳の**北峰**に到着する。穂高連峰の展望が広がり、飛騨の名峰・笠ヶ岳が静かに迎えてくれる。

　先ほどのコルまで戻り、南峰との鞍部に向かって進む。北峰直下は水蒸気が立ち上がり、道を外さないようにして下ろう。右手に見える火口湖の正賀池や南峰は崩落や有毒ガスのため通行禁止だ。

　鞍部から中の湯へ下る道に入る。草付きの斜面を下っていくが、滑りやすいので要注意。ナナカマドなどの灌木帯に入り、下堀沢沿いに下るようになる。ダケカンバの林が現われると、りんどう平と呼ばれる平

坦地に出る。焼岳はここで見納め、この先は針葉樹林帯の中に入り、急な下りが連続する斜面に入る。周辺の木々がブナに変わり、斜度が緩むと車道が見えてくる。中の湯温泉の屋根が見えれば、やがて新中の湯登山口に下り立つ。ショートカットの道を下って、**中の湯温泉旅館**へ。さらに車道を下ると国道を経て、**中の湯バス停**に着く。

その他のコースプラン

　飛騨側の中尾温泉から中尾峠を経由して登るコース(4時間40分)もある。下山に利用すれば奥飛騨温泉郷にも立ち寄れるので、温泉と登山を組み合わせて楽しみたい人におすすめ。また、穂高岳方面の西穂山荘から尾根づたいに縦走、割谷山を経由して新中尾峠(焼岳小屋)から焼岳に登る道(山頂まで4時間強)もある。途中には静寂な池もあり、展望が開ければ穂高の雄大な景色も楽しめる。上高地のすぐ近くにありながら、静かな山歩きが楽しめる穴場的なコースである。

文・写真／渡辺幸雄

アクセス
上高地へはP25、31を参照。沢渡や島々・松本方面への中の湯バス停は釜トンネルのゲート横にある。平湯や新穂高行きのバス停は100mほど安房トンネル側となっている。便数は限られるが高山や松本行きの特急バス(予約不要)も利用できる。また、新島々行きなどでは、バスが満員の際は乗車できないこともあり要注意。沢渡までならピストン輸送しているタクシーをつかまえるのが早い。

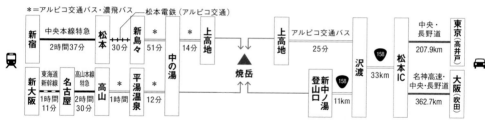

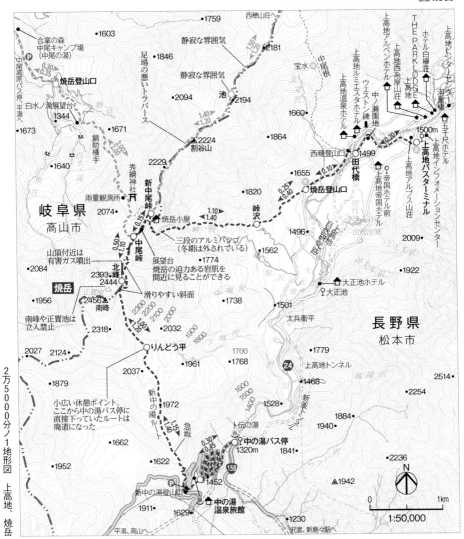

•1759　西穂山荘へ

合掌の森
中尾キャンプ場（中尾の湯）

•1603

中尾高原バス停、平湯へ
P 0.30 0.25

焼岳登山口

•1846

静寂な雰囲気

•2181

宝水　中尾根

THE PARK LODGE
ホテル白樺荘
上高地ビジターセンター／河童橋
上高地アルペンホテル
上高地西糸屋山荘
上高地ルミエスタホテル
ウェストン碑
上高地温泉ホテル

静寂な雰囲気

池 2194

足場の悪いトラバース

•2094

1.40 1.20

•1864

中ノ瀬園地

五千尺ホテル
上高地インフォメーションセンター
上高地アルプス山荘
1500m
0.20
上高地バスターミナル

白水ノ滝展望台
1344

•1673

•1640

鍋助横手

•1671

1.70

△2224
割谷山

2229

秀綱神社
雨量観測所

岐阜県
高山市

2074•

0.15
新中尾峠
焼岳小屋
1.10 1.40

0.50
中尾峠
北峰
2393•
2444

三段のアルミバシゴ（冬期は外されている）

展望台
焼岳の迫力ある岩肌を間近に見ることができる

滑りやすい斜面

•1820

0.25 0.40

1660
西穂登山口 1499
0.10
田代橋

•1655

1496

1562

•1774

1738

1501

帝国ホテル前
上高地帝国ホテル

•2009

•1922

大正池ホテル
大正池

長野県
松本市

山頂付近は有害ガス噴出
•2084

焼岳
2456△
南峰

•1956

南峰や正賀池は立入禁止

•2318

2.30
2.20
北峰

2.00

2200 2100 2000

•2032

1900

1800

太兵衛平

•1779

2027　2124

りんどう平

2037

•1879

小広い休憩ポイント。ここから中の湯バス停に直接下っていたルートは廃道になった

新中の湯ルート

•1961

1700
1600

•1768

国道24
上高地トンネル

•1468

2514•

•2254

1.00
1.20

•1662

•1972

1.15

急坂

1500
1400

•1528

•1884

1940•

•2236

•1952

•1622

0.30
0.45

ト伝の湯

中の湯バス停
1320m

1841•

△1942

1452
新中の湯登山口

国道158

中の湯温泉旅館

•1911

•1629

•1230

平湯、高山へ

沢渡、新島々駅へ

N

0　　　　1km

1:50,000

問合せ先
[市町村役場] 松本市役所 ☎0263-94-2307
[交通機関] アルピコ交通（バス）☎0263-92-2511、濃飛バス ☎0577-32-1160、アルピコタクシー（沢渡）☎0263-93-2700、はとタクシー☎0577-32-0246、新興タクシー☎0577-32-1700、山都タクシー☎0577-32-2323（いずれも高山駅）、宝タクシー（平湯温泉）☎0578-89-2631
[山小屋] 焼岳小屋 ☎090-2753-2560

2万5000分ノ1地形図　上高地、焼岳

焼岳山頂から望む槍穂高連峰と上高地（右下）

北アルプス南部／長野県・岐阜県

乗鞍岳
（のりくらだけ）

剣ヶ峰山頂の朝日大権現社

コースグレード 初級

技術度 ★★☆☆☆ 2

体力度 ★★☆☆☆ 2

頂稜部のたおやかな山容の乗鞍岳は、たくさんの池や原、花々が優しく迎えてくれる

標高
3026m
（剣ヶ峰）

西側の高山市からはつねに真近に四季折々の乗鞍岳が眺められる。飛騨の人々は信仰の対象として各地域から登拝を行っていた。信州側では大樋鉱山に伴う信仰があり朝日大権現を奉斎し、毎年山頂の社に参拝していたとされる。深田久弥は『日本百名山』で乗鞍岳愛好家を「乗鞍信者」と表し、（彼らは）「平和的で浪漫的」と述べている。これは、のびやかな乗鞍岳の山容とも一致する。

100
Mountains of Japan

深田久弥と乗鞍岳

深田が乗鞍に登ったのは戦前の初冬の快晴の日だったと書いている。氏はおそらく信州側の大野川・番所から鳥居尾根を登り位ヶ原を経て山頂に立ったと考えられる。大野川の人たちは大正の頃より番所や沢渡に移住をはじめており、戦前の時代には大野川区集落の約半数が移住していたはずだが、今では大野川や中平の百軒を超す集落はどこにあったかもわからない。山頂では西方の白山に至るまで限りなく山並みが続いていたことに驚き、「山また山の国飛騨こそ真の山の国」と結んでいる。

高山市街の奥に大きく横たわる乗鞍岳（右の高点が剣ヶ峰）

観光施設が建ち並ぶ乗鞍畳平（標高2702m）

日帰り 畳平から剣ヶ峰往復
歩行時間：**2時間40分** ｜ 歩行距離：**6**km

　畳平はバスターミナルや宿泊施設、郵便局などもある乗鞍の中心基地である。観光登山の人たちもいるので、ここで周辺散策の人と登山者は分かれることになる。

　広場からコマクサやイワカガミなど花の多い道を、鶴ヶ池に沿って歩く。県境の鞍部から右の車道に入り、富士見岳の西側を巻きながら進む。不消ヶ池を右に見て進み、

プランニング＆アドバイス

紹介コースだけではもの足りないという人は、畳平北側の魔王岳へ行ってみよう。眼下の畳平や亀ヶ池をはじめ、槍・穂高の遠望など興味は尽きない。富士見岳は肩ノ小屋からの道から分岐するので、直接山頂に立てる。大黒岳も眺望がよく花も多い。山頂から桔梗ヶ原方面に下れば、雷鳥に出会う確率が高い。いずれも紹介コースに30分〜1時間強のプラス程度。乗鞍岳登山というと手軽なイメージがあるが、3000m峰だけに天候が悪化すると危険度が高い。真夏でも防寒対策は万全に。

旧コロナ観測所への道を分けて長野県側に入り、摩利支天岳の東斜面を横切って進む。左下の乗鞍大雪渓では、サマースキーを楽しむ人たちの姿が見える。車道は肩ノ小屋まで続く。**肩ノ小屋**にはカフェがあるので、ひと休みしていこう。公衆トイレは宇宙線研究所寄りにある。

肩ノ小屋からは歩きづらいザクの登り。下りも注意

　ここからいよいよ登山道となり、朝日岳の北斜面を斜上していく。初めは小石の多いザクの道で歩きづらいが、上部は岩が多くなってくる。やがて最後の短いザクを登りきると朝日岳との鞍部で、西側の景色が飛びこんでくる。権現池を囲んで外輪山の八峰八峡がよく確認できる。

　すぐ先の蚕玉岳を巻いて進むと、道は二

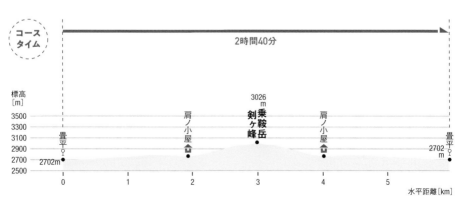

コースタイム

2時間40分

標高
[m]

3500			3026m		
3300	肩ノ小屋	剣ヶ峰 乗鞍岳	肩ノ小屋		畳平 2702m
3100					
2900	畳平				
2700	2702m				
2500					

0　　　　1　　　　2　　　　3　　　　4　　　　5

水平距離[km]

朝日岳鞍部。左は乗鞍岳最大の山上湖・権現池

手に分かれる。左に行くとすぐに頂上小屋だ。売店があるので前のベンチでひと息入れよう。ここから少し登れば乗鞍岳最高点の**剣ヶ峰**山頂である。信州側の朝日権現社を回りこみ、飛騨側の乗鞍本宮前に出ると鳥居や三角点がある広場となっている。本宮には宮司が常駐するので、祈祷してもらうこともできる。展望もすばらしく、南の御嶽山が真近に迫り、西は白山、北に槍・穂高と続く飛騨山脈が見渡せる。眼下は位ヶ原の雄大なハイマツ帯、そして乗鞍頂稜部のたくさんの峰々を見ることで、乗鞍という山の大きさを実感するに違いない。

帰りは**肩ノ小屋**までは慎重に下りたい。**畳平**までは30分ほど。時間に余裕があれば富士見岳に登っていこう。30分ほど多くかかるが、山頂からは畳平の全容を眺めることができる。

その他のコースプラン

乗鞍岳は昔から信仰のための多くの道が開かれ登られてきた。その数は11本にも及ぶ。現在では荒廃し消滅した道がほとんどであるが、まだ登られている道は信州側も含めて5本ほどある。南面からの道は年々荒廃が進んでいるので役場などに問合せる必要がある。岐阜県側では平湯・大滝口を付け替えた平湯スキー場からの道は毎年地元の人たちが整備しているので安心だが、このコースは水がなく長いので健脚向き。信州側では、乗鞍高原の鈴蘭橋から鳥居尾根を登り、位ヶ原山荘を経て肩ノ小屋に至る道は標識もしっかりしているが、上部は車道を交差するので車に気をつけたい。

文・写真／島田 靖

槍・穂高を望む大黒岳にも立ち寄りたい

アクセス
畳平行きバスの運行期間は岐阜県側の平湯・ほおのき平発が5月中旬〜10月下旬、長野県側の乗鞍高原発は7月中旬〜10月下旬。畳平発のバスの最終は17時前後。マイカーの場合、畳平へは規制があるのでバスかタクシーに限られる。岐阜県側はほおのき平か平湯・あかんだなに駐車（平湯は有料）し、畳平行きバスに乗る。長野県側は乗鞍高原の観光センターか三本滝で畳平行きバスに乗る。ともに無料大駐車場あり。

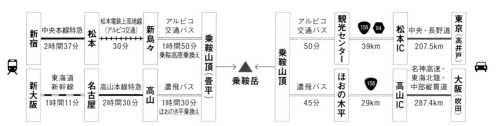

新宿	中央本線特急 2時間37分	松本	松本電鉄上高地線（アルピコ交通） 30分	新島々	アルピコバス 1時間50分 乗鞍高原乗換え	乗鞍山頂（畳平）
新大阪	東海道新幹線 1時間11分	名古屋	高山本線特急 2時間30分	高山	濃飛バス 1時間30分 ほおのき平乗換え	

▲乗鞍岳

乗鞍山頂	アルピコ交通バス 50分	観光センター	158 84 39km	松本IC	中央・長野道 207.5km	東京（高井戸）
	濃飛バス 45分	ほおの木平	158 29km	高山IC	名神高速・東海北陸・中部縦貫道 287.4km	大阪（吹田）

ほうのき平、平湯温泉へ
桔梗ヶ原
大黒岳登山口 バス停
平湯峠～畳平間 通年マイカー規制
5
乗鞍スカイライン
魔王岳 ▲2763
展望よい
大黒岳 ▲2772
恵比須岳 ▲2831
乗鞍山頂 (畳平)
亀ヶ池
▲0.15 0.10
0.30
0.30
0.20
0.15
0.20
鶴ヶ池
WC
乗鞍神社本宮 2702m 畳平
県境の鞍部
岐阜県 高山市
長野県 松本市
畳平お花畑
富士見岳 2817
0.20
0.20
•2445
この道を 歩いてもよい
0.20
乗鞍高原へ
▲2824 里見岳
不消ヶ池
富士見岳 登山口
2353m
位ヶ原山荘
コマクサ
旧乗鞍 コロナ 観測所ナ
五ノ池
摩利支天岳 2872
▲
0.40 0.30
2800 2700
0.50
2600
位ヶ原
2500 ハイマツ帯
1.30 1.00
ここまで車道歩き
2772 •
宇宙線研究所観測所
WC
2778
肩ノ小屋
肩ノ小屋口バス停
WC
0.25 0.50
乗鞍大雪渓
84
三本滝～畳平間 通年マイカー規制
歩きづらい 石屑の道
0.50 0.40
水分岳 ▲
2975 朝日岳
鞍部 蚕玉岳
•2634
権現池
分岐
乗鞍岳
頂上小屋(売店のみ)
乗鞍本宮奥宮・ 朝日権現社
雪山岳 ▲
▲3026 剣ヶ峰
大日岳 ▲ (奥の院)
N
屏風岳 2968•
高天ヶ原 2829
千町尾根、丸黒山へ
0   500m
1:25,000

2万5000分ノ1地形図 乗鞍岳

問合せ先

[市町村役場] 松本市役所 ☎0263-94-2307、高山市役所 ☎0577-32-3333、のりくら高原観光案内所 ☎0263-93-2147、飛騨乗鞍観光協会 ☎0577-78-2345
[交通機関] アルピコ交通（バス）☎0263-92-2511、濃飛バス ☎0577-32-1160、アルピコタクシー（沢渡）☎0263-93-2700、はとタクシー☎0577-32-0246、新興タクシー☎0577-32-1700、山都タクシー☎0577-32-2323（いずれも高山駅）、宝タクシー（平湯）☎0578-89-2631
[山小屋] 銀嶺荘 ☎080-6926-3145、乗鞍白雲荘 ☎090-3480-3136、肩ノ小屋 ☎0263-93-2002

肩ノ小屋に集う登山者。宿泊してご来光を眺めるのもよい

60

御嶽山（御嶽）

おんたけさん／おんたけ

飛騨山脈最南端にそびえる
開山1300年の霊山。
近年の大噴火により
火山として認識された

標高
3067m
（剣ヶ峰）

長野・岐阜県境（最高点の剣ヶ峰は長野県）の御嶽山は、乗鞍岳との間に2つの峠を挟んで独立峰的に悠然とそびえる。山頂部は南北に長く3.5kmにも及び、火口に水を湛える池は一ノ池から五ノ池まである。そのうち二ノ池は日本最高所の池であり、満々と水を湛える三ノ池の水は御神水とされている。開山から1300年、いまだ白装束の登山が絶えない霊域を保ち続ける山でもある。

御嶽開祖・覚明行者像（黒沢口）

コースグレード｜中級

技術度｜★★★★★ 2

体力度｜★★★★★ 3

100 Mountains of Japan

深田久弥と御嶽山

「普通御嶽は日本アルプスの中に入れられるが、この山は別格である、そういうカテゴリーからはみ出している――」。『日本百名山』の御嶽の書き出しである。実は北アルプスの範疇は北にある乗鞍までで御嶽山は含まないのが定説で、中部山岳国立公園からも除外されている。深田はこのボリュームのある山はそれだけで一王国を形成している。一個の山としてこれだけの図体の大きい存在も稀であると書いているが、御嶽山の山体は阿寺山系の山々を含めると3000kmにもなり、わが国最大の山体なのである。

開田高原からの御嶽山。山頂部は長く、南北3・5kmにわたる

剣ヶ峰直下に建てられたシェルター

1日目 飯森高原駅から
山頂を経て五の池へ

歩行時間：4時間55分 | **歩行距離：6.1km**

標高2150mの御岳ロープウェイ飯森高原駅が起点。ここからしらびその小径を南へ約10分で旧道と合流し、すぐに七合目行場山荘に着く。

覚明社を右に見て小谷を渡ると、樹林帯

プランニング&アドバイス

御嶽山は2014年9月の噴火の影響もあり、紹介コースの黒沢十字路〜剣ヶ峰山頂間は通行可能期間が7月1日〜10月13日（2020年度）に限定されている。本項で歩く黒沢口は途中の山小屋が多く、緊急時の対応には比較的向いているが、各自でゴーグルやヘルメットなどを用意するなど、万が一に備えること。一方の「北御嶽」といわれる継子岳や五ノ池周辺は火口からの距離があるので、登山にはほぼ影響はない。北御嶽はコマクサをはじめとする花も豊富で、地形の変化にも富んでいる。剣ヶ峰登頂だけではもったいないので、ぜひ北御嶽まで足をのばしてほしい。

の登山道となる。百間滝からの道を合わせ、よく踏まれた道をたどること約1時間で八合目女人堂に着く。ここは金剛堂とも呼ばれ、右に開田頂上への三の池道（2021年2月現在通行止め）が分岐する。左に進み尾根に上がると金剛童子で、霊人碑が林立するところ。さらに高度を上げると、明治不動あたりから展望が開ける。

黒岩でひと休みしたら、溶岩の急斜面を登って石室山荘を経て覚明堂へ。その上の二ノ池分岐を過ぎて稜線に出ると黒沢十字路で、ここまで来れば山頂はもう目前。一ノ池の外輪尾根を登っていくとコンクリート製のシェルターがあり、山頂への石段を上がれば御嶽神社奥社が建つ御嶽山最高点・剣ヶ峰山頂だ。

継子岳山頂からの摩利支天、剣ヶ峰（左奥）

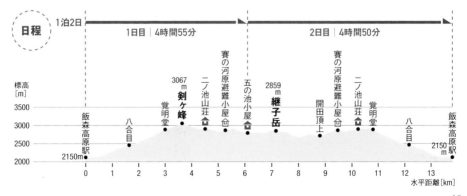

下呂市小坂、木曽福島へ
胡桃島キャンプ場へ
日和田口登山口へ
•2326
•2316

濁河温泉
市営露天風呂
新道
登山口
1790m
御嶽神社里宮
1768
1918•
•2040
旧道合流点
湯の花峠
1934•
のぞき岩
避難小屋
胡桃島口
お助け水
八合目
高山市
日和田
コマクサ
継子岳
2859
コマクサ
針の山
継子二峰
2428
水はない
2812•
四ノ池
•2287
•2236
コマクサ
2116•
2658•
五の池
小屋
飛騨頂上神社
•2500
•2316

岐阜県
下呂市
•2567
•2745
摩利支天乗越
摩利支天山
2959
賽の河原避難小屋
賽の河原
開田頂上
三ノ池避難小屋
•2430
2021年2月現在
崩落により通行止め
•2897
•2806
•2584
八合目
0.55
1.10
女人堂
金剛童子
黒沢十字路～剣ヶ峰間は
7月1日～10月13日に限り通行可
(2020年。2021年は未定)
二の池ヒュッテ
二ノ池山荘
覚明堂
石室山荘
黒沢口
•2218
•2494
2658•
御嶽山
(御嶽)
剣ヶ峰
3067
御嶽神社
奥社
2908
黒沢十字路
2649
•2224
継母岳
2867
お鉢めぐりコース
2020年11月現在
通行止め
シェルターあり
王滝頂上神社
2936

長野県
王滝村
•2647
三浦山
2394
2539•
2940
王滝奥の院
九合目
九合目避難小屋
八合目避難小屋
2470
金剛童子
•2358
•2297
•2269
•2509
•2558
七合目
大黒天
2051•
•2369
2180m
田の原
御岳山の碑
2135•
2174•
1:45,000
御嶽観光センター／田の原山荘
2127
木曽福島駅へ
2127•

N
0   1km

岩が剣のように林立した
継子岳直下の「針の山」

360度さえぎるもののない大展望を楽しんだら来た道を下り、黒沢十字路から左に進んで二ノ池へと向かう。

二ノ池山荘を過ぎ、緩やかに賽の河原へと下っていく。**賽の河原避難小屋**から摩利支天乗越を越えて眼下の**五の池小屋**に向かう。小屋の展望デッキで摩利支天を眺めながらコーヒーを飲むのもよい。ここから白

開田高原へ

1717　・1555

木曽町

1490m　開田口登山口

△1705

・1658　・1490

・1972　開田口

御岳ロープウェイ駅へ

・1862

所要14分
（運行日注意）

・1889

1650

飯森高原駅 2150m
WC

御岳ロープウェイ

・2067

御岳中の湯

木曽福島駅へ

鹿ノ瀬駅へ

・1564

・1657

1462・

七合目
行場山荘

遊百間歩道滝

1731△

千本松見晴山荘

・1957

・1680

・2096

・1506

八海山小屋

本曽福島駅へ

・1794

1428・

百間滝小屋

油木美林

・1806

南屋川

1446・

おすすめの撮影ポイント

山上では、摩利支天東面寄りから三ノ池越しの中央アルプスと南アルプスがあげられる。御嶽山は登るだけでなく、眺めるのもよい山だ。遠望するなら東面の開田高原が絶対である。遠望では、ほかに①開田高原・西野地区の城山展望台、②国道361号・九蔵峠の展望台、③開田・柳又地区の展望駐車場、④旧地蔵峠の御嶽展望台の4カ所もおすすめ。

五の池小屋・展望デッキの夕景（写真／市川典司）

北御嶽のコマクサ群落

すぐにコマクサの大群落に出会う。岩のトンネルや針の山を経て**継子岳**の山頂へ。四ノ池越しに剣ヶ峰がよく望まれる。継子二峰に下ると御嶽最大のコマクサの群生地がある。四ノ池に下ると小川が流れ、花園の別天地だ。

三ノ池に登り返し、満々と水を湛える池を見ながら進む。南端の**開田頂上**経由で摩利支天東面の道に出て、あとは往路を**賽の河原避難小屋、二ノ池山荘**経由で黒沢口を**飯森高原駅**へと戻る。

山に沈む夕日が美しい。

2日目　五の池から北御嶽を巡って下山

歩行時間：**4時間50分**｜歩行距離：**7.6km**

早起きしたら御来光を拝もう。小屋のすぐ後ろがポイントだ。朝食を済ませたら継子岳へ向かう。

摩利支天乗越付近からの北御嶽全景と五の池小屋（右は三ノ池）

その他のコースプラン

王滝口 王滝村田の原を起点とする御嶽登山のメインルートだが、2014年の噴火で王滝頂上から山頂へは通行止め（2021年に黒沢十字路経由山頂への道が開通予定）。

小坂口 岐阜側の濁河温泉から飛騨頂上（五ノ池）へのコース。この道を登路に使って五の池小屋〜継子岳〜開田頂上〜剣ヶ峰〜黒沢口へ下るプランもおすすめ。

日和田口 高山市日和田高原から継子岳への直登コース。コース上部は急登の連続。

ほかにも開田口や胡桃島口などがある。

文・写真／島田 靖

問合せ先
［市町村役場］木曽町役場☎0264-22-4285、王滝村役場☎0264-48-2001、下呂市役所☎0576-24-2222
［交通機関］おんたけ交通☎0264-22-2444（路線バス）・☎0264-22-4555（高速バス）、おんたけタクシー☎0264-22-2525、木曽交通（タクシー）☎0264-22-3666（ともに木曽福島駅）、御岳ロープウェイ☎0264-46-2525
［山小屋］七合目行場山荘☎090-4380-5200、女人堂☎090-8329-1385、石室山荘☎090-8873-9761、二ノ池山荘☎090-4668-7000、二の池ヒュッテ☎090-4368-1787、五の池小屋☎090-7612-2458

アクセス
木曽福島駅へは新宿から高速バスが運行されている（所要4時間20分）。御岳ロープウェイ（鹿ノ瀬）行きのバスと御岳ロープウェイは6月中旬〜11月上旬運行。ダイヤは季節や日付により異なる。タクシーは木曽福島駅から約50分。マイカーは御岳ロープウェイ鹿ノ瀬駅に約1500台分の無料駐車場がある。

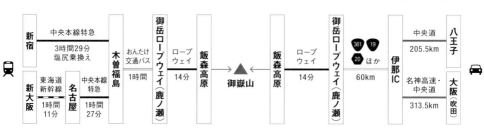

100
Mountains of Japan

美ヶ原・八ヶ岳

61

美ヶ原
うつくしがはら

美ヶ原のシンボル・美しの塔

コースグレード | 初級

技術度 | ★☆☆☆☆ | 1

体力度 | ★★☆☆☆ | 2

日本一の高さと広さを誇る高原から日本有数の山々を眺める楽しみ

標高
2034m
（王ヶ頭）

松本平の東に位置する美ヶ原は、東西4km、南北8kmに及ぶ広大な火山台地の高原。台上からは大展望が広がり、一帯の草原は牧場として利用されている。高原台地までは車で登れるが、四方から通じる登山道をたどれば、静かな高原歩きが満喫できる。自然保護センターや美術館などの施設に加え、入・下山口に温泉が多いのも魅力。近年はシカの食害で花が少なくなり、笹原が多くなった。

100
Mountains of Japan

深田久弥と美ヶ原

深田久弥が、美ヶ原の山上を訪れたのは5月、コナシの花が咲き、シラカバの新緑が美しい頃のこと。三城牧場から原の一角に登り、武石峰まで、人ひとり出会わずに歩いたようだ。その時の様子を、「高原の高さと広さと眺めを、全く孤独の中に、存分に味わった」と語っている。その高原について『日本百名山』によると、「高原」という言葉は明治時代の辞書には登録されていない、とある。当時の時代背景を考えると登山などのレジャーという概念がなかっただろうから、無理のないことなのかもしれない。

牛が草を食む塩クレ場付近からの王ヶ頭。林立するアンテナが目印

日帰り 思い出の丘から王ヶ頭、牛伏山へ

歩行時間：**4時間20分** ｜ 歩行距離：**10.8km**

松本駅から季節運行の美ヶ原直行バスかタクシーで**思い出の丘バス停**へ。ここから信濃路自然遊歩道が思い出の丘に向かってのびている。

花の多い道を緩く登っていくと、まもなく思い出の丘に出る。北アルプスや松本市街が一望のもとだ。花の多い笹原の道を進み、大きく登ると武石峰に立つ。正面にめざす王ヶ頭や台上の山々が見え、360度の大展望が楽しめる。

武石峰からは車道の脇を下り、車道を横切る。花とカラマツの道を行くと、**美ヶ原自然保護センター**の駐車場脇に出る。林道を少し歩くと天狗の露地の分岐がある。左上の道は王ヶ頭へ、ここでは緩やかな林道を行き、**分岐**を右に入って王ヶ鼻に向かう。無線中継塔の前から左に入ると鉄平石の岩峰、続いて**王ヶ鼻**だ。ここからの展望もすばらしい。

分岐まで戻り、王ヶ頭をめざす。美ヶ原の最高峰、**王ヶ頭**には三角点が置かれ、無線中継塔が林立している。

山頂からは王ヶ頭ホテルの横を通り、牧柵に囲まれた道を下っていく。両側の牧場には牛がのんびり草を食む姿を見ることができる。約30分で放牧の牛に塩を与える**塩クレ場**に出る。右から茶臼山や三城からの道が合流し（「その他のコースプラン」参照）、左からは焼山沢からの道が出合う。

三城からの美ヶ原山頂部（右が王ヶ頭）

プランニング＆アドバイス

登山適期は4月下旬～11月上旬。新緑は5月、7～8月は高原の花、10月は紅葉と、春、夏、秋それぞれの自然の魅力に触れることができる。下山地の美ヶ原高原美術館発のバスは8月の一部期間のみの運行なので、下山後にタクシー利用をしない限りは高原美術館から往路を引き返し、美ヶ原自然保護センターからバスに乗車する（ただしこのバスも6～9月の特定日のみ運行）。マイカー登山の場合は自然保護センターに駐車して、王ヶ鼻～王ヶ頭～美ヶ原高原美術館を往復することになる。いずれも王ヶ頭まで戻ったら、直接自然保護センターに向かう近道を利用するとよい。

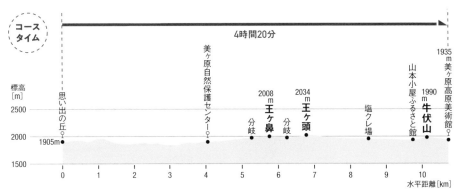

コースタイム

4時間20分

標高[m]

- 思い出の丘 1905m
- 美ヶ原自然保護センター
- 分岐
- 王ヶ鼻 2008m
- 分岐
- 王ヶ頭 2034m
- 塩クレ場
- 山本小屋ふるさと館
- 牛伏山 1990m
- 美ヶ原高原美術館 1935m

水平距離[km]

広大な高原台地の美ヶ原はそこかしこが撮影ポイント。大展望は少し高い武石峰や王ヶ鼻、王ヶ頭、牛伏山から撮影できる。コース外になるが南方の茶臼山もおすすめ。美ヶ原のシンボル・美しの塔も広大な高原の中のアクセント。シカの食害で花が少なくなったが、高原台地の笹原でヤナギランなどが咲いているので、花を撮りながら高原ハイクも楽しい。

塩クレ場からも牧柵に囲まれた広い道を行く。シンボルの美しの塔（高さ6m）を見て、美ヶ原高原ホテル山本小屋を過ぎ、**山本小屋ふるさと館**の前で左の道へ。途中から牧柵の中に入り、ひと登りで**牛伏山**に着く。大小のケルンなどが置かれた山頂からは、高原台地、王ヶ頭の向こうに北アルプスがすばらしい景観を見せてくれる。

王ヶ鼻は鉄平石で構成される岩場になっている

最後の休憩をしたら、下山にかかろう。美ヶ原高原美術館の数多い野外彫刻を見ながら下っていくと、**美ヶ原高原美術館バス停**に着く。タクシーの待ち時間が長いようなら、美術館を鑑賞していこう。

登山は登り下りがあってこそ、という人向きなのが、王ヶ頭南面の三城からのコース。三城は標高約1420mのため、王ヶ頭へは600m弱の登りとなる。しかも斜度が強いので、思いのほかハード。コースはいくつかあるが、三城から王ヶ頭登山道で王ヶ頭に立ち、メインコースで塩クレ場へ。右の道に入り百曲りの急斜面を広小場へ下る。あとは三城へと戻る（5時間強の周回）。ほかにビーナスラインの扉峠から茶臼山を経て塩クレ場に向かう稜線通しのコースもある（約2時間）。三城、扉峠とも松本からのアルピコ交通バスが通っているが8月の特定日のみだけに、タクシーもしくはマイカー登山が現実的だろう。

文・写真／垣外富士男

アクセス
往路のバスは6月上旬〜9月下旬（夏期以外は土・日曜、祝日のみ）の運行で1日2便、復路のバスは8月上旬〜中旬（土・日曜、祝日のみ）の運行で1日1便のみ。運行期間外はタクシー利用となる。マイカーはコース中であれば、思い出の丘、美ヶ原自然保護センター、山本小屋バス停、美ヶ原高原美術館に無料駐車場がある。

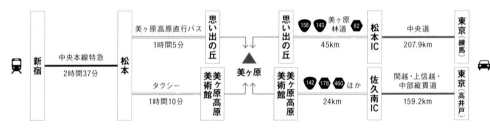

ケルンが積まれた牛伏山山頂。背後に北アルプスの山々が並ぶ

問合せ先
［市町村役場］松本市役所☎0263-34-3000、長和町役場和田庁舎☎0268-68-3111、上田市役所☎0268-22-4100
［交通機関］美ヶ原高原直行バス☎0263-32-2814（松本市観光案内所）、アルピコ交通（バス）☎0263-32-0910、アルピコタクシー☎0263-87-0555、松本タクシー☎0263-33-1141（いずれも松本駅）
［山小屋］王ヶ頭ホテル☎0263-31-2751、美ヶ原高原ホテル山本小屋☎0268-86-2011、山本小屋ふる里館☎0268-86-2311

62

霧ヶ峰
(きりがみね)

霧ヶ峰の最高点・車山山頂

コースグレード | 初級

技術度 | ★☆☆☆☆ | 1

体力度 | ★★☆☆☆ | 2

さわやかな高原と
池塘が浮かぶ高層湿原。
春から秋にかけて花が
咲き乱れる雲上の別天地へ

標高
1925m
（車山）

諏訪湖の北東部に位置し、霧ヶ峰は最高点の車山を主峰とする溶岩台地で、見通しのよい緩やかな起伏が続く草原に、湿原が点在する。高原は春から秋にかけて、多彩な花々が咲き誇る。さらに車山や蝶々深山などのピークからは、360度の大展望が得られる。車道のビーナスラインが貫き、交通の便もよく、山麓には温泉も控えており、一日を存分に楽しむことができるだろう。

100
Mountains of Japan

深田久弥と霧ヶ峰

『日本百名山』の霧ヶ峰の項に、「山には、登る山と遊ぶ山がある」との記述があるが、「豊かな起伏と広濶な展望を持った高原」の霧ヶ峰はまさに「遊ぶ山」の代表格であろう。深田久弥が霧ヶ峰を訪れたのは、戦前の夏から秋にかけてのこと。強清水のロッジに泊まり、車山から八島湿原、旧御射山、蝶々深山などを、気の向くままに歩いたようだ。夏の登山では背丈ほどのシシウドと橙色に覆われたニッコウキスゲの群落が印象に残ったようだが、近年はシカの食害により、その数を減らしつつある。

レンゲツツジが咲く八島ヶ原。右は車山、左奥に蓼科山が頭を見せる

岩が積み重なった物見岩。展望のよい場所だ

日帰り 車山肩から車山、八島湿原を経て霧ヶ峰インターチェンジへ

歩行時間：**4時間10分** ｜ 歩行距離：**12.3km**

上諏訪駅か茅野駅からバスに乗り、**車山肩バス停**で下車する。ドライブインの脇がコースの入口だ。正面にころぼっくるひゅってが建っている。

右にロープが張られた岩の多い道を行く。

プランニング＆アドバイス

4月下旬〜11月下旬が登山シーズン。レンゲツツジの6月下旬〜、ニッコウキスゲの7月中旬〜下旬がベストだが、5月下旬にスミレ類が咲く頃から、9月下旬のリンドウまで、多種多彩な花が楽しめる。紅葉のピークは年にもよるが10月下旬〜11月上旬。便数は少ないが、八島湿原〜沢渡を経由して霧ヶ峰インターチェンジに行くバスがあるので、天候急変時は利用価値がある。マイカーの場合、ハイシーズンの週末は車山肩の駐車場が混雑するため（なおかつ3時間以内の駐車を推奨）、霧ヶ峰インターチェンジ（霧の駅）か、そこから700mほど諏訪寄りの強清水に停めて周回するほうがよいだろう。

季節には数々の花が咲く中を、高度を上げながら、大きく3度ほど曲折して行くと気象観測ドームが建つ**車山**山頂だ。ここでは360度の大展望が得られる。

車山山頂からは、北東側の斜面を下る。右に車山高原へ向かう道を分け、左に少し進むと**車山乗越**だ。右は外輪山となる山彦谷へ。ここでは直進して蝶々深山をめざす。

夫婦岩を左に見て、すぐ先で左に車山肩へ向かう道を分けて進んでいく。左手一帯は車山湿原になっていて、レンゲツツジやミヤマシシウドなど、数多くの花を見ることができる。

左に沢渡への道を分け、緩やかに登っていくと**蝶々深山**山頂に飛び出る。穏やかな山容のピークで、正面に八島ヶ原湿原の広

木道が敷かれた八島ヶ原湿原。背景は鷲ヶ峰

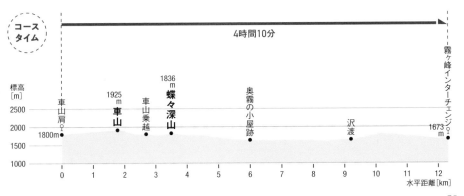

コースタイム							
				4時間10分			

標高[m]

- 車山肩 1800m（0km）
- **車山** 1925m
- 車山乗越
- **蝶々深山** 1836m
- 奥霧の小屋跡
- 沢渡
- 霧ヶ峰インターチェンジ 1673m

水平距離[km]

がりと、その上部に北アルプスや美ヶ原を見ることができる。

蝶々深山から露岩が積み重なった物見岩を見ながら、花咲く斜面を緩やかに下る。物見岩を過ぎ、小沢を渡って平坦な道になるとキャンプ場跡に出る。左手から沢渡からの林道が合流してくる。

奥霧の小屋跡から八島ヶ原湿原を巡る木道の道に入る。鎌ヶ池、八島ヶ池などを左に見ながら、湿原の外縁をたどって行く。右に八島湿原バス停や八島ビジターセンタ

ーへの道を分けて進むと、ヒュッテみさやまに出る。近くに諏訪神社奥社や鎌倉時代の競技場の遺構である旧御射山遺跡がある。

沢渡へは一度林道に出て右へ。左はキャンプ場跡への道だ。東俣沢の水音が高くなってくると、ほどなくして**沢渡**に着く。

沢渡からは階段を上がった先で、右の信濃路自然歩道に入る。ゴマ石山の西直下で霧ヶ峰自然歩道に合流し、右へ進んで下っていく。ビーナスラインに出ると**霧ヶ峰インターチェンジバス停**がある。

八島ヶ原湿原と八島ヶ池（奥は車山）

その他のコースプラン

車山へは、東側の車山高原からめざすコースもある。リフトを乗り継げば終点から5分で車山に着くが、花の多い道をのんびり歩いて登っても1時間半。車山高原には広い駐車場があるので、車山肩の駐車場が満車の場合はここから歩くことも考慮したい。また、車山乗越から外輪山の山彦尾根を通って男女倉山を経て奥霧の小屋跡に合流する道は、大回りにはなるが花の大群落と展望が魅力のコース（車山乗越から1時間半強）。

文・写真／垣外富士男

アクセス
バスは4月下旬～10月下旬の運行（期間外はJR中央本線茅野駅～車山高原間の運行）。バスは茅野駅からも乗車できるが、上諏訪駅からの方が近い。マイカーは車山肩、霧ヶ峰インターチェンジ（霧の駅）、強清水、八島湿原の駐車場に車を停めて周回コースをたどるが、車山肩と八島湿原の駐車場は3時間以内の駐車をお願いしている。

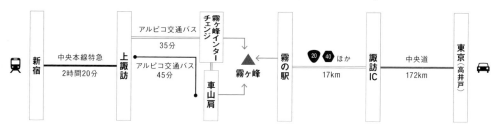

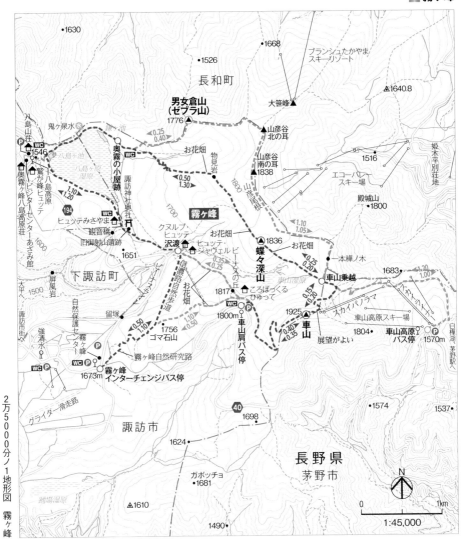

•1630

•1668

ブランシュたかやま
スキーリゾート

•1526

△1640.8

長和町

男女倉山
(ゼブラ山)
1776 △

大笹峰 ▲

鬼ヶ泉水

諏訪池

0.25
0.40

山彦谷
北の耳 ▲

1516

八島山荘

P WC
1546

奥霧ヶ峰八島高原荘

鷲が峰ヒュッテ

ビジターセンターあざみ館

八島高原

八島ヶ池

奥霧の小屋跡

WC

お花畑

物見岩

山彦谷
南の耳
1838

エコーバレー
スキー場

殿城山
•1800

姫木平別荘地

八島ヶ原湿原

0.50
1.30

山彦尾根

1.10
1.20

諏訪神社奥社

194

WC

ヒュッテみさやま

観音橋

旧御射山遺跡

霧ヶ峰

1700

クヌルプ・
ヒュッテ

お花畑

1.10
1.05

沢渡

ヒュッテ・
ジャヴェル

蝶々深山
1836 ▲

お花畑

一本樺ノ木

下諏訪町

1651

ビーナスの丘

0.35
0.25

車山乗越

0.25
0.20

1683

1.70
1.00

屏風岩

大平へ

1500

自然保護セ
ンター

信濃路自然歩道

お花畑

1817

ころぼっくる
ひゅって

1925

車山湿原

スカイパノラマ

車山高原スキー場

諏訪市街へ

留塚

0.50
1.10

1.10
0.50

0.15
0.20

スカイライナー

強清水へ

1756
ゴマ石山

1800m

1804•

車山
1925

0.40
0.35

車山高原
バス停 1570m

白樺湖・茅野駅へ

WC P

WC P

霧ヶ峰自然研究路

車山肩バス停

展望がよい

WC P

1673m

霧ヶ峰
インターチェンジバス停

諏訪市

40

1698

•1574

1537•

グライダー滑走路

1624

長野県

茅野市

ガボッチョ
•1681

△1610

N

0   1km

1490

1:45,000

問合せ先
[市町村役場] 諏訪市役所 ☎0266-52-4141、下諏訪町
役場☎0266-27-1111、茅野市役所☎0266-72-2101
[交通機関] アルピコ交通（バス）☎0266-72-2151、ア
ルピコタクシー（上諏訪駅・茅野駅）☎0266-71-1181
[山小屋] ころぼっくるひゅって☎0266-58-0573、八島
山荘☎0266-58-5357、鷲が峰ひゅって☎0266-58-8088、
奥霧ヶ峰八島高原荘☎0266-58-5355、ヒュッテみさ
やま☎0266-75-2370、クヌルプ・ヒュッテ☎0266-
58-5624、ヒュッテ・ジャヴェル☎0266-58-5205

沢渡からビーナスの丘へは草原の緩やかな登り

63

蓼科山
たてしなやま

苔の森から急坂を登り、
傾斜38度の岩場を越えて
石だらけの広大な頂へ。
爽快な絶景を楽しむ

標高
2531m

『日本百名山』の冒頭に「浅間山を北岳、蓼科山を南岳と呼んで、この二山を東信州の名山としている」と古い本からの引用を記している。佐久地方だけでなく諏訪側からも美しい円錐形のシルエットが眺められ、裏表のない開放的な景観が、明るく開けた南北の山麓のランドマークになっている。岩だらけの広大な山頂から楽しむ大展望は関東と中部地方の百名山をいくつも数えることができる。

山頂直下の標識

コースグレード｜初級

技術度｜★★☆☆☆｜2

体力度｜★★☆☆☆｜2

100
Mountains of Japan

深田久弥と蓼科山

深田久弥は浅間山と蓼科山のふたつの名山を眺めながら戦前のひと夏を信濃追分で過ごしている。追分からも深田が好む優美な円錐形の山容が望まれる。『日本百名山』ではアララギ派・伊藤佐千夫の「さびしさの極みに堪えて天地に寄する命をつくづくと思ふ」を引用し、歌を残した4年後に亡くなった歌人を偲んでいる。深田は百名山執筆の30年ほど前(1935年頃)にひとりで蓼科牧場から登り、「石がごろごろころがっているだけの」山小屋もなかった山頂で「1時間あまり孤独を味わった」という。

蓼科第二牧場から蓼科山の優美な稜線を眺める

山頂直下の蓼科山頂ヒュッテ

日帰り ## 山頂駅から山頂に立ち、蓼科山登山口へ下る

歩行時間：**4時間10分** ｜ 歩行距離：**10.2km**

　ゴンドラ**山頂駅**の展望台から北アルプスを眺めて広場に立つ諏訪の御柱に参拝を済ませ、御泉水自然園の森を見て樹林帯に入っていく。カラマツ林の緩やかな道を進むと蓼科スカイラインの駐車スペースが現われ、すぐ先に登山口となる**七合目**の鳥居が

プランニング＆アドバイス

全コースとも歩行時間が短いがバスの便が悪いので、タクシー利用か、マイカーでの往復登山も考慮したい。バス利用の日帰り登山は時間的に余裕が少なくなるので、スケジュールが許せば将軍平や山頂の小屋に宿泊したい。山頂では朝夕の展望のほかに晴れれば満点の星が楽しめる。将軍平の蓼科山荘では地酒も味わえ、コーヒーとケーキも人気がある。山頂名物の夏季限定かき氷や将軍平の蓼科牧場アイスも好評。また山麓の蓼科牧場周辺にも宿泊施設が多く、大河原峠のヒュッテも前泊に便利だ。

立つ。マイカーはこの周辺の駐車スペースを利用することができる。

　鳥居をくぐり、参道のように緩やかな道を進んでいく。笹に覆われたオオシラビソの道はしだいに道幅が狭くなり、北八ヶ岳特有の苔むした森に変わっていく。石ころが転がる道になり、徐々に勾配が増してくると天狗の露地となる。さらに進むと頭上が開け始め、崩れた木段と岩が散乱するガレ場の急坂を登っていく。後方に山麓を見下ろして小さくジグザグを切っていき、中勾配の樹林帯に変わると蓼科山荘が建つ**将軍平**に抜け出す。小屋には名物のコーヒーとケーキがあるので小休止していくといいだろう。

斜度30度を超える山頂への岩場の登り

　小屋を左に見送って樹林帯に入ると、すぐに山頂への急登になる。しだいに岩も大きくなり、三点確保で登っていく。樹林帯を抜けると後方の山荘も小さくなり、山上に出て岩場を攀じると眼前に蓼科山頂ヒュッテが現われる。

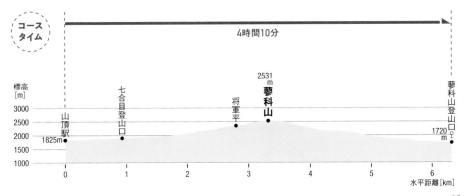

コースタイム

4時間10分

標高[m]

| | 山頂駅 1825m | 七合目登山口 | 将軍平 | 蓼科山 2531m | | | 蓼科山登山口 1720m |

3000
2500
2000
1500
1000

0　　1　　2　　3　　4　　5　　6

水平距離[km]

諏訪側の山頂直下に展開する南八ヶ岳と南アルプス

山頂の脇にへばりつくように建つ小屋のテラスでは、かき氷が夏季限定の名物になっている。テラスの頭上は全開の空なので、星座鑑賞には絶好だ。

　小屋の先で下山路に使う蓼科山登山口への分岐を見送り、右手へ山頂広場の中央に祀られた蓼科神社奥社の石の祠をめざしていく。参拝をすませてさらに直進していくと、広場の南端に大きな山名盤が設置された**蓼科山**の頂に達する。山頂からは八ヶ岳、中央アルプス、北アルプスへの爽快な大パノラマが展開する。特にここからの八ヶ岳と御嶽の眺めがすばらしい。

　下山はヒュッテの手前の標識に従っていく。浅間山を左手に見て、はじめは緩やかに山頂直下を巻いていく。正面の八ヶ岳を見送って一気に急下降していくと、2110m標識に出る。ここで八ヶ岳とはお別れだ。

　樹林帯に入って露岩の急坂を下っていき、笹に覆われた道を緩やかに下れば**蓼科山登山口バス停**に着く。

その他のコースプラン

　マイカーの場合は歩行距離が短い大河原峠からのコースが最も多く使われている。将軍平へ約1時間30分。山頂を往復し、天祥寺原経由で大河原峠へ戻る。天祥寺原へは少々荒れた道を下るが、危険な箇所はないのでルートを確認しながら下れば問題はない。歩行時間は約4時間。マイカーでなければ、蓼科山分岐から滝ノ湯川沿いに南下して県道40号の竜源橋バス停へ下る道も、苔むした樹林帯が美しいコースだ（蓼科山分岐から約1時間半）。バスの時間が合わないようなら、遊歩道を1時間ほど下って親湯に向かうのもよい。親湯は深田の蓼科山登山の終着点だった。

文・写真／樋口一成

問合せ先
[市町村役場] 立科町役場☎0267-55-6201、ちの観光まちづくり推進機構☎0266-73-8550
[交通機関] アルピコ交通（バス）☎0266-72-7141、アルピコタクシー（茅野駅）☎0266-71-1181、ゴンドラリフト☎0267-55-6201（立科町役場）、佐久小諸観光（タクシー・佐久平駅）☎0267-65-8181
[山小屋] 蓼科山荘☎090-1553-4500、蓼科山頂ヒュッテ☎090-7258-1855、大河原ヒュッテ☎090-3558-5225

アクセス
茅野駅から蓼科牧場へのバス便は本数が少なく東白樺湖で乗り換える必要があるので、茅野駅から七合目までタクシー利用が便利。JR北陸新幹線佐久平駅から千曲バスと蓼科町営バスでアクセスする方法もあるが、日帰り登山には向かず、こちらもタクシー利用となる。マイカーの場合は七合目の広い無料駐車場を利用。蓼科山登山口にも無料の駐車場がある。

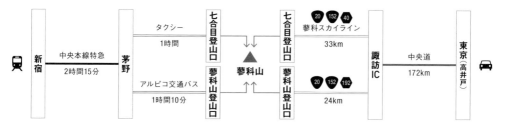

佐久市街へ
蓼科牧場へ
白樺高原
国際スキー場
1855
竜ヶ峰
蓼科牧場へ
1893
1785
1525
40
1598
山頂駅
1825m WC
御泉水
自然園
1827
蓼科スカイライン
1974
トキンの岩
2014
2039
2031
佐久市

ゴンドラリフト(所要5分)は
運行日注意。リフトを利用しない
場合は登り40分(下り30分)
七合目登山口 WC
1870
1806
2030
1853
佐久市街へ

1561
馬返し
前掛山
2354
急な下り
大河原峠 WC
1631
1.30
1.00
2040
天狗の露地
1.00
1.20
大河原ヒュッテ
双子山
2224

立科町
1700
1800
1900
2000
2100
2200
2300
2400
将軍平
0.25
0.35
蓼科山荘
2138
大河原峠を
経由しない場合は
この道を下る
0.40
2136

1670
1661
蓼科山
2531
蓼科神社奥宮
急登
蓼科山頂ヒュッテ
0.40
1.00
お花畑
2120

1650
40
縞枯現象が見られる
3.00
1.40
蓼科山分岐
0.10
天祥寺原
南平
1631
山頂までほぼ一直線の
急登が続く
2156
2110m標識
2114
2004

しらかば2in1
スキー場
スズラン峠
1878
車道を渡って
蓼科湖への
遊歩道へ
1860
1.20
1.50
沢沿いの道
横岳
2460
2472
北横岳
ヒュッテ

1833
八子ヶ峰
1869
1865
ヒュッテアルビレオ
蓼科山登山口バス停
1720m WC
女乃神茶屋
長野県
茅野市
山頂駅
2233
坪庭

1630
1701
女の神展望台
竜源橋バス停
女の神水
1892
北八ヶ岳ロープウェイ
2006

1811
1549
1679
ピラタス蓼科スノーリゾート
1826

1676
1453
1485
192
1546
ピラタスの丘
山麓駅 WC
1866
1940

1338
滝
湯
ホテル親湯
親湯入口
蓼科アミューズメント
水族館
1733

蓼科湖、茅野市街へ
WC
1330m
プール平
バス停
1452
1505
1593
瓢箪坂
1940

小斉の湯
蓼科温泉共同浴場
1353
1402
1492
1712
1631
N
0 1km
1:50,000

64

美ヶ原・八ヶ岳／山梨県・長野県

八ヶ岳
（やつがたけ）

稜線に咲くコマクサ

コースグレード｜中級

技術度｜★★★☆☆ 3

体力度｜★★★☆☆ 3

美濃戸口から
人気のコースをたどり、
八ヶ岳の主峰である
赤岳をめざす

標高
2899m
（赤岳）

山梨県と長野県境に位置し、南北30km・東西15kmの広大な面積を誇る八ヶ岳連峰。森林限界を超えるアルペン的な雰囲気の南八ヶ岳と、苔がむしてしっとりした雰囲気の森や池がたたずむ北八ヶ岳に分かれる。「八ヶ岳」の名にあるように数多くのピークを持つ山域で、主峰は南八ヶ岳にある標高2899mの赤岳。広大な裾野を持ち、富士山とその高さを競ったとの神話が残る名峰である。

100
Mountains of Japan

深田久弥と八ヶ岳

深田にとって八ヶ岳は青春の苦くつらい思い出のつまった山である。『日本百名山』で最後に少しだけ触れているが、一高1年生（1926年）の5月、赤岳鉱泉から赤岳に登頂し、硫黄岳まで縦走している。その硫黄岳からの下り、まだ山小屋の数が少ない時代で若気の至りもあっただろう。本沢温泉に下るのに夏沢峠を経ずに直接下降を試みる。その途中最後尾を歩いていた仲間がスリップし、深田の横をすり抜け滑落死してしまう。深田が生涯山から離れられなかったのは、こんな出来事があったからかも知れない。

東方の平沢峠から望む冬の赤岳（左）と横岳

行者小屋までは柳川・南沢に沿って登っていく

1日目 美濃戸口から行者小屋へ
歩行時間：3時間15分 ｜ 歩行距離：6.9km

　終点の美濃戸口でバスを降り、八ヶ岳山荘前で身支度をして林道を進む。1時間ほどで山小屋が数軒建ち並ぶ美濃戸に出て（マイカーはここまで入れる）、ここから林道を離れ柳川・南沢に入る。右岸から左岸、再び右岸と渡り返し、砂防ダムを迂回して

プランニング＆アドバイス

主峰の赤岳をめざすには、山梨県側からの真教寺尾根や県境尾根などもあり、マイカー利用で往復登山では有効。赤岳鉱泉をベースにする登山者も多いが、中山乗越を越えるので小1時間余分にかかる。赤岳鉱泉に滞在した場合、赤岳から横岳、硫黄岳を巡る周遊登山も可能である。また初日に赤岳天望荘や赤岳頂上山荘まで足をのばせれば、稜線から朝夕日が望め、印象深い山行になるだろう。一方硫黄岳からさらに夏沢峠を越え北八ヶ岳の主峰・天狗岳まで足をのばせば、南北の八ヶ岳をつなぐことになり、広大な八ヶ岳を存分に楽しむことができる。

いく。

　大岩の滝を越え、祠のある岩壁の根元に出れば、鉱泉まで約半分来たことになる。さらに何度も南沢を渡っては戻りをくり返し、狭まった谷を進む。横岳の岩壁が見える白河原に出れば、斜度も落ち着く。やがて今日の宿泊地となる行者小屋が針葉樹林の中から見えてくる。

横岳方面からの赤岳。手前の建物は赤岳天望荘

2日目 行者小屋から赤岳を経て下山
歩行時間：6時間5分 ｜ 歩行距離：9.9km

　行者小屋から地蔵尾根を経由して稜線に上がる。針葉樹に覆われた斜面を登るが、急登が連続するのであせらずいこう。クサリがかかる岩場を越え、足場材で組まれた

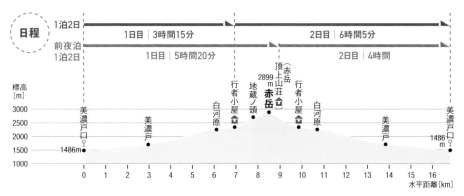

日程								

1泊2日 ｜ 1日目 3時間15分 ｜ 2日目 6時間5分
前夜泊 1泊2日 ｜ 1日目 5時間20分 ｜ 2日目 4時間

標高[m]

美濃戸口 1486m ／ 美濃戸 ／ 白河原 ／ 行者小屋 ／ 地蔵ノ頭 ／ 赤岳 2899m（頂上山荘・赤岳天望荘）／ 行者小屋 ／ 白河原 ／ 美濃戸 ／ 美濃戸口 1486m

水平距離[km] 0 1 2 3 4 5 6 7 8 9 10 11 12 13 14 15 16

階段を登っていく。クサリを頼りに岩場を越えると視界が広がり、横岳の岩場が見えてくる。道ばたに安置された地蔵尊を見ながら進み、クサリの架かる岩稜をたどって縦走路上の**地蔵ノ頭**に出る。

　見えなかった反対側の眺望が広がり、富士山や南アルプス、秩父の山並みなどが姿を現わす。八ヶ岳の主稜線は風が強いので注意しながら歩き、**赤岳天望荘**へ。この先赤岳までは、ザラザラしたもろく滑りやすい斜面を登っていく。クサリが架かるが、主に下りでの利用となる。

　いったん斜度が緩み、最後に急登で**赤岳**の山頂に立つ。赤岳頂上山荘が建つのが北峰。南峰は30mほど先で、三角点や山頂の看板がある。周囲の山からよく見えるように、赤岳山頂からの展望は群を抜いてすばらしい。富士山をはじめ、南アルプスや中

足場材で組んだ階段が続く地蔵尾根の登り

2万5000分ノ1地形図　八ヶ岳西部

央アルプス、御嶽山から北アルプスまで国内のほとんどの高峰を望むことができる。

　赤岳直下は岩場が連続する難路だけに、足もとに気をつけながら進もう。鉄ハシゴをふたつ下って権現岳へ続く縦走路との分岐に下り立つ。主稜線から離れ、岩場をさらに大きく下る。巻き道と合わさると傾斜も緩み、文三郎尾根分岐に出る。

オーレン小屋へ
夏沢峠へ

硫黄岳
▲2760

南牧村

峰の松目
2568▲

0.20
0.15

赤岩ノ頭
2656

急坂が続く←

1.30

硫黄岳山荘
コマクサ
大ダルミ
駒草神社

・2292

北沢コース

2.00
1.30

山小屋関係者の
駐車場

北沢

沢の増水時は
こちらの道をたどる

橋を渡る

赤岳鉱泉

台座の頭
▲2795

大同心●

小同心●

奥ノ院 ▲2829

クサリ、
ハシゴ

海ノ口へ

美濃戸山荘

P
美濃戸
分岐

美濃戸

1800

南沢コース

1900

2000

2100

何度も沢を渡り返す。
大雨の増水時通行困難

美濃戸中山
2387▲

南沢

白河原

0.30
0.20

行者小屋

地蔵尾根

1.20
1.10

三叉峰
2825
鉾岳 ▲横岳
日ノ岳 ▲

二十三夜峰

地蔵ノ頭

赤岳天望荘

御小屋山
(御柱山)
2137

御小屋尾根

2200

2296

2300

2400

2500

2600

岩稜の急斜面

文三郎道

中岳道

クサリ

お花畑

阿弥陀岳
2805▲

中岳

八ヶ岳

1.30
2.00

1.20
1.40

赤岳
▲2899

赤岳頂上山荘

県界尾根

クサリ、ハシゴ

0.30
0.20

中岳のコル

南稜

・2564

文三郎尾根分岐

真教寺尾根

2504

美し森へ

立場岳
▲2370

富士見町

キレット小屋

山梨県
北杜市

北峰
ツルネ
南峰

権現岳へ

地蔵尾根上部の急な登り

　ここから稜線を離れ、右手の文三郎尾根
の階段の道に入っていく。大きく下ってい
くと森林限界を割りこみ、斜度が緩んでき
たら中岳道と合わさり、**行者小屋**に戻り着
く。
　ここからは往路をたどって、**美濃戸**へ。
公共交通利用の場合は林道歩きで**美濃戸口
バス停**に戻る。

その他のコースプラン

　下山路を阿弥陀岳〜中岳道経由で行者小屋に向かうコースもあるが、阿弥陀岳直下に急斜面の岩稜がある（赤岳〜行者小屋間3時間）。初日の宿泊地を赤岳鉱泉にしてもいい。初日に美濃戸から林道をさらに進み、柳川・北沢に入って赤岳鉱泉へ。翌日中山乗越を越え、本コースとは逆に文三郎尾根を登って赤岳へ登頂する（赤岳まで約5時間半）。岩場に慣れた人なら、赤岳から横岳へ向かうプランもある。地蔵ノ頭から八ヶ岳主稜線をたどって横岳へ。周辺は八ヶ岳でも名だたる岩場コースとして知られ、スリリングな縦走路だ。硫黄岳山荘までは夏のはじめ、ウルップソウやツクモグサ、コマクサなど珍しい高山植物の宝庫となる。硫黄岳から赤岳鉱泉に戻り、往路を美濃戸口へ（赤岳から6時間30分）。

文・写真／渡辺幸雄

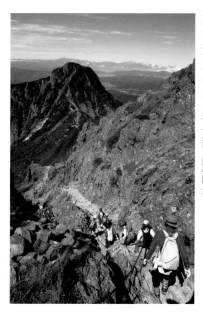

難所の赤岳直下のクサリ場（正面は阿弥陀岳）

横岳や硫黄岳を見ながら文三郎尾根を下る

問合せ先
［市町村役場］茅野市役所☎0266-72-2101
［交通機関］アルピコ交通（バス）☎0266-72-2151、アルピコタクシー☎0266-71-1181、第一交通（タクシー）☎0266-72-4161（いずれも茅野駅）、さわやか信州号☎0570-550-395
［山小屋］八ヶ岳山荘・美濃戸山荘・赤岳天望荘☎0266-74-2728、美濃戸高原ロッヂ☎0266-74-2102、美濃戸高原やまのこ村☎090-8845-2274、行者小屋☎090-4740-3808、赤岳頂上山荘☎090-2214-7255

アクセス
美濃戸口へのバスは主に土・日曜と祝日を中心に通年運行しているが（1日3〜5便）、ゴールデンウイークと夏期以外の平日は運休につきタクシーで美濃戸口へ（約30分）。関西方面からはシーズン中、美濃戸口への直行バス「さわやか信州号」が運行される。マイカーの場合、美濃戸口の八ヶ岳山荘前に有料駐車場がある。奥の美濃戸までの未舗装の林道は、最低地上高の高い車なら問題なく入れる。こちらは赤岳山荘とやまのこ村に有料駐車場がある。

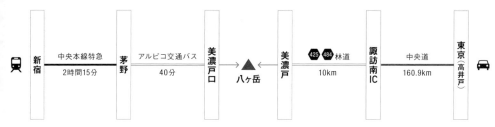

新宿 ─ 中央本線特急 2時間15分 ─ 茅野 ─ アルピコ交通バス 40分 ─ 美濃戸口 → ▲八ヶ岳 ← 美濃戸 ─ 425 484 林道 10km ─ 諏訪南IC ─ 中央道 160.9km ─ 東京（高井戸）

100
Mountains of Japan

奥秩父・南関東

65

両神山

（りょうかみさん）

狛犬がオオカミの両神神社

コースグレード | 中級

技術度 | ★★★☆☆ 3

体力度 | ★★★☆☆ 3

標高
1723m

「ギザギザとした頂稜の
一線を引いているが、
左右はブッ切れている」
と深田が書いた異様な岩山

両神山は奥秩父と西上州の境界に聳立する岩山だ。イザ
ナギ、イザナミや日本武尊などの伝説、雨乞いに関わる
龍神信仰やオオカミ信仰など、山名については多くの説
がある。山頂付近はスリリングな岩場だが、それだけに
展望もみごとだ。春にはアカヤシオが、秋には多彩な紅
葉が岩稜に映える。山麓にはバス乗換え地点に日帰り温
泉があり、バス利用でもサッパリして帰れるのだ。

100
Mountains of Japan

深田久弥と両神山

深田久弥は1959年10月に、両神山に登った。藤島敏夫、望月達夫との3
人旅で、御座山をめざす5日間の最初の山であった。表参道から両神山に
登り、八丁尾根のニョキニョキ突き立ついくつもの岩峰を越えて坂本へ下
山。以後、志賀坂峠、オバンド峠、ハリマ峠、ブドウ峠と峠越えを楽しみ、
御座山登頂を果たして、心豊かな「避衆登山」を終えている。当時は、清
滝小屋も八丁尾根のクサリもなかったようだ。モデルコースは深田一行の
登路を往復するもので、危険箇所はほぼない。

小鹿野町の展望台から望む両神山

山頂直下のクサリ場を慎重に下る

日帰り 表参道から両神山へ

歩行時間：6時間25分 ｜ 歩行距離：9.3km

日向大谷口バス停から山頂までの標高差は1100m。日帰り行程としてはきつい山であることをしっかり認識して挑みたい。

バス終点の日向大谷口から目前の石段を登る。ここはすでに日向大谷の集落で、正面の民宿両神山荘の手前から、登山道は左の山腹へ、山畑の中にのびている。

鳥居をくぐり、右手に観蔵行者像を眺めて表参道を行けば、石碑や石像、丁目石などが次々現われ、いかにも信仰登山の山らしい。杉林の山腹道を行くと**会所**（七滝沢コース分岐）に着く。同コースを右に分けるとじきに七滝沢だ。

これを渡った表参道は、薄川を渡り返し

プランニング＆アドバイス

モデルコースには比較的少ないが、両神山はクサリの山だ。クサリ場では軍手は滑るのでかえって危険で、全面にゴム引きがされた軍手、または作業用革手袋がよい。八丁尾根はアクセス状況で通行困難なことがあり、八丁峠から坂本への峠道も荒廃が進んでいる。コースは一部私有地を通るが、山はすべて、国や自治体も含め他人様の土地だ。地主に無断で侵入している自覚を登山者に求められる。ゴミの持ち帰り、排せつ物の始末、犬を連れこまないなどのマナーを徹底したい。

つつ、徐々に高度を上げる。道が右手斜面を高巻くようになると、大頭羅神王の石像が立つ**八海山**に着く。木立の急斜面をジグザグに登り、弘法ノ井戸を過ぎれば清滝小屋はもうじきだ。清滝小屋は避難小屋なので、宿泊には寝具、炊事道具、食糧などが必要だ。水、トイレは隣接してある。

小屋の脇を通り、急な木立を登れば**鈴ヶ坂**で、右から七滝沢コースが合流する。この上で産泰尾根に出れば、両神山の山頂付近の岩稜が目前に威容を展開する。急なクサリを手繰り、横岩を過ぎ、針葉樹林のしっとりした道を行けば、**両神神社**は目前だ。

オオカミの狛犬が守る両神神社とその奥の御嶽神社の前をすぎると、道は尾根上か

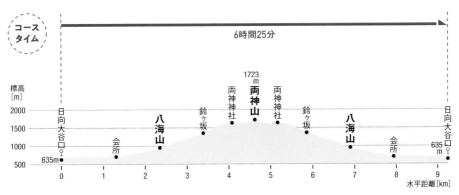

コースタイム

6時間25分

標高[m]										

日向大谷口 635m ／ 会所 ／ 八海山 ／ 鈴ヶ坂 ／ 両神神社 ／ 両神山 1723m ／ 両神神社 ／ 鈴ヶ坂 ／ 八海山 ／ 会所 ／ 日向大谷口 635m

水平距離[km]

両神山全体を写すなら小鹿野町展望台がよいが、アクセスがやや難しく、問合せ先に聞くのがよいだろう。産泰尾根からは、七滝沢を挟んで岩壁立ちあがる頂上稜線の威容が圧巻だ。山頂からは本文に記した山々の大パノラマが広がり、どう写したらよいのか迷うところだ。山頂から八丁尾根は見えないが、奥へ進んだ次の岩峰からは、八丁尾根から赤岩尾根へと躍動する岩脈を撮影できる。ただし足もとに要注意。樹林の沢沿い道の美しさにも注目したい。

両神山山頂から、奥秩父方面を眺める

ら北斜面に移り、急登に息を切らせば、主稜線に躍り出る。ベンチとテーブルがありがたい。右へ岩間を縫い、最後の岩場を10mのクサリで登れば、**両神山**の頂である剣ヶ峰に登り着く。

2等三角点が埋まり、石祠の祀られる山頂は、360度の展望台だ。展望図盤も置かれ、武甲山、奥秩父、御座山、八ヶ岳、浅間山、北アルプス、西上州、上越国境稜線、榛名山、男体山、赤城山と、山名指呼に時を忘れる。

帰りは往路を注意深く戻ろう。

産泰尾根から見上げた山頂部

その他のコースプラン

表参道の往復だけでは物足りない、という方には七滝沢道がおすすめだ。七滝沢はその名の通り険悪な滝場を連ねるが、登山道からそれらの滝はわずかしか眺められない。上部は急なクサリ場が連続し、濡れた岩場での滑落死亡事故も起きている。分岐から七滝沢道へ下ると産泰尾根をからみ、七滝沢源頭部を木橋で左岸へ渡る。一直線に流下する滝を眺めて急なクサリをいくつも下り、傾斜が緩むとベンチがある。赤滝は近いが覗きこむと身震いするようだ。急なジグザグで沢底に下ると左岸通しの高巻き道となり、往路に合流する。表参道より約1時間多くかかる。

文・写真／打田鍈一

アクセス

小鹿野町営バスの乗換え点は、町営の日帰り温泉・両神温泉薬師の湯（☎0494-79-1533）だ。道の駅でもあり、食堂、農産物直売所もある。また小鹿野町内の赤谷温泉小鹿荘（☎0494-75-0210）、小鹿野温泉梁山泊（☎0494-75-2654）も入浴可能だ。マイカーの場合、駐車場は日向大谷口バス停手前に無料駐車場、バス停と両神山荘下に有料駐車場がある。

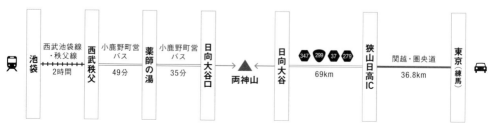

池袋		西武秩父		薬師の湯		日向大谷口	両神山	日向大谷		狭山日高IC		東京（練馬）
	西武池袋線・秩父線 2時間		小鹿野町営バス 49分		小鹿野町営バス 35分				347 299 37 279 69km		関越・圏央道 36.8km	

群馬県
神流町

埼玉県
小鹿野町

秩父市

2万5000分ノ1地形図 両神山

•793　　　上野へ
•957
林道入口
志賀坂トンネル
•642
平沢
•777
坂本
•634
299
476
河原沢
尾ノ内渓谷入口
龍頭神社里宮
•683
•634
•664
諏訪山
1207
志賀坂線沿山
荒廃している
•1074
古くからの信仰の道だが上部は険しく上級者向き
尾ノ内自然ふれあい館
WC P
•817
•998
1212•
八丁トンネル駐車場
WC P
クサリ
1589•
坂本分岐
八丁尾根はクサリの架かる岩場が連なる険しい道。
八丁トンネル駐車場から3時間45分
(逆コース3時間35分)
•1266
「日本百名山」では「八町峠」と記載
スズノ沢出合
シメ張り場
飛び石で対岸へ
▲天理岳
△1084
天理尾根
民宿両神山荘
•905
八丁峠
やせた岩稜。クサリの連続。
西岳
▲1613
クサリ
東岳
▲1660
•1306
赤滝入口
•1145
七滝沢道
会所
635m
日向大谷口バス停
279
無料
•1389
前東岳▲
クサリが連続
クサリの連続
両神神社
御嶽神社
避難小屋
清滝小屋
•1209
1364
八海山
裏参道
テープを目印に進む
725•
両神山
剣ヶ峰
1723▲
•1625
狩倉尾根
1683
合
鈴ヶ坂
弘法ノ井戸
1418
クサリ
白山権現跡
産泰尾根に出る
•1351
辺見ヶ岳山稜
•1089
ミョシノ岩
1465
•1313
山頂へ最も登りやすいコース
(登り2時間50分、下り2時間)。
入山にあたっては登山口の山中氏宅で1000円を支払う
•1199
太双里
•1304
•1076
•1383
白井差登山口
P WC
白井差口バス停、小鹿野市街へ

N
0　　　　　1km
1:45,000

避難小屋の清滝小屋は絶好の休憩地でもある

問合せ先
[市町村役場] 小鹿野町観光協会 ☎0494-79-1100
[交通機関] 小鹿野町営バス ☎0494-79-1122、
秩父丸通タクシー ☎0494-22-3633
[山小屋] 清滝小屋（避難小屋）☎0494-23-1511、
民宿両神山荘 ☎0494-79-0593

雲取山

(くもとりやま)

深田久弥が記した
「雲を手に取らんばかりに高い」
大東京一円を俯瞰できる
東京都の最高峰

埼玉県秩父市・東京都奥多摩町・山梨県丹波山村（山頂は埼玉と東京）の都県境にそびえる雲取山。標高2017mのピークは、東京都の最高峰かつ唯一2000mを超えるピークとなっている。石尾根の先にあるピークからの展望はすばらしく、遠く富士山や都心のビル群まで見渡せる。登山道は複数あるが、JR奥多摩駅からのバス便がある鴨沢バス停から七ツ石山経由のコースが一般的。

100
Mountains of Japan

深田久弥と雲取山

深田は学生時代に雲取山の周辺を何度か歩いていたがその時は結局山頂に立つ機会がなく、次に訪れたのは30年以上もあとだった。小河内ダムの見学後に丹波山に移動し、サオラ峠経由で三条の湯へ。翌日は現在非公開の青岩鍾乳洞を見てから三条ダルミを経て雲取山の家（現在の雲取山荘）でもう1泊し、3日目の朝に雲取山の頂に立った。しかしあいにくの曇り空で、ほとんどの時間は和名倉山（白石山）を眺めるにとどまった。山頂からは開通してまもない富田新道を下って日原へと向かっている。

雲取山荘の富田治三郎レリーフ

コースグレード｜中級

技術度｜★★☆☆☆ 2

体力度｜★★★☆☆ 3

七ツ石山からの雲取山。左下に見える広い石尾根を登っていく

人気の山小屋・雲取山荘。テント場もある

　JR奥多摩駅からバスで**鴨沢バス停**下車、国道411号（青梅街道）を丹波山方面にわずかに進む。右手に折れ、坂道を少し上がって案内看板に従い分岐を左手に進む。なだらかな登り傾斜の道を20分ほど歩くと、バイオトイレが設置された**丹波山村営小袖駐車場**に出る。駐車場から舗装された林道を約5分進むと、左手に**登山道の入口**がある。

　最初は植林された針葉樹林帯の中を進む。しばらくすると広葉樹林が入り混じった様相に変わる。緩やかに登る道の脇には、石祠や石垣がある。それらをやり過ごし、登山口から1時間ほどで水場方向を示す目印に出会う。水場は登山道を左手に少し登った木立の中にある。水場入口から数十m先には休憩適地の**広場**がある。

　ここからもなだらかな登りが続く。風呂岩や**堂所**といった将門迷走伝説ゆかりの場所を経て進んでいくと、七ツ石山にいたることを示す道標が現われ、登山道が90度以上右に折れる。この道標の前後の場所からは、晴れて空気の澄んだ日ならば、南西方面に富士山を望むことができる。

　道標からはやや登りがきつくなる。30分ほど登ると、七ツ石山を巻いて雲取山に至る道と、七ツ石山山頂を経由して雲取山に至る道との分岐に着く。

後山林道の渓谷に咲くミツバツツジ

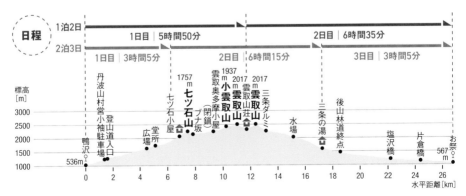

日程

1泊2日
1日目 5時間50分

2泊3日
1日目 3時間5分　2日目 6時間15分　2日目 6時間35分　3日目 3時間5分

標高[m]

丹波山村営小袖駐車場
登山道入口
鴨沢 536m
広場
堂所
七ツ石小屋 1757m
七ツ石山
ブナ坂
雲取奥多摩小屋（閉鎖）
小雲取山 1937m
雲取山荘
雲取山 2017m
雲取山 2017m
三条ダルミ
水場
三条の湯
後山林道終点
塩沢橋
片倉橋
お祭 567m

水平距離[km]

分岐を右に取り、七ツ石山山頂方面に進む。ここから**七ツ石小屋**までもやや急な登りが続く。売店やトイレ、水場がある七ツ石小屋を出るとすぐ分岐があるが、ここは七ツ石山の山頂方面に進む。石尾根に出るまでは急登だが、その先はなだらかになり、まもなく展望のよい**七ツ石山**の山頂にたどり着く。

七ツ石山から**ブナ坂**までは急坂を下る。ブナ坂から雲取奥多摩小屋跡まではなだらかな登りで、富士山や大菩薩嶺を眺めながらの心地よい山歩きが堪能できる。

七ツ石小屋からの冨士山（手前は雁ヶ腹摺山）

堂所へと続く新緑の道を行く

雲取奥多摩小屋跡から小雲取山までは急登が続き、また、雲取山避難小屋の手前も短い急登がある。避難小屋を過ぎれば、まもなく1等三角点のある**雲取山**山頂だ。

雲取山山頂から北面の雲取山荘までは最初こそ急な下りだが、徐々に傾斜が緩まる。15分ほどで宿泊地の**雲取山荘**に到着する。

2日目 三条の湯を経てお祭へ下る
歩行時間：**6時間35分** ｜ 歩行距離：**15km**

まずは雲取山荘から雲取山まで登り返す。**雲取山**の山頂からは飛龍山や七ツ石山などの奥多摩の山々や富士山を見渡すことができ、ご来光を拝するのもよい。

山頂から避難小屋方向にわずかに進み、右手（西方向）の急坂を下っていく。しばらくすると、飛龍山方面と三条の湯に向かう分岐がある**三条ダルミ**とよばれる平坦地に出る。道標に従って三条の湯方面への道に入っていく。

三条の湯へはひたすら続く下り道。道幅は狭く木橋のある箇所もあるが、それほど危険ではない。途中迂回路や東西が開けた

明るく開けた石尾根。雲取山山頂はもうすぐ

間20分）、奥多摩駅から石尾根をたどって七ツ石山へ向かうコース（七ツ石山へ8時間半）、北東の長沢背稜から天祖山経由で日原に下るコースなどがある（雲取山荘から東日原へ7時間35分）。

文・写真／鈴木弘之（山岳写真ASA）

地点を経て山腹の道を下っていく。
　青岩鍾乳洞（閉鎖）への分岐を過ぎ、沢のせせらぎが聞こえてきたら三条の湯は近い。鉱泉宿の**三条の湯**は登山客の宿泊も可能で、立ち寄り入浴も受け付けている。
　三条の湯からは沢沿いの整備された道を下り、30分ほどすると**後山林道終点**に出る。幅広の歩きやすい林道をひたすら下り、**塩沢橋**を経て車輌通行止めのゲートがある**片倉橋**へ。ここから40分ほどで国道411号上の**お祭バス停**に到着する。

東京都の最高点・標高2017mの雲取山山頂

その他のコースプラン

　埼玉県側の三峯神社を起点に霧藻ヶ峰などを経て雲取山荘に向かうコースも人気が高い（雲取山荘へ約5時間）。ほかにも深田久弥が下山路として歩いた日原からの富田新道（東日原から雲取山へ6時間30分）、同じく深田が登路として歩いた丹波バス停からサオラ峠を経て三条の湯への道（4時

問合せ先
［市町村役場］奥多摩町役場☎0428-83-2111、秩父観光協会大滝支部☎0494-55-0707、丹波山村役場☎0428-88-0211、奥多摩ビジターセンター☎0428-83-2037
［交通機関］西東京バス☎0428-83-2126、京王自動車（タクシー・青梅市）☎0428-22-2612
［山小屋］七ツ石小屋☎090-8815-1597、雲取山荘☎0494-23-3338、三条の湯☎0428-88-0616

アクセス
下山地のお祭バス停は便数が少ないが、国道411号を東へ15分ほどの鴨沢西バス停まで歩けば若干便数が増える。マイカーの場合は小袖乗越の丹波山村村営小袖駐車場（約50台・無料）を利用するが、この場合は下山後にお祭バス停からバスで鴨沢バス停まで戻る。駐車場は新緑や紅葉の時期は日の出の時刻から満車になる。

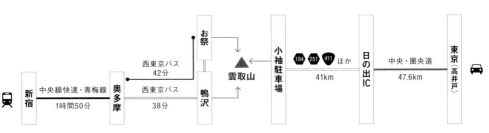

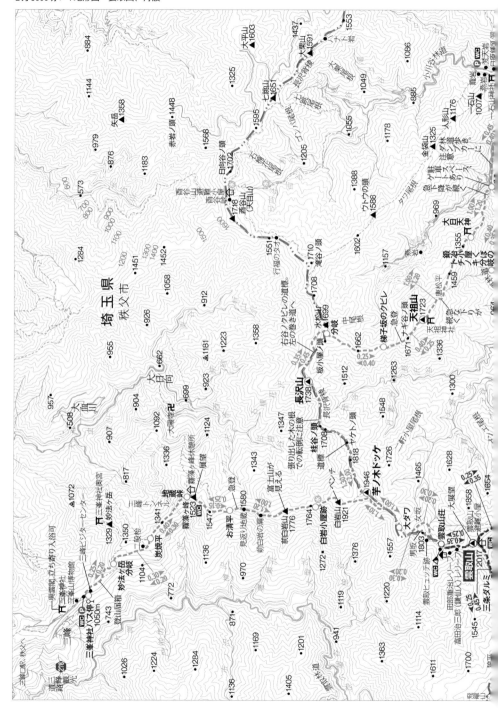

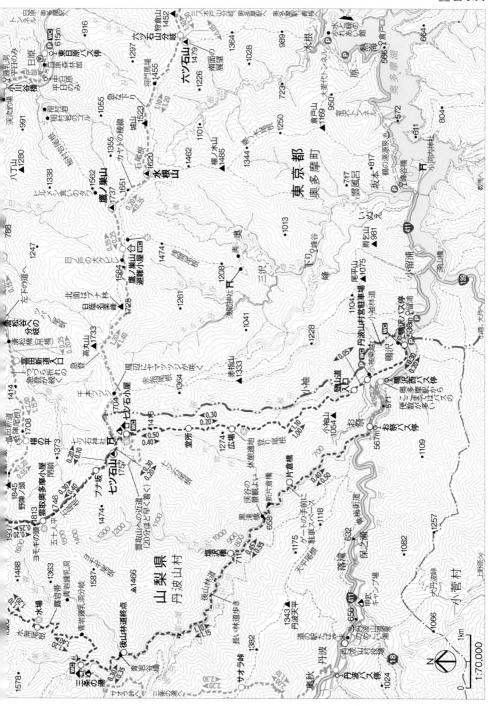

奥秩父・南関東／埼玉県・山梨県・長野県

甲武信ヶ岳
（こぶしがたけ）
（甲武信岳）
（こぶしだけ）

標高
2475m

日本最長の川・信濃川の
源流域をたどって登頂し、
埼玉県最高峰を
縦走して周回する

本州の中央分水嶺にあって、しかも甲州・武州・信州の
三国境という立地、そしてその三国をうまく語呂合わせ
した名前の響きのよさが甲武信ヶ岳の声価を高らしめて
いる。日本最長の信濃川の源流、千曲川を遡って山頂に
立ち、甲武信小屋に1泊後、武信国境稜線を縦走して十
文字峠から起点に戻る。峠付近では、年にもよるが6月
上旬から中旬にかけてシャクナゲがみごとである。

コースグレード	中級
技術度	★★★☆☆ 3
体力度	★★★☆☆ 3

100
Mountains of Japan

深田久弥と甲武信ヶ岳

奥秩父の先達、田部重治の著書『日本アルプスと秩父巡礼』の中に「笛吹
川を遡る」という有名な紀行文がある。彼の本を案内書として、東京帝大
在学中の深田久弥は、新緑と紅葉の時季の2度、同じく笛吹川東沢を遡っ
て甲武信ヶ岳の山頂に至っている。いずれも甲武信ヶ岳直下の粗末な笹小
屋に泊まったということだから、おそらく今の甲武信小屋の位置にそれが
建っていたのだろう。登山道があやふやなら、指導標などもほとんどなく、
まだまだ冒険の要素も残っていた奥秩父であった。

木賊山付近からの甲武信ヶ岳。左は大弛峠への奥秩父主脈縦走路

甲武信ヶ岳山頂からの黒金山と富士山

1日目 毛木平から甲武信ヶ岳へ
歩行時間：4時間15分｜歩行距離：7.5km

起点の**毛木平**（毛木場）には広い駐車場
とトイレがあり、タクシーはここまで入れる。
林道をわずかに歩くと左に翌日に戻って
くる十文字峠への道を分ける。千曲川西沢
の瀬音が近づき、大山祇神社を見ると林道
終点で、ここから山道となる。やがて道は
傾斜を増し、いったん西沢の高みに上がる。
再び沢が近づき、美しい**滑滝**を見ると傾斜

プランニング＆アドバイス
紹介コースは、甲武信ヶ岳から十文字峠間を、
より天気のいい日にあてたほうが安全で楽し
める。つまり初日のほうが天気がよさそうで
あれば逆コースで歩くということになる。マ
イカーでないなら、2日目には戸渡尾根か雁
坂峠を経て山梨県側の道の駅みとみ（新地平）
へ下るのが交通の便はいいが、標高差がかな
りあるので、下りに自信のない人は避けた方
がよい。最も簡単なのは千曲川源流の道の往
復で、日帰りもさほど難しくない。

は緩くなるが、沢を渡り返しながら続く道
には近年の台風の水害で足場の悪い箇所が
ある。
　あたりがうっそうとした針葉樹林になる
とかたわらの水流はか細くなって、ついに
水が絶えると**水源を示す地標**が立っている。
日本一の長流信濃川はここに始まって日本
海に注ぐのである。
　いかにも奥秩父らしい、うっそうと茂っ
た黒い森の中を急登して主稜線に出る。左
に稜線をたどれば、ガレ場の急登を経て**甲
武信ヶ岳**（甲武信岳）の山頂に着く。さす
がに「奥秩父のへそ」と呼ばれる立地から
の眺めはすばらしい。今宵の宿、**甲武信小
屋**までは10分強の下りである。

千曲川信濃川水源地標。
大河信濃川の第一滴だ

2日目 武信国境を縦走して十文字峠へ
歩行時間：5時間25分｜歩行距離：8.5km

甲武信小屋から三宝山へは近道もあるが、
好天なら早朝の展望を**甲武信ヶ岳**に登って

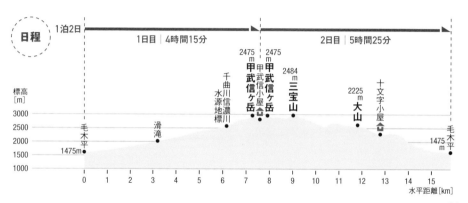

83

おすすめの撮影ポイント

甲武信ヶ岳は名前が有名なわりには山容が貧弱で、三宝山と木賊山の巨漢に挟まれた小兵にしか見えない。したがって下界からも見えにくい山で、たとえば甲府盆地からだと勝沼付近からかろうじて見えるだけで絵にはならない。ただ唯一、木賊山からわずかに西に下ったザレ場からの姿（P82の写真）は、颯爽として名前の響きに恥じない。ここで紹介したメインコースからは外れるが、甲武信小屋からわずかな距離なので往復して撮影する価値がある。

楽しまない手はない。その後、山頂から北の三宝山へ向かう。埼玉県最高峰の**三宝山**の南側からは、甲武信ヶ岳と富士山が並んでいるのが見られる。

　長い下りで、尻岩という大岩のある鞍部に着く。ここからは稜線の長野県側に道は続き、岩場の通過もある。行く手に現れる武信白岩山は、西側の基部を巻く。やがて**大山**の細長い山頂に飛び出す。久しぶりに広い展望が得られ、高原野菜畑の果てに連なる八ヶ岳と、両神山をはじめ秩父の山々の鋸刃のような怪異な姿が印象的である。

十文字峠のシャクナゲ

花期（年によるが6月中旬）ならば、このあたりからシャクナゲがみごとになる。

　大山から下ると**十文字小屋**へ着く。小屋の西側に下ったところにある乙女の森では、林床がシャクナゲの花で埋め尽くされる。

　十文字峠から八丁坂ノ頭を経て八丁坂へと下っていく道は、古くからの峠道らしく歩きやすい。五里観音像を見ると狭霧橋で千曲川を渡り、往路の林道と合流する。

その他のコースプラン

　メインコースで紹介した長野県側からのコースのほか、山梨県側の西沢渓谷入口バス停から徳ちゃん新道・戸渡尾根を登るコース（山頂へ約5時間）もよく利用される。このコースをマイカー利用で登る場合は、下山は深田もたどった雁坂峠へ向かい、峠沢沿いに道の駅みとみへと下る周回もおすすめ（山頂から約6時間半）。深田が登路に利用した笛吹川東沢は、沢登り要素を含んだバリエーションコース。

文・写真／長沢 洋

問合せ先
[市町村役場] 川上村役場 ☎0267-97-2121
[交通機関] 川上村営バス ☎0267-97-2121、川上観光タクシー ☎0267-97-2231
[山小屋] 甲武信小屋 ☎090-3337-8947、十文字小屋 ☎090-1031-5352

アクセス
バス利用の場合は、信濃川上駅から川上村営バスで梓山へ（約25分）。毛木平まで車道を約1時間半歩く。毛木平の駐車場は約60台駐車可。トイレ（冬期は使用不可）や自動販売機もある。

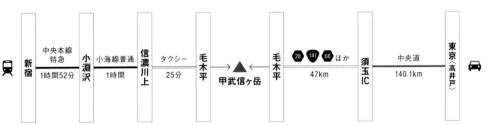

新宿	中央本線特急 1時間52分	小淵沢	小海線普通 1時間	信濃川上	タクシー 25分	毛木平	▲ 甲武信ヶ岳	毛木平	28 141 68 ほか 47km	須玉IC	中央道 140.1km	東京（高井戸）

1:65,000

0   1km

N

蓬二号橋
1433
毛木平
1475m
梓山バス停、信濃川、駅へ
五里観音
狭霧橋
八丁坂
1524
2.10
1.35
弁慶岩
1879
1458
1785
のぞき岩
1922
十文山
2072
十文字峠
十文字小屋
WC
1548
四里観音避難小屋
1860
大山
1867
1610
1845
1550
1290
埼玉県
秩父市
△1796
1552
1546
大山祇神社
慰霊碑
2021
1611
八丁坂ノ頭
シャクナゲが見事
カモシカ展望台
乙女の森
四里観音
1.30
1.45
1850
大山
2225
展望あり
2226
クサリ場
股ノ沢林道
1637
1767
1279
△1200
柳避難小屋
1342
1212

1783
滝滝
千曲川源流遊歩道
長野県
川上村
2220
山頂は立入禁止
武信白岩山
2288
展望よし
稜線の西側を巻く
真ノ沢林道(廃道)
1539
1521
1458
1.10
1.25
沢を何度か渡り返す
三宝山
2484
埼玉県の最高点
2398
三宝岩
2190
尻岩
2.00
2.30
1808
1762
1500
1600
1700
1595
1604

千曲川信濃川水源地標
大展望
甲武信ヶ岳
(甲武信岳)
2475
2.00
2.20
避難小屋
破風山(笹平)
2053
1800
1900
地蔵岩展望台
2113

富士見
2373
大弛峠へ
0.40
1.00
0.40
甲武信小屋
2396
ミズシ
展望なし
0.15
0.20
賽の河原
0.15
西破風山
2318
2000
2100
雁坂嶺
△2289
2188

ザレ場。甲武信ヶ岳と木賊山の眺めあり
2062
2469
木賊山
2141
笹平
東破風山
2178
2180
1.20
1.40
0.20
0.40
雁坂小屋
雁坂峠

塩山
1999
1771
2177
鶏冠尾根
2111
戸渡尾根
一直線の急坂続く
20分下る
2052
五月雨尾根
1908
笹原の道
道標
△1725
峠沢を渡る
雁坂トンネル

1899
1858
深田久弥が笛吹川東沢を遡って山頂に立った
(バリエーションルート)
鶏冠山
2115
1986
合流点
1869
徳ちゃん新道
△1856
1502
1723

1410
1727
1267
1619
堰堤
徳ちゃん新道
1446
1657
近丸新道は沢沿いの登山道の崩壊が進んでいることと、ヌク沢を渡る橋が不備なため、徳ちゃん新道を登るほうが安全
工用林道終点
1548
1852

西滑頭
△2087
山梨県
山梨市
1648
西沢山荘
(休業中)
田部重治碑
1251
近丸新道入口
徳ちゃん新道入口
ナレイ沢橋
首取大橋
1396
1466
1466
△1415
1639
1688

1403
西沢渓谷終点
軌道跡
1278
西沢渓谷入口バス停
1100m
WC
西沢大橋
1166
売店・食堂のみ営業
東沢山荘
191
1191
料金所
石楠花橋
広瀬トンネル
1491
1602

1493
1768
紅葉台
道の駅みとみ
△1599
道の駅みとみバス停
1090m
久渡沢橋
140
塩山駅、山梨市駅へ
市営釣場
鶏冠山大橋
1334
1255
1357
△1453

1841

奥秩父／山梨県・長野県

瑞牆山 金峰山
みずがきやま・きんぷさん

五丈岩南にある籠り堂跡

コースグレード | 中級

技術度 | ★★★☆☆ 3

体力度 | ★★★☆☆ 3

奥秩父西部、この山地の
盟主・金峰山と、
花崗岩の林立する
奇峰・瑞牆山をめぐる山旅

標高
2599m（金峰山）
2230m（瑞牆山）

標高では北奥千丈岳（標高2601m）にわずかに及ばないが、山容、歴史ともに金峰山こそが奥秩父の盟主にふさわしい。森林限界を抜けた頂稜は奥秩父では最も高山らしい雰囲気を持っている。一方、瑞牆山の、無数の花崗岩の巨塔を針葉樹の森からニョキニョキと生やした怪異な姿は、まず日本百名山の中でも随一の奇観といえるだろう。山頂からの展望はともにすばらしい。

100
Mountains of Japan

深田久弥と金峰山・瑞牆山

深田久弥の山歴の中でも、最も初期に登った山のひとつが金峰山で、大正時代、一高の生徒だった時である。甲府駅から昇仙峡を経て金桜神社に参拝後、黒平に1泊し、翌日登頂している。これはかつての金峰山信仰の代表的参道で、深田もそれを踏襲したというわけである。山頂からは鉄山方面へ向かうも道を失い、ビバークして翌朝川端下に下ったというのだから、間違いようもない道が通じている今からすればうそのような話である。むしろ今では深田のたどった道が最も人影が少ない。

横尾山頂稜から見た花崗岩の殿堂・瑞牆山と、背後に膨大な金峰山

シンボルの五丈岩が座する金峰山山頂

1日目 廻り目平から金峰山へ
歩行時間：3時間20分 **歩行距離：6.6km**

タクシーで廻り目平まで入り、西股沢に沿った林道を歩く。林道終点からしばらくで八丁平への道を見送り、丸木橋で沢を対岸に渡る。小沢沿いに登っていくと最終水場がある。ここで道は沢を離れ、いかにも奥秩父らしい黒い森に入っていく。中間点に達すると、シャクナゲ越しに瑞牆山がすでにほとんど同じ高さに眺められる。

さらにひと登りすると道がやや平坦になり、山腹を緩くトラバース気味に登っていく。行く手には金峰山山頂の五丈岩が見えてくる。再び急登をこなすと今宵の宿、**金峰山小屋**の前に飛び出す。荷物を置いて、山頂を往復してこよう。

小屋で森林限界を超え、山頂への道はハイマツの中に続いている。登るにつれ展望は広がり、やがて直接山頂へと向かう道と

金峰山小屋は主に4月下旬～11月の営業

五丈岩前の広場に向かう道との分岐がある。**金峰山**の頂稜に達すると南側の展望も開け、胸のすくような大展望である。岩の積み重なった中に三角点があり、すぐ横の大岩の上が最高点である。五丈岩もほとんど同じ高さに見える。山頂一帯はかなり広いので、歩き回って四方の展望を楽しむとよい。この行程では通らない、東側の賽の河原まで行ってみるのもおもしろいと思う。

プランニング&アドバイス

紹介プランの場合、2日目に富士見平まで800mを下ったあと、瑞牆山への500mもの登り返しが厳しい。これはアルプスの縦走にもなかなかない標高差といえる。よって、本来この2山は別々の機会に登る方がいいのだが、遠方からだとそうもいかないだろう。そこで、山中にある山小屋や、麓の金峰山荘、瑞牆山荘にもう1泊するようなプランも各自で検討してみるとよいだろう。マイカーの場合、八丁平を経由して戻れば、廻り目平起点の周遊も可能（瑞牆山から下り約4時間半）。

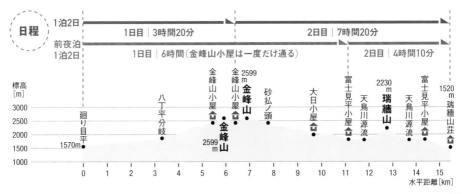

日程

1泊2日 ｜ 1日目 3時間20分 ｜ 2日目 7時間20分

前夜泊
1泊2日 ｜ 1日目 6時間（金峰山小屋は一度だけ通る）｜ 2日目 4時間10分

標高[m]

廻り目平 1570m ／ 八丁平分岐 ／ 金峰山小屋 ／ 金峰山小屋 ／ 2599m 金峰山 2599m ／ 砂払ノ頭 ／ 大日小屋 ／ 富士見平小屋 ／ 天鳥川源流 ／ 2230m 瑞牆山 ／ 天鳥川源流 ／ 富士見平小屋 ／ 瑞牆山荘 1520m

水平距離[km]

2日目 瑞牆山に登ったのち瑞牆山荘へ

歩行時間：7時間20分｜歩行距離：9.1km

金峰山小屋からは富士見平に下る縦走路への近道もあるが、早朝の景色は格別だけに好天なら**金峰山**山頂にもう一度登ってみよう。山頂からは五丈岩の北側を巻いて縦走路を下る。八ヶ岳を正面に、花崗岩から

金峰山小屋へは奥秩父らしい針葉樹の森の道を行く

おすすめの撮影ポイント

大日小屋から富士見平へと進むと、まもなく鷹見岩への道標がある。短い距離だが最後はなかなかの急登になって山頂に飛び出す。空に突き出た狭い頂からの眺めは実に広い。ことに金峰山を望むのに、ここ以上の山頂はない。五丈岩に向かって高度を上げる膨大な山容を望めば、金峰山が奥秩父の盟主であることに誰も異論を挟むことはないだろう（分岐から往復30分）。一方、瑞牆山の展望ポイントには、みずがきの森自然公園へ通じる車道や芝生広場がある。

花崗岩へと飛び移るような下りだ。千代の吹上の大絶壁を左に見て**砂払ノ頭**に着くと樹林帯に入り、展望とはお別れとなる。

大日岩分岐から**大日小屋**へは急下降となり、その後は飯盛山の南側を巻いて**富士見平**へと下る。富士見平小屋の横を瑞牆山へ向かう。いったん下って**天鳥川**を渡ると、あとは岩を縫っての登りがえんえんと続く。

川端下バス停へ　※右図へ続く

信濃川上駅へ

川端下

金峰ふれあいの森

•2090

小川山
△2418

•2089

屋根岩
•1906

カモシカ
遊歩道

パノラマ
コース

1615

•2347

裏瑞牆

弘法岩
•2008

村営金峰山荘
1570m
廻り目平
1574
廻り目平
キャンプ場

ゲート
一般車行通不可

1540

川上牧丘林道

1855

1425
1500

1400

1600

1540
廻り目平へ

1453

岩根山荘

川端下 〜 廻り目平間
徒歩1時間20分
(逆コース1時間)

•2290

0.50
1.00

1722

2044

1651

1600

雨降山
•2156

1933

1900

丸太橋を渡る

林道終点

八丁平
分岐
1869

•2061

•2218

1918

川上牧丘林道の
長野県側は悪路

•2201

八丁平
2058

最終水場

中間点

瑞牆山、八ヶ岳の
展望がよい

金峰山小屋

長野県
川上村

2000

2100

2420△

•1993

大日岩
•2201

2302

ケルンが多い

眺めのよい岩尾根

2112

2300

2224

2328

シーズン中は混み合う

甲武信ヶ岳へ

樹林帯の
長い登り

•2317

森林限界

賽の河原

金峰山

朝日岳
2579

2500

朝日峠

2528

0.25
0.30

WC

大弛小屋

2447

前国師

国師ヶ岳
△2592

1.30

砂払ノ頭
森林限界

0.20
0.10

2595

2599

展望あり

鉄山

0.25
0.30

2400

大弛峠
2360m

夢の庭園

三繋平

2601

北奥千丈岳
奥秩父の
最高地点。
大弛峠から
登り1時間、
下り40分

1850
かつての金峰山への
メインコースだが
現在は歩く人が少ない

2497

五丈岩

•2531

大展望の頂。
三角点は2595.2m、
最高点は2599mで、
三角点横の岩の上

•2235

甲府市

•2262

•2318

山梨市

2511

•2333

•2023

八幡尾根

水晶峠、金桜神社へ

柳平、塩山駅へ

川上牧丘林道

瑞牆山で最も目立つ岩塔・大ヤスリ岩の基部あたりからさらに傾斜が強まり、ハシゴも現われる。頂稜に出たところで不動沢からの道を合わせ、北側からわずかに回りこみ、岩をロープとハシゴで登ると岩舞台のような瑞牆山山頂へと飛び出る。

　帰りは往路を富士見平まで戻り、里宮坂と呼ばれる急坂を下ると瑞牆山荘に着く。

ロープが架かる瑞牆山の山頂直下

89

大弛峠～金峰山　金峰山山頂への最短コース。川上牧丘林道の大弛峠（標高2360m）から西の稜線を朝日岳へ。山頂の西端からは、金峰山のシンボル・五丈岩が初めて見える。滑りやすい急なザレ場をジグザグに下り、小さな突起を越えてさらに緩く下っていく。再び登りに転じた道は、鉄山の北を巻いて続き、両側がハイマツになると、森林限界を抜け金峰山山頂部の東端、賽の河原に出る。あとは広い頂稜を西に五丈岩へ（約2時間30分・初級者向き）。

不動沢から瑞牆山　瑞牆山のみ登る場合のおすすめコース。西麓のみずがき山自然公園から小川山林道に出て終点から不動沢左岸に続く道に入る。丸木橋で右岸に渡ると不動滝へ着く。ここから道はか細くなり、すぐに飛び石づたいに左岸へ戻る。登山道が向きを南に変えると300mに及ぶ急登と

なる。頂稜で富士見平からの道を合わせ、左にわずかに進み、ロープとハシゴで大岩をよじ登ると大展望の瑞牆山山頂に飛び出る。下山は富士見平を経由して瑞牆山荘かみずがき山自然公園へと向かう（みずがき山自然公園起点の周回5時間50分・中級者向き）。

文・写真／長沢洋

登山者が集う瑞牆山の山頂

金峰山小屋付近からの瑞牆山と八ヶ岳

問合せ先
［市町村役場］川上村役場☎0267-97-2121、北杜市役所須玉総合支所☎0551-42-1113
［交通機関］川上村営バス☎0267-97-2121、川上観光タクシー（川上村）☎0267-97-2231、山梨峡北交通（バス）☎0551-42-2343、須玉三共タクシー（北杜市須玉）☎0551-42-2328
［山小屋］村営金峰山荘☎0267-99-2428、金峰山小屋☎090-4931-1998、大日小屋・富士見平小屋☎090-7254-5698、瑞牆山荘☎0551-45-0521

アクセス
バス利用の場合は、信濃川上駅から川上村営バスで川端下へ（約35分）。廻り目平まで車道を約1時間20分歩く。廻り目平の駐車場は約120台駐車可（有料）。トイレや水場もある。みずがき山荘発のバスは4月第一土曜～11月下旬と年末年始の運行。期間外はタクシーを利用する（約50分）。瑞牆山荘には約100台が停められる駐車場がある。

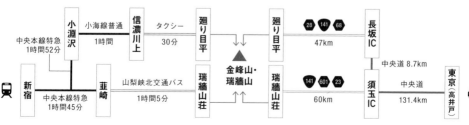

標高
2057m

70

奥秩父・南関東／山梨県

大菩薩嶺
（だいぼさつれい）

（大菩薩岳）
（だいぼさつだけ）

歴史ある峠道を登り、
富士山と南アルプスを
彼方に眺める
稜線漫歩を楽しむ

広大な展望を楽しみながらの草尾根歩きが何といっても
大菩薩峠から大菩薩嶺にかけての魅力だが、それだけで
はいささか物足りない。この山の森のよさは、むしろ上
日川峠や丸川峠から下のブナやミズナラなどの広葉樹に
あって、ことに新緑や紅葉の時季は美しい。あえて裂石
集落を起点とすることで静かな山道が楽しめるうえに、
劇的に雰囲気の変わるこの山の南北面が味わえる。

100
Mountains of Japan

深田久弥と大菩薩嶺

深田が初めて大菩薩嶺へ登ったのは、この山が中里介山の小説『大菩薩峠』
で有名になる前の大正時代末のこと。嵯峨塩から小金沢連嶺を縦走して大
菩薩嶺に立ち、裂石へ下った。この日は五月晴れの日曜だというのにまっ
たく人に会わなかった。その後小説で有名になったことのみならず、東京
から夜行日帰りで2000mの空気を吸え、安全なコースも多く、すこぶる展
望がすばらしいとあって、大人気の山となった。深田が数十年ぶりに登っ
た時には、とんでもない数のハイカーが訪れていることに驚いたという。

コースグレード	初級
技術度	★★☆☆☆ 2
体力度	★★★☆☆ 3

北面の黒川鶏冠山からの大菩薩嶺。りりしい三角錐がすばらしい

大菩薩嶺山頂。樹林内のいささか地味な場所だ

1日目 裂石から上日川峠を経て大菩薩峠へ

歩行時間：3時間35分｜歩行距離：6.9km

大菩薩峠登山口バス停から左に雲峰寺の石段を見て、上日川峠へ続く車道を歩く。ヘアピンカーブを繰り返すと、帰りに戻ってくる丸川峠への林道が左に分岐する（**丸川峠入口**）。マイカーならここに駐車場がある。この先でいったん車道を短絡し、次に車道に戻ったところですぐ右に分かれる治山用林道へ。千石橋を渡って**千石茶屋**前を通過、林道歩きしばしで左手の尾根に取り付く。かつて多くの旅人や登山者に歩かれた道は深くえぐられ、歩きやすい傾斜でジグザグを切って続く。道が尾根を離れ山腹を斜上するようになると、周囲のミズナラやブナの大木がいよいよすばらしい。

やがて**上日川峠**に建つロッヂ長兵衛の直前で車道に合流する。ロッヂの横を入っていく車道の左側に並行して山道があり、**福ちゃん荘**の裏手へ導かれる。福ちゃん荘前で唐松尾根への道を分け、勝縁荘までは砂利道歩き。車も通れる幅の道を緩く登れば、介山荘の建つ**大菩薩峠**に着く。

大菩薩峠の中里介山碑

おすすめの撮影ポイント

大菩薩嶺は見る位置によってかなり形が変わる。甲府盆地側のどこからでも、長く連なった連嶺の最北に位置し最も高く、しかも特徴的な草尾根があってよく目立つが、この山だけを撮るなら近くに寄って、塩山の市街地から北へのびる青梅街道付近の家並みの向こうに大きく立ちはだかっている姿を撮るのがいいと思う。コース中ならば、大菩薩峠付近から草尾根の向こうにのびる山頂部がおすすめだ。

プランニング＆アドバイス

マイカーやバスで上日川峠まで入れる今では、麓から登る人は少ない。したがって峠までは静かな山歩きが楽しめる。その上、上日川峠や丸川峠より下のほうがブナやミズナラなどの広葉樹のよさが味わえる。日帰り登山者が大半だが、山中1泊することで、早朝の大展望が楽しめたり、劇的に雰囲気の変わるこの山の南北面がゆっくりと味わえるだろう。逆コースにして初日を丸川荘に1泊するのも、より静かな山歩きを求める向きにはおすすめできる。山小屋は冬期は週末中心の営業だ。

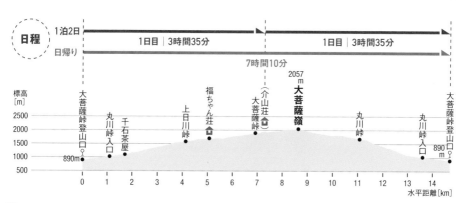

日程　1泊2日
1日目｜3時間35分　　1日目｜3時間35分
日帰り
7時間10分

2057m 大菩薩嶺

標高[m]　大菩薩峠登山口　890m　丸川峠入口　千石茶屋　上日川峠　福ちゃん荘　（介山荘）大菩薩峠　大菩薩嶺　丸川峠　丸川峠入口　大菩薩峠登山口　890m

水平距離[km]

2日目 大菩薩嶺から丸川峠を経て下山
歩行時間：3時間35分｜歩行距離：7.8km

峠をあとに少し北の親不知ノ頭（おやしらずのあたま）まで登ると、一気に眺めが開ける。そこからいったん下った鞍部が賽の河原（さいかわら）で、避難小屋が建っている。ここから雷岩（かみなり）までは、高度を上げるごとに甲府盆地（こうふ）を巡る山々の風景が広くなっていく。雷岩からは上日川峠へ下る唐松尾根が分かれており、悪天候時はここから下った方が安全である。

雷岩で最後の大展望を楽しんだなら、森の中へと入る。わずかに登れば**大菩薩嶺（大菩薩岳）**山頂で、小平地に三角点がポツンとある。山頂から**丸川峠**へは針葉樹の森を下る。明るさはないものの、しっとりとした静けさに満ちている。下り着いた、山間にぽっかりと開けた丸川峠の草原には、素朴な山小屋・丸川荘が建っている。

富士山（ふじさん）に向かって下る尾根道にはブナの大木が多い。飛び出した林道を下っていけば前日に歩いた**丸川峠入口**に戻り着く。

アクセス
上日川峠から登る場合は、塩山駅ふたつ手前の甲斐大和駅から栄和交通の登山バスを利用する（所要40分・4月第2土曜〜12月第2日曜の主に週末運行）。マイカーの場合、裂石集落を通る県道201号の雲峰寺橋東詰と丸川峠入口の駐車場を利用するほか、上日川峠と大菩薩湖付近にも計120台分の駐車場がある（ただし上日川峠への県道は冬季閉鎖）。

福ちゃん荘の前から大菩薩峠への道と分かれ、大菩薩嶺山頂に直接向かうのが唐松尾根である。上日川峠を起点にして周回する時には、先に大菩薩峠に登るよりは唐松尾根を登る方が足の負担や展望の面で有利かと思う（山頂へ1時間30分）。

また余裕があれば、大菩薩峠から南通しにある小金沢山（こがねざわやま）を往復するのもいい。熊沢山（くまざわやま）から下ると石丸峠（いしまる）で、ここから狼平（おおかみだいら）にかけては広濶な笹原が広がっている。再び樹林の稜線をたどると、小金沢連嶺の最高点・小金沢山に着く。南側が開け、富士山の眺めがすばらしい。帰りは石丸峠から下り、小屋平（こやだいら）を経て上日川峠へ戻る（大菩薩峠から約4時間半）。

文・写真／長沢 洋

賽の河原から望む大菩薩嶺山頂部

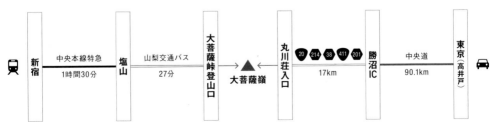

新宿 — 中央本線特急 1時間30分 — 塩山 — 山梨交通バス 27分 — 大菩薩峠登山口 — ▲ 大菩薩嶺 ← 丸川荘入口 — 20 214 38 411 201 17km — 勝沼IC — 中央道 90.1km — 東京（高井戸）

・1444　寺尾峠・
1697△
泉水十文字　・1637
北尾根
1477・

・1340
411　丸川峠
丸川荘・1744
・1840
丹波山村

自然林でブナの多い尾根道
1697△
五郎田
・1041
1282
1500
大菩薩嶺（大菩薩岳）△2057
一のタル
1700
雷岩
1584
フルコンバ小屋跡
丹波　小菅へ
妙見ノ頭
・1792

県道塩山停車場大菩薩嶺線
・1294
1500
1400
201
神部岩
避難小屋
賽の河原
親不知ノ頭
雲峰寺卍
大菩薩峠登山口バス停
890m
塩山駅・勝沼へ
裂石
千石茶屋
千石橋
雲峰寺橋
丸川峠入口
ゲート
・1811
1824
勝縁荘
福ちゃん荘
介山荘
介山碑
大菩薩峠
WC
1524・
小菅村

△894
・1272
1200
上日川峠
WC
1585m
ロッヂ長兵衛
1498
熊沢山
石丸峠
天狗棚山
1957
小菅へ

・1040
砥山
1605△
上日川峠バス停
小屋平バス停
砥山峠
1537
狼平　草原
・1643

・1024
尾根の西側を通る
砥山林道
・1637
大菩薩湖
・1596
大月市

山梨県
甲州市
・983
・1267
上日川ダム
1634
小金沢山△2014
小金沢連嶺

・1317
1621
・1391
富士山の展望よい
・1985

1627△
ペンションすずらん
219
日川林道
・1708
1461
牛奥ノ雁ケ腹摺山▲
1828・

N
0　　1km
1:50,000
国道20号、甲斐大和駅へ
・1336
・1397
・1622
・1806
黒岳、湯ノ沢峠へ

2万5000分ノ1地形図　柳沢峠、大菩薩嶺

オアシスのような丸川峠の草原

問合せ先
［市町村役場］甲州市役所 ☎0553-32-2111
［交通機関］山梨交通（バス）☎0553-33-3141、塩山タクシー☎0553-32-3200、甲州タクシー☎0553-33-3120、栄和交通（上日川峠行きバスとタクシー）☎0120-08-6336
［山小屋］ロッヂ長兵衛☎090-3149-0964、福ちゃん荘☎090-3147-9215、介山荘☎090-3147-5424、丸川荘☎090-3243-8240

71

奥秩父・南関東／神奈川県

丹沢山
（たんざわさん）

標高
1567m

霊峰富士のその前に
ずらり広がる山々がある。
首都圏から西を望めば
丹沢山塊は今日も大きい

首都圏西部にドンと腰を下ろす巨大山塊。神奈川の屋根
とも呼ばれるのが、丹沢山塊である。標高こそ最高峰の
蛭ヶ岳ですら1673mでしかない。しかし、平野部から
ぐいとせり上がる山容だけに、高度感さえある。その厚
みも東西南北それぞれに大きく手足をのばしているので
ある。丹沢山はその頂稜部をなす峰のひとつだが、山塊
の核心部で登山道の要となる山でもある。

100
Mountains of Japan

深田久弥と丹沢山

「私が丹沢山を百名山のひとつとして取りあげたのは、個々の峰ではなく、
全体としての立派さからである」と深田久弥は記している。深田が初めて
この山域を訪ねたのは、いわゆる裏丹沢からであった。青野原から焼山へ
登り、ヒメツギ（ママ=姫次）付近で道がわからなくなり下山をしたとの
こと。丹沢が多くの人に知られる以前のことである。蛭ヶ岳について、い
かにも深山の感じがした、と深田は記している。見渡すあたりが鬱蒼たる
森林のため、だそうだが、やはり現在とはだいぶ様相が違ったようだ。

塔ノ岳山頂の尊仏山荘

コースグレード 初級

技術度 ★★☆☆☆ 2

体力度 ★★★☆☆ 3

日本百名山の標柱が設置されている丹沢山の山頂

日
本
百
名
山 丹澤山 1,567.1m
湯川村

政次郎ノ頭への登りから、行者ヶ岳と大山（左奥）

1日目 ヤビツ峠から塔ノ岳へ

歩行時間：**4時間50分**｜歩行距離：**7km**

丹沢山にはいくつもの登路がある。健脚ならば日帰りもできるが、山の夜も楽しんでもらいたいので1泊コースを設定した。秦野駅からのバスを**ヤビツ峠**で降り、歩

プランニング&アドバイス

丹沢山への最短登路は、塩水橋から堂平を経由するコースである。しかし2019年10月の台風19号での災害でアプローチの県道70号が通行止めのままとなっており、同コースならびに天王寺尾根コースは利用できない（2021年2月現在）。登山口となるヤビツ峠行きバスは本数に限りがあるので、事前に運行時刻を調べておくこと。タクシー利用も考慮に入れよう。ここでは尊仏山荘1泊の設定だが、健脚ならば日帰りも可能だ。また、丹沢山山頂のみやま山荘に宿泊するのもよい。その場合は2日目に丹沢最高峰の蛭ヶ岳往復（3時間半）を追加することもできるだろう。

き始める。いったん県道（車道）を北側へ向かう。護摩屋敷の水場手前、公衆トイレのある分岐を左手の**菩提林道**へ折れる。まもなく右手に登山道が分岐する。

樹林帯の登りが続く。途中、いったん林道を横断し、なおも樹林帯の尾根をたどる。ようやっと眺めが開けるとすでに二ノ塔は近い。いったん下り登り返すと**三ノ塔**。広々とした大展望の山頂には休憩舎が建ち、トイレもある。ここからは表尾根が一望だ。また、大倉への下山路が分岐している。

平らな山頂を北側に進む。お地蔵様に手を合わせたら、急な下りが待っている。下りきってからわずかに登り返すと、週末営業の烏尾山荘のある**烏尾山**。ここにも公衆

三ノ塔からの表尾根。塔ノ岳（左）まで登る

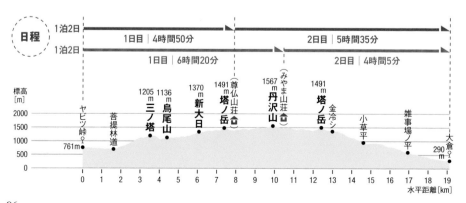

日程								
1泊2日	1日目｜4時間50分					2日目｜5時間35分		
1泊2日	1日目｜6時間20分					2日目｜4時間5分		

標高[m]

2000
1500
1000
500
0

ヤビツ峠 761m
菩提林道
三ノ塔 1205m
烏尾山 1136m
新大日 1370m
塔ノ岳 1491m（尊仏山荘）
丹沢山 1567m（みやま山荘）
塔ノ岳 1491m
金冷シ
小草平
雑事場ノ平
大倉 290m

0 1 2 3 4 5 6 7 8 9 10 11 12 13 14 15 16 17 18 19
水平距離[km]

西方の不動ノ峰方面からの丹沢山

トイレが設置されている。また、新茅荘前へ下山する道が分かれている。

穏やかな道を進み、行者ヶ岳山頂を越えてクサリ場を下るが、慣れない登山者がいると渋滞となることもある。上り下りで声をかけ、譲りあって歩を進めること。

政次郎ノ頭、新大日といった尾根上のピークを越えていくと、週末営業の木ノ又小屋。ここからもうひと踏ん張りで、大展望の広がる塔ノ岳山頂となる。山頂北側に建つ尊仏山荘。富士に沈む日没、そして夜景の美しい山なので、ここに泊まろう。

2日目 塔ノ岳から丹沢山往復後大倉に下山

歩行時間：5時間35分 ／ 歩行距離：11.2km

東京湾を挟んで房総半島の彼方から浮かぶ日の出を拝んだら、出発だ。

アップダウンの多い稜線を進む。以前はブナ林の中を歩く印象だったが、近年はブ

ナが枯れて、一方で防鹿柵がずっと張られている。日高からいったん下り、竜ヶ馬場へ登り返す。展望を楽しみながらの道のりである。

竜ヶ馬場からひと登りで、みやま山荘の建つ丹沢山山頂だ。みやま山荘も、食事のおいしい山小屋として人気がある。

下山はいったん塔ノ岳まで往路を戻り、そこからは大倉尾根へと向かう。

木製階段の下りを進み、金冷シで鍋割山への道を分ける。わずかに登り返して花立。さらに下った花立山荘の手前にも公衆トイレができた。

花立からは階段状の下り。戸沢への道を分け、堀山の家を過ぎ、ひたすら下っていく。駒止茶屋、見晴茶屋と週末開く小屋が続く。雑事場ノ平で道は二手に分かれる。以前なら直進すると大倉高原山の家があったのだが現在は撤去されている。どちらの道を進

大倉尾根といえば長い階段道（花立付近）

おすすめの撮影ポイント

撮影ポイントの多いコースだが、宿泊地でもある塔ノ岳山頂でじっくり撮影がおすすめである。広々とした山頂南端からは、大山をシルエットに東京や横浜といった街、そして相模湾や三浦半島さらには東京湾を越えて房総半島まで望める。日の出や夜景など、首都圏近くの山ならではの景色なのだ。一方、西側を望めば、幾重にも重なる丹沢の山々、そして優雅に裾野を広げる富士山という、山の国らしい秀景が広がっている。

丹沢山山頂に建つ通年営業のみやま山荘

者伝説もある御殿森ノ頭は直下を進む。
　高畑山は巻かずに山頂経由で行こう。その先、金冷シ付近はわずかながらもクサリ場などがある。
　ぐいぐい登り、本間ノ頭付近手前からは丹沢の頂稜らしく奥深いブナ林の山となる。無名ノ頭、円山木ノ頭、太礼ノ頭、瀬戸沢ノ頭とアップダウンを繰り返して、ようやっと丹沢山の山頂にたどり着く。

文・写真／三宅 岳

んでもほぼ同じぐらいの時間で合流する。観音茶屋を過ぎると、登山道は林道となり、まもなく**大倉**に下山となる。

その他のコースプラン

　宮ヶ瀬（三叉路）から丹沢山にのびる尾根道は、途中で丹沢三峰を越える長大なルート。コースタイムも長いので、山頂のみやま山荘に1泊しての登山がおすすめだ。
　本厚木駅から宮ヶ瀬行きバスに乗り、終点手前の三叉路で下車。県道70号をヤビツ峠方面に進むと右手に登山口が現れる。ここからは樹林帯の登りが続く。まもなく鳥居が現われ、山ノ神が祀られている。長

富士山のシルエットが浮かぶ塔ノ岳の冬の夕景

問合せ先
［市町村役場］秦野市役所☎0463-82-5111、清川村役場☎046-288-1211
［交通機関］神奈川中央交通西（バス）☎0463-81-1803、秦野交通（タクシー）☎0463-81-6766、神奈中タクシー☎0463-30-5330、愛鶴タクシー☎0463-83-7777（いずれも秦野市）
［山小屋］尊仏山荘☎070-2796-5270、みやま山荘☎090-2624-7229

アクセス
ヤビツ峠行きのバスは曜日により便数が異なり、土曜は1日6〜7便、日曜・祝日は5〜8便あるが、平日は2便のみ。タクシー利用の場合は秦野駅から約40分。大倉発のバスは便数が多い。マイカーの場合はヤビツ峠もしくは大倉の駐車場に停めて往復するか、縦走の場合は秦野駅か渋沢駅周辺のコインパーキングに車を停めて、鉄道とバスで移動することになる。

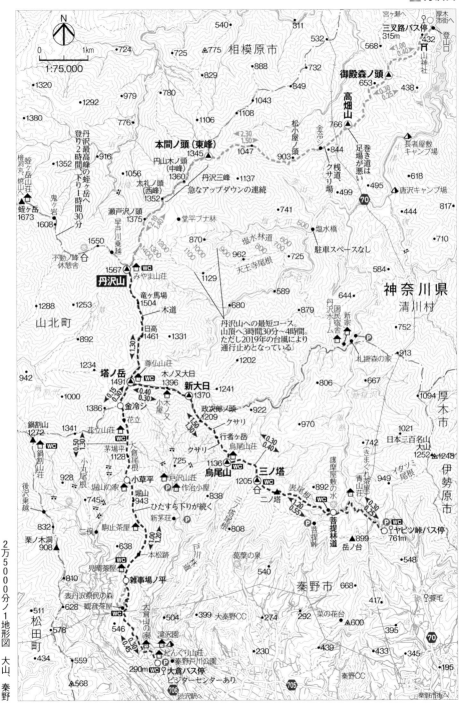

富士山
ふ じ さん

標高
3776m
（剣ヶ峰）

人気の富士登山道をたどり
変化に富む自然と火山景観、
日本最高所からの
大パノラマを楽しむ

『日本百名山』で深田久弥は、「偉大なる通俗」と呼び、「富士山ほど一国を代表し、国民の精神的資産となった山はほかにないだろう」とも述べた。群を抜く日本一の高さと火山としての生い立ちが豊かでダイナミックな自然を生み、その八面玲瓏は国民的な知名度と人気を不動のものにした。2013年にはユネスコの世界文化遺産にも登録され、海外からの登山者も急増している。

100
Mountains of Japan

深田久弥と富士山

富士山の自然や紀行・ガイド、随想や古典を集めた一冊、『富士山』（1940年、青木書店）をまとめてもいる深田久弥。1935年5月、深田は七合目よりスキー滑降。38年夏には大宮口（現富士宮ルート）より登頂。珠玉の記録としては翌39年の冬、ガイドの小見山正をともなったメンバーで山頂の観測小屋に連泊。お鉢底など山頂部を巡った末の3月2日、剣ヶ峰からスキー滑降を開始し、不浄沢をへて御殿場口馬返しまでの滑降を成し遂げている。剣ヶ峰からの滑降は、深田久弥らが初めてとなる。

登山道ごとに色分けされる

コースグレード	中級

技術度 ★★★☆☆ 3

体力度 ★★★★☆ 4

初冬の御坂黒岳より河口湖の街並み越しに望む富士山

七合目上部を行く（上の建物は七合目鳥居荘）

1日目 吉田ルートを本八合目へ
歩行時間：4時間45分 | 歩行距離：5.1km

　登山起点の**富士スバルライン五合目**（23
05m）は、富士山の土台をなす旧火山、小
御岳の山頂台地にあたる。山小屋や土産物
屋が建ち並び、登山者や観光客で賑わって
いる。五合目の広場を抜けて山腹を横切っ
て進む。泉ヶ滝の分岐点から右手のスロー
プを登れば、富士山安全指導センターの建
つ**六合目**だ。センターでは天候や登山道の
情報が得られるほか、ヘルメットの貸し出
しも行なっている。

　わずか上方で下山道を合わせたなら、7
軒の山小屋が連なって仰がれる七合目をめ
ざす。花小屋からはじまる**七合目**から八合
目付近は、吉田大沢右岸をなす急峻な岩尾
根状をなしている。強風や雨模様のときは、
スリップや転倒に注意したい。標高
3000mを超え、4軒の山小屋が建つ八合目

に差しかかる。足を取られる砂礫のスロー
プに高度の影響も加わり、歩みも鈍ってく
る。これをひと頑張りで、須走ルートを合
わせる**本八合目**（約3400m）に着く。

登山者が列をつくる山頂直下。眼下に本八合目

プランニング＆アドバイス
富士登山の期間は、富士スバルライン五合目
からの登山道が通行可能とされる7月中旬～
9月中旬の2カ月余り。この間、登山バスが
増便され山小屋も営業する。7月下旬～8月
上旬やお盆、週末は、山中の混雑も激しい。
平日登山や時差登山などで混雑を回避すると
いい。森林限界を超える富士登山は、風雨の
影響をまともに受け、山頂での朝晩の気温は
ひと桁にも下がる。慎重な天候判断と万全の
登山装備で臨もう。日帰り行程のいわゆる弾
丸登山は、高山病のリスクが高い。1泊2日
など、ゆとりを持った計画をすすめたい。吉
田ルートの七合目と八合目には救護所があり、
傷病時の応急処置が受けられる。2021年度
の入山の可否は5月中旬に判断予定。

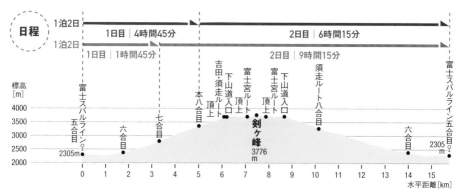

101

• 2036
1842 中ノ茶屋へ   1714
三合

精進口登山道   • 2142
富士スバルライン五合目
2305m   小御嶽神社
富士スバルライン
2250   2304
707   泉ヶ滝
2244   河口湖口登山道   四合   • 1979
2250   702
2244
お中道   五合目
• 2514   • 2463   経ヶ岳   滝沢林道   • 1909
富士山安全指導センター   2386
花小屋より七合目   六合目   • 2080
7軒の山小屋が連続
• 2592   2593   山梨県
小御岳流し   • 2788   富士吉田市
鳴沢村
• 3123   七合目救護所   七合目   • 2390
登山道沿いに   七合目公衆トイレ   WC   1999•
山小屋が点在   2936
3238 七合三勺   下山道   • 2643   新六合   • 2272
• 3252   八合目救護所   七合目   須走ルート登山道
七合五勺   緊急避難所   本六合   2.30
吉田・須走ルート頂上   登山道   砂走り(下山道)   2540   砂払い五合
下山道入口   本八合目   1.00   • 2890   2277
久須志神社   本七合目   • 2829
白山岳   九合目   須走ルート八合目   下山道   2700   静岡県   2136
金明水   3756   3393   分岐注意   • 2459   小山町
お鉢巡り   成就岳   • 2750
強風時は   3535   大内院   • 3090   七合目   走り六合   2384
通らないこと   2992   銀明水   浅間大社奥宮   五合   登山道
富士山   剣ヶ峰   富士宮ルート頂上   七合五勺   六合   2.50
3776   島岳   • 3397   七合五勺   馬ノ背   大砂走り(下山道)   1.00   御殿場ルート
• 3017   九合五勺   八合   八合目   四合   2222
九合   七合九勺   富士山衛生センター   2927   宝永山   二合八勺
3425   七合   登山道沿いは   2693
九合   山小屋が点在   宝永第一火口
富士宮市   ルート富士宮   2420   二合八勺
• 2867   新七号   • 2051
• 2747   宝永第一火口   須走口下山歩道
2604   2420
• 2416   • 2505   六合   第一火口縁
2380m   新五合   第二火口縁
富士宮口五合目   六合   2352
バス停   WC   村山道
富士山スカイライン   152   • 2130   第三火口
富士市   2149
富士宮市街、三島へ

剣ヶ峰山頂。レーダードームが撤去されて久しい

2日目 お鉢巡りで剣ヶ峰に立つ

歩行時間：6時間15分 ｜ 歩行距離：10.9㎞

　本八合目から山頂までは、胸突き八丁とも呼ばれる。赤茶けた転石と砂礫の道から、露岩混じりの急登に変わって九合五勺。鳥居をくぐり石段を登れば、久須志神社が祀られた**吉田・須走の両ルート頂上**だ。天候が安定していれば、お鉢巡りで最高点・剣ヶ峰をめざそう。どちら側に回ってもよいが古来、時計回りが慣例ともいわれる。

　左手に進んだ成就岳下の小鞍部では、左に吉田・須走両ルートの**下山道**が分岐する。右手には大内院ともお鉢とも呼ばれる直径600m、深さ200m余の大噴火口と、これを隔てて剣ヶ峰の眺めがよい。成就岳、伊豆岳、朝日岳と小ピークを巻き進み、銀明水の鞍部を経て、富士浅間大社奥宮が祀られた**富士宮ルート頂上**に上がる。三島岳を巻

おすすめの撮影ポイント

多くの富士登山者が目当てにもする御来光。吉田ルートでは、六合目以上であれば見ることができる。吉田ルート山頂付近では、久須志神社周辺や成就岳付近がよい。このとき朝日に色づく剣ヶ峰や大内院（火口）にも目を向けたい。日没前には、夕日が富士山の山姿を東側の雲海上に映し出す「影富士」も見られる。俯瞰する街の灯りや夜景、お鉢巡りでの変化に富んだ山頂景観や俯瞰する大パノラマをとらえるのもおもしろい。

き、馬ノ背の急坂を登れば、日本最高点の標石と2等三角点が置かれた**剣ヶ峰**に着く。

下山道の分岐まで戻り、つづら折りに続く幅広のスロープを下っていく。本八合目を左に見てひと下りで**須走ルート八合目・下江戸屋**前の分岐点。スバルライン五合目へは吉田ルートを表す黄色の標識に従って左折し、下江戸屋の軒下を通って下っていく。道なりに下るのは須走ルート下山道なので、分岐点を見落とさないこと。単調な砂礫の道をえんえんと下り続け、七合目公衆トイレを過ぎた先で左に折れる。落石よけのシェルターを経て傾斜が緩む。ダケカンバ林を進むと、往路の**六合目**に出る。

剣ヶ峰頂下からの荒々しいお鉢（火口）の眺め

その他のコースプラン

富士宮ルート 吉田ルートについで登山者が多い。五合目の標高は約2400mで、登山起点で最も高い。剣ヶ峰へも至近で、山頂への最短路。駿河湾や伊豆半島を背にする豪快な登高が魅力。ルートの色分けは青。

須走ルート 東口、東表口と呼ばれた東面

ルート。五合目は標高1970mとやや低いが、序盤の樹林帯から六合目付近まで低灌木が見られ緑は豊か。本八合目で吉田ルートに合流する。下山路に富士山独特の砂斜面、砂走りを有する。ルート色は赤。

御殿場ルート 起点は標高1440mの新五合目。剣ヶ峰までの標高差は約2300mを超え、充実感とともに富士山の大きさを実感する。下山路に待つ大砂走りは、本ルートの魅力と醍醐味。ルート色は緑。

文・写真／平田謙一

問合せ先
［市町村役場］富士吉田市役所☎0555-22-1111
［交通機関］富士急バス☎0555-72-6877、富士急コールセンター（高速バス）☎0555-73-8181、富士急山梨ハイヤー（河口湖駅）☎0555-22-1800、富士山有料道路管理事務所（マイカー規制に関して）☎0555-72-5244
［山小屋］吉田ルート上の山小屋は十数軒。問合せは富士吉田市役所☎0555-22-1111

アクセス
富士山五合目（富士スバルライン五合目）への路線バスは、富士登山期間中の7月中旬〜9月中旬は登山バスとして増便。富士山五合目へは首都圏からの直行高速バスも運行。登山期間中は富士スバルラインでマイカー規制が実施される。マイカーは山麓に指定された駐車場（富士山パーキング）に停め、シャトルバスやタクシーに乗り換えて五合目へ。

久須志神社。ここを山頂にして下山する人も多い

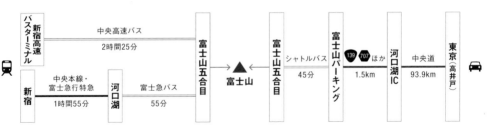

| 新宿高速バスターミナル | 中央高速バス 2時間25分 | | 富士山五合目 | ▲ 富士山 | 富士山五合目 | シャトルバス 45分 | 富士山パーキング | 河口湖IC | 中央道 93.9km | 東京（高井戸） |
| 新宿 | 中央本線・富士急行特急 1時間55分 | 河口湖 | 富士急バス 55分 | | | | 1.5km | | | |

73

天城山
（あまぎさん）

伊豆半島の固有種・
アマギシャクナゲ

コースグレード｜初級

技術度｜★★★★★ 2

体力度｜★★★★★ 2

アマギシャクナゲが大群落を形成する伊豆半島の最高峰。ブナの紅葉もみごと

標高 1406m（万三郎岳）

伊豆半島の中央部に左右に横たわる山並みの総称が天城山だ。主峰は標高1406mの万三郎岳で、天城山のみならず伊豆半島の最高点にもなっている。山名の由来は山中に甘茶（アマギアマチャ）が多いことによるほか、多雨地帯にあることから「雨木」とする説もある。この山の登山の魅力といえば、山名を冠するアマギシャクナゲをはじめとする花やブナ、ヒメシャラの美林があげられる。

100 Mountains of Japan

深田久弥と天城山

旧制高校時代から友人の旅行話で耳にしていた伊豆だが、当時の深田は信州や甲州への山に目がいき、さして興味はなかったようだ。天城山の名こそ知っていたが、当時の5万分の1地形図は天城山が要塞地帯となっており、地図を持たない登山をよしとしない氏にとっては足が向かなかったのだろう。天城山に登ったのは、旧制中学時代から約40年後の1959年のこと。伊東を起点に遠笠山〜万三郎岳〜天城峠へと縦走した。当初は八丁池で一夜を明かす予定だったが、あまりの寒さに断念している。

万三郎岳直下の岩場からの馬ノ背。その左に万三郎岳が頭を出している

日帰り 天城縦走登山口から山頂周回
歩行時間：4時間45分／歩行距離：8.2km

天城縦走登山口バス停から車に注意して車道を渡ると天城縦走路入口の標柱があり、登山道へと入る。ところどころ歩きづらい箇所があるリョウブやヒメシャラの茂る道を進んでいくと、20分ほどで**四辻**（万二郎登山口）に出る。正面の道は下山で利用する涸沢分岐点方面からの道で、めざす万二郎岳へは左手に取る。

天城縦走路の入口から歩き始める

菅引川上流の谷沿いに標高を上げていき、ガレた沢を横切る。洗掘された急な登りで**万二郎岳**の山頂に着くが樹林に囲まれており、天城縦走路を万三郎岳側に少し下った岩場から展望を楽しもう（P105の写真）。

岩場から急な下りで鞍部に出て、登り返して馬ノ背へ。周囲はアセビがトンネル状になっている。その先の**石楠立**からはアマ

天城縦走路名物の「アセビのトンネル」

ギシャクナゲの群生地をたどっていく。アマギシャクナゲは「アマギ」の名を冠するが天城山の固有種ではなく、伊豆半島の他の山でも見られる。

最後にブナ林の急登で1等三角点のある**万三郎岳**山頂に着くが、万二郎岳同様樹林の中で展望はいまひとつ。

プランニング＆アドバイス

通年登れるが、標高が1500mに満たないだけに、盛夏は少々厳しい。伊豆半島は冬でも温暖な印象があるが、積雪が数十cmから1m以上になることも。花はシャクナゲが5月中旬〜6月上旬、アマギツツジは6月下旬〜7月上旬。紅葉は10月中旬〜11月上旬。日帰り圏の山だが、公共交通機関利用の場合は伊東温泉などに前泊して朝いちばんのバスに乗り、天城縦走路路をたどるプランがおすすめ（「その他のコースプラン」参照）。コース中に設置されたA-1、B-1などの番号札は、緊急時に自分の居場所を知らせるためのもの。緊急連絡先は駿東伊豆消防本部☎0558-76-0119へ。

コースタイム

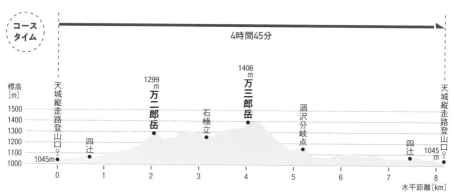

4時間45分

標高[m]

1406m 万三郎岳

1299m 万二郎岳

天城縦走路登山口 / 四辻 / 石楠立 / 涸沢分岐点 / 四辻 / 天城縦走路登山口

1045m　1045m

水平距離[km]

山頂から縦走路をわずかに下ると分岐があり、道標の案内に従い右に下る道（シャクナゲコース）に入る。急な下りには木段が設置されているが、土が流され歩きづらい箇所がある。やがて山腹沿いの道に変わると**涸沢分岐点**に着く。かつては万三郎岳からの下り道が合流していたが、アマギシャクナゲ保護のため通行止めとなっている。

この先も山腹沿いの道を進む。地形図ではほぼ水平に見えるが、意外とアップダウンがある。左手が急斜面になった道を何度も沢を横切りながら行くとやがてヒメシャラの美林に入り、鑑賞しながら進めば往路の**四辻**（万二郎登山口）に戻ってくる。

あとは往路を**天城縦走登山口バス停**へと向かうだけだ。

その他のコースプラン

マイカー利用でなければ、万三郎岳からそのまま天城縦走路をたどり、モリアオガエル生息地の八丁池へ向かうのがおすすめ。縦走路は深田久弥も歩いている。万三郎岳

樹林の中の万三郎岳山頂。展望はほとんどない

の先でメインコースを分け、縦走路を西進。小岳から急な下りで戸塚峠へ。右の道は古い火口跡の皮子平へと続く。往復1時間ほどなので、時間があれば足をのばしてみよう。起伏の少ない尾根道で白田峠、ついで八丁池へ。ここから大見分岐点を経て上り御幸歩道で天城峠へ行き、右へ15分ほど下ると修善寺や河津方面のバスが運行する天城峠バス停に着く（約4時間）。

文・写真／吉田祐介

「天城の瞳」と称される八丁池（その他のコース）

問合せ先
[市町村役場] 伊豆市観光協会 ☎0558-99-9501
[交通機関] 天城東急リゾートシャトルバス（東海バス） ☎0557-37-5121、伊豆急東海タクシー（伊東駅） ☎0557-37-7755

アクセス
伊東駅からのバスは往路5本、復路6便の運行で、天城縦走登山口発の最終は17時40分。タクシー利用の場合は約45分。マイカーは下記アクセス図の箱根回りのほか、西湘バイパス石橋ICから海沿いに進んで伊東市街へ行き、大室山～天城高原IC経由で縦走路入口に向かう方法もある。縦走路入口向かいに無料の登山者用駐車場がある。

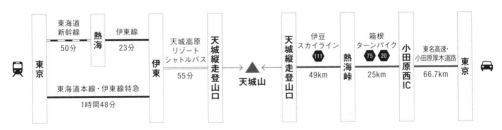

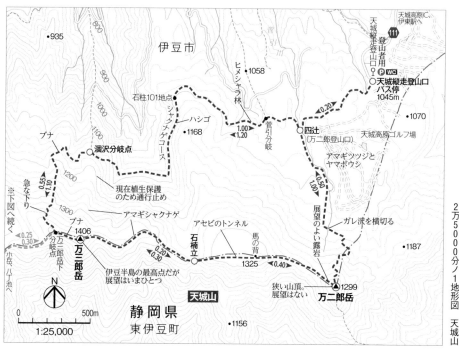

上の図

伊豆市

•935

伊豆市

ヒメシャラ林

•1058

石柱101地点

ハシゴ

シャクナゲコース

•1168

1.00
1.20

菅引分岐

四辻
(万二郎登山口)

ブナ

涸沢分岐点

天城高原ゴルフ場

アマギツツジと
ヤマボウシ

•1070

登山者用
天城縦走登山口

111

天城高原IC、
伊東駅へ

天城縦走登山口
バス停
1045m

P WC

0.20

現在植生保護
のため通行止め

1200

急な下り

0.55
1.10

1300

ブナ

アマギシャクナゲ

アセビのトンネル

馬の背

0.50
1.00

展望のよい露岩

ガレ沢を横切る

•1187

※下図へ続く

0.25
0.30

ブナ
1406
万二郎岳下
分岐点

万三郎岳

0.20
0.30

石楠立

1325

0.40

伊豆半島の最高点だが
展望はいまひとつ

小岳、八丁池へ

狭い山頂。
展望はない

万二郎岳
1299

天城山

N

静岡県

東伊豆町

0   500m

1:25,000

•1156

下の図

N

0   1km

1:60,000

•676

•971

約3000年前の噴火口や、
天城一大きいとされるブナ、
密生したヒメシャラが広がる。
戸塚峠から往復30分～1時間

•1178

戸塚歩道

•1059

ブナ林

急坂

0.25
0.30

1406

•964

•1156

白田峠

皮子平

1197

戸塚峠

0.30
0.40

片瀬峠

万三郎岳下分岐点

万二郎岳

静岡県

伊豆市

全体的に
歩きやすい道が続く

•1064

天城縦走路

1200

0.25

0.40

天城山脈

1160

ヘビブナ

小岳
1360

※上図へ続く

丸山
938

•841

下り八丁池歩道

•1005

•1129

下り御幸歩道

白砂林道

八丁池

WC

見晴台

池の周囲が八丁(約870m)
あることから名前がついたという

•963

1197

天城山

•1114

東伊豆町

•1170

昭和の森会館、
修善寺市街へ

川端康成文学碑、
修善寺市街へ

天城峠バス停

•898

•965

水生地歩道

青スズ台
1237

野鳥の森

•896

•920

•672

•841

•1040

P

天城峠
640m

0.15
0.25

向峠

大見分岐点

ウグイス歩道

0.40

0.40
0.45

八丁池～八丁池口バス停間
50分(逆コース1時間)

•840

•560

847

本谷林道

•943

上り御幸歩道

八丁池口
運行日注意

WC

•1063

河津町

旧天城
トンネル

新天城
トンネル

•638

414

寒天林道

•830

寒天橋

•999

•1085

•888

•722

•560

天城山三筋山
遊歩道

•688

•398

一本杉歩道

マイカー
通行禁止

•1014

伊豆山稜歩道

河津へ

三筋山へ

108

中央アルプス

中央アルプス／長野県

木曽駒ヶ岳
（きそこまがたけ）

稜線に咲く
コマウスユキソウ

標高
2956m

ロープウェイ利用で雲上のお花畑から大展望が広がる中央アルプス最高峰へ

中央アルプスの木曽駒ヶ岳は、伊那谷の東にある甲斐駒ヶ岳を東駒と呼ぶのに対し、西に位置するため西駒と地元で呼ばれ親しまれている。深田久弥が亡くなる4年前（1967年）に駒ヶ岳ロープウェイが千畳敷まで架設されたが、今のように観光客で賑わう千畳敷カールは想像だにしていなかっただろう。このロープウェイのおかげで、3000m級の木曽駒ヶ岳へ日帰りで登れるようになった。

100
Mountains of Japan

深田久弥と木曽駒ヶ岳

深田が『日本百名山』を執筆する前に木曽駒ヶ岳に登ったのは戦前のこと。最初は伊那側から将棊頭山を経て登頂している。随筆には年の記載がないが6月24日のこと。記述からちりめん坂を登って、大樽小屋（現在の大樽避難小屋）を経由しているのがわかる。この時は残念ながら稜線上は霧に包まれ楽しみにしていた展望が望めなかった。下山は上松へ、金懸小屋を経由しており、上松Aコースを下ったようである。もう一度は越百山から空木岳を登った際、さらに北へ縦走して木曽駒ヶ岳まで足を運んでいる。

コースグレード｜中級

技術度｜★★★★☆　4

体力度｜★★☆☆☆　2

中岳から望む木曽駒ヶ岳。左は木曽前岳。奥に御嶽が雲に霞む

千畳敷から木曽駒ヶ岳を登り、宝剣岳から千畳敷へ

歩行時間：**4時間25分**｜歩行距離：**4.2km**

駒ヶ岳ロープウェイを降り**千畳敷駅**の外に出れば、宝剣岳を望む千畳敷カールに出る。足ごしらえを整えて出発しよう。そのまま千畳敷を横切って進むルートもあるが、いったん剣ヶ池の畔に下り、ゆっくり千畳敷カールを楽しみながら行きたい。カール内は雪解けとともにシナノキンバイやハクサンイチゲが咲きはじめ、クルマユリやハクサンフウロの高茎植物のお花畑に変わり、ミヤマシシウドやハクサンボウフウなどの秋の花へ季節とともに移りゆく。

ロープに沿ってカールを巡り、八丁坂の急坂に入っていく。剣ヶ池から稜線の乗越浄土まで約250mの標高差がある。徐々に傾斜が増し、登りがきつくなるが無理せずゆっくり登っていこう。ジグザグに急な石段が刻まれ、足もとの高山植物に励まされながらいくと狭いルンゼ（急峻な岩溝）に入る。左手にオットセイ岩を見ながら歩を進め、足場が組まれた階段状のステップを越えると乗越浄土に出る。

ここからは清々しい稜線歩きだが、風も強いので防風対策をしていこう。**宝剣山荘**、天狗荘の前を通過して、正面に見える中岳をめざしていく。小高い**中岳**は花崗岩の岩山。登りきった山頂から目的の木曽駒ヶ岳本峰の悠然とした姿が望める。ロープに沿って石屑の道を駒ヶ岳頂上山荘まで下り、山頂への最後の登りに入る。登り着いた**木**

コバイケイソウ咲く千畳敷カールと宝剣岳

プランニング＆アドバイス

本コースで紹介した宝剣岳は険しい岩場のルートだけに、長野県の山岳ヘルメット着用奨励山域に指定されている。登山時はヘルメットの携行・着用を。木曽駒山頂付近は森林限界を超えたなだらかな山。夏山の午後は雷の発生する可能性があり、雷鳴が西から聞こえるようならすぐに待避行動を取ること。ロープウェイを利用して一気に標高2600mに下り立つので高山病のおそれがある。予防策は、歩き出す前に充分時間を取り高所に体を慣らす、山小屋に着いてもすぐ横にならないなど。今回は日帰りとしたが、宝剣山荘など稜線上の小屋に宿泊し、朝夕の眺望を楽しむのもよい。

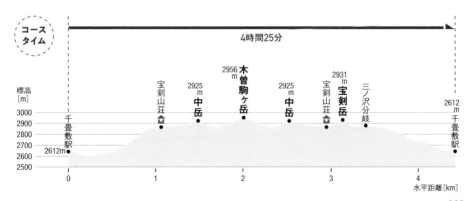

コース
タイム

4時間25分

標高
[m]

宝剣山荘 △
中岳 2925m ●
木曽駒ヶ岳 2956m ●
中岳 2925m ●
宝剣山荘 △
宝剣岳 2931m ●
三ノ沢分岐 ●
千畳敷駅 2612m

千畳敷駅 2612m

3000
2900
2800
2700
2600
2500

0
1
2
3
4

水平距離 [km]

千畳敷は氷河地形のカール（氷河が削り取った馬蹄形の地形）が発達し、みごとなお花畑が広がる観光客にも人気の場所。カール底の剣ヶ池周辺から見上げる荒々しい岩場を擁する宝剣岳と、華やかな高山植物とのコントラストがすばらしい。またホテル千畳敷や宝剣山荘に正月前後に宿泊すると、富士山から日が昇るダイヤモンド富士が見られることでも知られている（P113の写真）。

曽駒ヶ岳山頂には駒ヶ岳神社奥宮があり、山岳信仰の歴史も垣間見る。中央アルプス最高峰からの群を抜く360度の展望を満喫しよう。運がよければ、近年確認されたライチョウの姿も見ることができるだろう。

宝剣山荘まで往路を戻る。宝剣山荘から稜線を南に進み、荒々しい**宝剣岳**を登る。山頂付近は花崗岩の岩場で、クサリが架かる。バランスに気をつけていこう。また山頂部は狭く、譲り合って記念写真を撮ろう。岩場の下りはクサリをあまり頼りすぎずに進み、**三ノ沢岳分岐**ま

宝剣岳直下の岩場。
慎重に通過する

で特に慎重に行こう。

気持ちのいい石層の道を歩き、足もとには特産亜種のコマウスユキソウも見られる。極楽平で千畳敷カールへの下りに入る。お花畑の斜面で花々を愛でながらジグザグに下ると、やがて**千畳敷駅**へ戻ってくる。

木曽駒ヶ岳からそのまま稜線を進み、中央アルプス唯一の氷河湖・濃ヶ池を巡るのもよい。濃ヶ池からは駒飼ノ池を経て乗越浄土で紹介コースに合流する（山頂から宝剣山荘へ約2時間半）。変わり種になるが、バス終点・しらび平駅の手前、標高1400mの北御所登山口バス停から木曽駒ヶ岳をめざす登山道がある。ロープウェイができる以前から使われていた道で、地元の学校登山では今も使われており、整備も行き届いている。五合目のうどんや峠を越え、さらに針葉樹林帯の登りが続く。標高2883mの伊那前岳からはめざす木曽駒ヶ岳が見えてきて、乗越浄土で紹介コースに合流する（約6時間半）。

文・写真／渡辺幸雄

アクセス
東京・大阪方面から高速バス利用の場合は駒ヶ根ICバス停で下車、徒歩3分の女体入口で千畳敷行きバスに乗車する。駒ヶ岳ロープウェイは通常は8〜17時（ハイシーズンは増便あり）、30分間隔の運行。マイカーの場合しらび平へはマイカー規制のため、菅の台バスセンターの有料駐車場に車を停めて千畳敷行きバスに乗り換える。

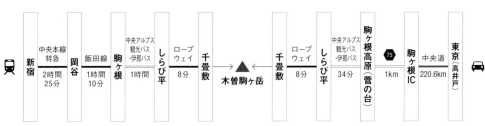

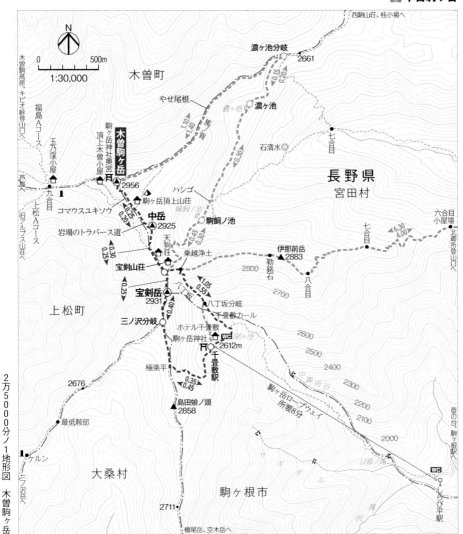

木曽町

木曽駒ヶ岳高原、キビオ峠登山口へ

福島Aコース

玉乃窪小屋
九合目

上松Aコース
（旧アルプス山荘へ）

芦島へ

木曽駒ヶ岳
駒ヶ岳神社奥宮
頂上木曽小屋
2956

コマウスユキソウ

中岳
2925

岩場のトラバース道

宝剣山荘

宝剣岳
2931

上松町

三ノ沢分岐

2676

最低鞍部

ケルン

三ノ沢岳へ

大桑村

2711

檜尾岳、空木岳へ

駒ヶ岳頂上山荘

駒飼ノ池

ハシゴ

天狗荘

垂越浄土

八丁坂分岐

極楽平

島田娘ノ頭
2858

駒ヶ岳神社
ホテル千畳敷
WC
2612m
千畳敷駅

千畳敷カール

駒ヶ岳ロープウェイ
所要8分

剣ヶ池

中御所谷

駒ヶ根市

濃ヶ池分岐
2661

西駒山荘、桂小場へ

やせ尾根

濃ヶ池

馬背

1.10
1.40

石清水

七合目

長野県
宮田村

伊那前岳
2883

勒銘石

八合目

七合目

六合目
小屋場

北御所登山口へ

2800

2700

2600

2500

2400

2300

2200

2100

2000

サギダル

日暮ノ滝

菅ノ台、駒ヶ根駅へ

WC
しらび平駅

2万5000分ノ1地形図　木曽駒ヶ岳

問合せ先
［市町村役場］駒ヶ根市役所☎0265-
83-2111、宮田村役場☎0265-85-3181
［交通機関］中央アルプス観光（バス・
ロープウェイ）☎0265-83-3107、伊那
バス☎0265-72-5111
［山小屋］ホテル千畳敷☎0265-83-
3844、宝剣山荘・天狗荘・駒ヶ岳頂
上山荘☎090-5507-6345、頂上木曽小
屋☎0265-52-3882

正月期に見られるダイヤモンド富士

75 空木岳
うつぎだけ

中央アルプス／長野県

標高
2864m

花崗岩やお花畑が
満喫できる縦走路をたどり、
木曽駒とともに中アを
代表する山の頂をめざす

空木岳は中央アルプス（木曽山脈）の中央部に位置し、どっしりとした山容でひときわ存在感がある。中央アルプス全体が花崗岩の塊といえるが、多分に漏れず空木岳も白く優美である。山名は初夏の頃に山麓から見上げると、山肌を覆う残雪がウツギの白い花のように見えるからだという。「うつぎ」という美しい名前の響きもあって、深田久弥は百名山に選定した。

ダイモンジソウ

コースグレード｜**上級**

技術度｜★★★★☆　4

体力度｜★★★☆☆　3

100
Mountains of Japan

深田久弥と空木岳

『日本百名山』において印象的な文章をあげるとしたら、「空木、空木、何というひびきのよい優しい名前だろう」の一文は上位に入ってくるだろう。その空木岳に深田が仲間の植物学者たちと登ったのは夏のこと。南側の越百山から北上して待望の山頂に立ち、本コースの逆ルートをたどって木曽駒ヶ岳へ縦走した。『日本百名山』では氏がたどったコースについて詳細に述べている山は意外と少ないが、空木岳は大半を登行の様子に割いていることからも、この山に対する思い入れの深さがうかがえる。

縦走路をさらに南下した赤梛岳から望む空木岳

クサリ場もある稜線歩き（濁沢大峰付近）

1日目 千畳敷から木曽殿山荘へ

歩行時間：6時間15分｜歩行距離：7.4km

駒ヶ岳ロープウェイ**千畳敷駅**から千畳敷カールの南面を登って**極楽平**に出たら、中央アルプス主稜線を南下する縦走が始まる。花崗岩の山らしくコマクサや特産亜種のコマウスユキソウが咲き誇る。最初のピークが**島田娘ノ頭**。尾根が狭くなり、鞍部を過ぎ一枚岩を登って**濁沢大峰**に出る。この周辺は岩場が切り立っているので慎重に進もう。ハシゴ、ロープをたどってガレ場の急坂を下り、お花畑の鞍部からは登り返し。斜度が落ち着くと**檜尾岳**に着く。左手の尾根上には檜尾避難小屋が見え、手前の鞍部にはすばらしいお花畑がある。

ここで今日のコースの半分。まだ先は長

プランニング&アドバイス

標高2612mの千畳敷駅が起点のため体力的に楽に感じるかもしれないが、空木岳へはアップダウンのある岩稜歩き、空木岳からは駒ヶ根高原まで標高差2000m以上の下りと、きついコースである。空木岳のピークに立つことのみが目的なら、下山路の池山林道終点までタクシーかマイカーで入り、往復登山というのも手だ（ただし林道は2021年2月現在通行止め。詳細は駒ヶ根市役所HPを参照）。中央アルプスは営業小屋の場所が限られている。水の確保や食料、装備の問題などあるが、少人数なら避難小屋の利用も視野に入れたい。

いので気を引き締めていこう。次のピークが**大滝山**。舟窪地形に下り立ち、さらに幾度もアップダウンを繰り返しながら進んでいく。花崗岩に赤い丸印があるが、ルートは所々わかりづらいのでよく見て進もう。正面の大岩を右手から巻いて越え、ルンゼ状の岩場を通過する。左に広い池ノ平カールを見下ろし、やせ尾根が終わると**熊沢岳**。さらに稜線上のアップダウンが続き、東川岳に出る。木曽殿越へは急下降で、正面には明日登る空木岳が大きい。階段状の道を行くと、宿泊地の**木曽殿山荘**にたどり着く。

2日目 空木岳を越えて駒ヶ根高原へ

歩行時間：6時間30分｜歩行距離：11.7km

木曽殿山荘から空木岳をめざし、大きく登っていく。花崗岩の石屑を踏みしめ急登を越え、狭い小ピークの三峰へ。さらにこ

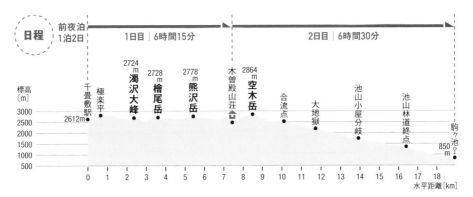

| 日程 | 前夜泊 1泊2日 | 1日目｜6時間15分 | | | 2日目｜6時間30分 |

標高 [m]

| 千畳敷駅 | 極楽平 2612m | 濁沢大峰 2724m | 檜尾岳 2728m | 熊沢岳 2778m | 木曽殿山荘 | 空木岳 2864m | 合流点 | 大地獄 | 池山小屋分岐 | 池山林道終点 | 駒ヶ池 850m |

3000
2500
2000
1500
1000
500

0 1 2 3 4 5 6 7 8 9 10 11 12 13 14 15 16 17 18
水平距離[km]

115

空木岳山頂道標と2等三角点

こから二峰までは岩場が連続する難路で要注意。クサリを頼りに大岩を越え、狭い尾根をたどっていく。本峰は右手から回りこむように登りつめ、道標や祠がある**空木岳**山頂に到着する。山頂からは南アルプス、富士山をはじめ北アルプス、御嶽山を眺められる大パノラマが展開する。

　主稜線と分かれ、東側の池山尾根を下っていく。行く手には素泊まりの駒峰ヒュッテが見える。小屋手前に空木平への分岐があるが、そのまま尾根づたいに駒石を見ながら大きく下っていく。森林限界を割りこみ、**空木平からの道を合わせて**ダケカンバ林に入っていく。尾根の右側の斜面をいくようになり、左手に回りこむと小地獄の悪場となる。ハシゴや桟道があるので慎重に進み、さらに**大地獄**に続いていく。アルミハシゴを使って下り、難所を越えていく。

　うっそうとした森の中を進み、開けた**池山小屋分岐**に出る。ここには水場があるがトイレは避難小屋にある。この先は池山遊歩道として整備された散策道となり、さらに

に下って**池山林道終点**の車道に出る。ここから古城（池山）林道をショートカットする道を進み、**駒ヶ池バス停**に下り着く。

その他のコースプラン

　木曽谷側の伊那川ダムから越百山に登り、南駒ヶ岳を巡って空木岳に達するコース（10時間30分）がある。2021年2月現在、伊那川ダム上駐車場までの林道は通行止め。徒歩40分ほど手前が登山口になっている。初日は越百小屋泊。2日目の越百山からは稜線歩き。仙涯嶺から南駒ヶ岳を望みながらいったん下り、花崗岩の稜線を登り返す。南駒ヶ岳は深田が百名山選定の際、空木岳とどちらにするか迷ったほどの名峰だ。さらに縦走路をたどり、空木岳へ。最終日は木曽殿山荘からウサギ平を経由して、伊那川林道から伊那川ダムへと下る。

文・写真／渡辺幸雄

問合せ先
［市町村役場］駒ヶ根市役所☎0265-83-2111、［交通機関］中央アルプス観光（バス・ロープウェイ）☎0265-83-3107、伊那バス☎0265-72-5111、赤穂タクシー☎0265-83-5221、丸八タクシー☎0265-82-4177（ともに駒ヶ根駅）
［山小屋］ホテル千畳敷☎0265-83-3844、木曽殿山荘☎090-5638-8193、空木駒峰ヒュッテ（素泊まり）☎080-8483-6649

アクセス
往路はP112「アクセス」参照。下山時は池山林道終点からタクシーを使うこともできるが、2021年2月現在林道は通行止めになっている。マイカーは菅の台バスセンターの有料駐車場を利用する。下山時はペンション街を抜けて駐車場まで歩いて戻る。

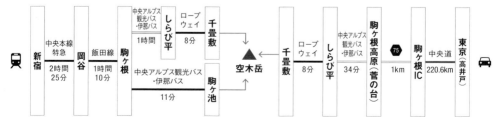

2万5000分ノ1地形図　木曽駒ヶ岳、空木岳

中央アルプス／長野県・岐阜県

恵那山

（えなさん）

避難小屋の恵那山山頂小屋

コースグレード	中級

技術度｜★★☆☆☆ 2

体力度｜★★★☆☆ 3

国造り神話に思いを馳せ、変化に富む登山道から登る恵那山は中山道のランドマーク

標高
2191m

恵那山は中央アルプス最南端に位置し、岐阜県の東濃と長野県の伊那谷にまたがる山であり、頂稜の長いどっしりとした山容は伊勢湾からも同定できる。山名の由来は、天照大神が生まれた時の胞衣（えな＝胎盤、臍の緒）を山頂に納めたという神話からきている。中腹から上はコメツガなどの針葉樹林に覆われるが、山頂付近からは深田久弥も満喫した南アルプスの眺めが広がる。

100
Mountains of Japan

深田久弥と恵那山

深田は『日本百名山』で、彼が生まれる10年前にW・ウェストンが前宮ルートで恵那山に登ったことに触れている。実際は20年前の1893（明治26）年であった。深田は本ガイドで紹介する「もっと近い便利な登山道」である黒井沢ルートから登頂し、神坂峠へ縦走している。頂上で南アルプスの大観を愛で、「わがふるさとのやま白山が、白無垢の清浄さで遠い空に浮かんでいるのを見出し」「思いがけない賜物」と喜んでいる。残念ながら現在は頂上付近から白山を望むことはできない。

黒井沢ルートの途中から見上げた恵那山

カラマツの黄葉が青空に映える野熊ノ池

歩行時間: **6時間50分** | 歩行距離: **14.5km**

黒井沢登山口の駐車場からゲートのしまった黒井沢林道に入る。林道は舗装されておらず登山道を歩いているようで、渓谷の景色も相まって2kmの行程は苦にならない。

標高1270mあたりから谷沿いの登山道となる。シナノキ、ミズナラなどの大木が林立し雰囲気がよい。出水で登山道が流されている部分があるので、転石の上を水に

濡れないよう注意して進む。

ほどなく現われる**営林小屋**はまだ使用できる状態だ。ここから右岸の斜面を急登し、しばらく谷から離れる。木製の橋で対岸に渡り野熊谷沿いに登っていくと、やがて水も少なくなり沢床を歩くようになる。このあたりはすでにダケカンバ交じりの針葉樹林に変わっている。

笹原となった峠を越し、すぐに**野熊ノ池避難小屋**に着く。ログハウスのようなきれいな小屋だ。池の水は澄んでおり、絶えず小川となって流れ出している。紅葉の季節には前景にナナカマドの赤、バックにカラマツの黄色とすばらしい景色を見せている。

歩きやすいカラマツ林のつづら折りを経て1876m標高点付近の尾根に出ると初め

プランニング&アドバイス

5月までは残雪の可能性があり、登山道が判別しにくい場合もある。花を楽しむポイントは少ないが、黒井沢ルート下部の秋の紅葉はすばらしい。林道から離れて沢沿いに進む営林小屋までの登山道は整備されておらず、沢歩きになる箇所があるので増水のときは危険だ。また、地形図に記載のある営林小屋への林道上部は完全に廃道になっており、エスケープには使えない。苔むした転石の上を歩くことが多い上部ではスリップに注意。

1876m標高点付近から眺める南アルプス

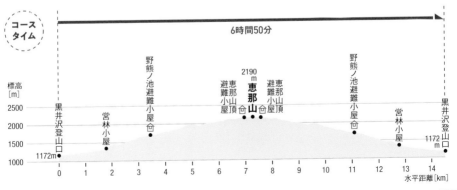

コースタイム

6時間50分

標高[m]

黒井沢登山口 1172m
営林小屋
野熊ノ池避難小屋
恵那山山頂
2190m 恵那山
恵那山山頂
野熊ノ池避難小屋
営林小屋
黒井沢登山口 1172m

水平距離[km]

119

て展望が開け、南アルプスが望まれる。1992mのプラトー（台地状の地形）からしばらく平坦な道が続き、北東に南アルプス、南西に伊勢湾を望むことのできるビューポイントが点在する。

尾根から左手のトラバース道に入ると転石が多くなり、木の根も滑りやすく歩きにくい。支尾根を回りこんだところに秋にも枯れない水場があって、これはありがたい。この先の恵那山山頂小屋（避難小屋）に泊まる場合は、ここで水を補給できる。

小屋までは400mほどの緩やかな登りである。小屋は15名ほど収容できるしっかりしたもので、離れたところにトイレ棟もある。小屋の裏の岩場からは、塩見や赤石、聖、光岳といった南アルプスの百名山、運がよければ深田が見られなかったという富士の頂も望むことができる。

小屋からは分岐を右に入り広河原ルート

へ続く道を10分で、恵那神社奥宮と1等三角点のある恵那山の頂上広場に行くことができる。老朽化した展望台に上っても展望は得られない。

下山は往路を引き返す。

その他のコースプラン

深田が下山コースに取った神坂峠ルートは、登山口の標高が高いため黒井沢ルートより楽なイメージがあるが、実際はアップダウンが多く距離も長いため、時間的・体力的により厳しいものとなる。往復の歩行時間は8時間半ほどだ。健脚者には、かのウェストンも登った前宮ルートをおすすめしたい。このルートは恵那神社から続く修験者の道で、2001年に再整備された。往復11時間以上とかなりハードだ。

文・写真／石際 淳

南アルプスや富士山が望める山頂小屋裏手の岩場

問合せ先
［市町村役場］中津川市役所☎0573-66-1111、中津川観光協会☎0573-62-2277
［交通機関］東鉄タクシー☎0573-78-2135、近鉄東美タクシー☎0573-66-1221、北恵那交通（バス）☎0573-66-1555

アクセス
登山口へのアプローチとなる恵那林道は工事などのため通行止めになることが多いので、事前に確認が必要。登山口までは舗装されており、普通車で入ることができる。駐車場は比較的広い。中津川から路線バスで入山する場合や恵那林道が通行止めの時は、林道を10km以上歩くことになるため、前宮ルートを選択する方がよい。

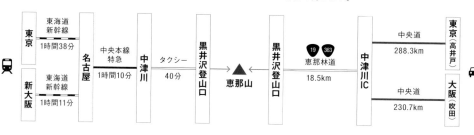

•1044

中津川駅、中津川ICへ
林道大西
霧ヶ原線

•1221
P

•1365

富士見荘へ
萬岳荘 素泊まり
WC
恵那山トンネル
中央自動車道

神坂峠遺跡
P
1569m
神坂峠

•1357

ダケカンバ、モミ、
ヒノキの道
1594
鳥越峠

ヒノキ林

•1381
道沿いに
固定ロープ

ウバナギ
ササ原

十両山

展望
1689△

古代
東山道ルート
△1472

•1425

大判山△1696

ナギ

ベンチあり。
中央アルプスの展望

•1339

展望台~神坂峠~
萬岳荘間ラウンドバス運行

•1169
山麓駅

大判ナギ
1820

苔むした岩が
ゴロゴロした道
1972

前宮ルート
急登

恵那神社本宮へ

ナギ

神坂峠ルート

分岐

避難
恵小屋
那山頂
2182

WC
2191
恵那神社
奥宮

2190
△恵那山
恵那山の最高地点だが
どこがピークか判別
できない

休憩適地

岩場。
固定ロープあり

•1526

急斜面の
下りが続く

1700

•1722

広河原
ルート

1716
3.30
1600

•1864

展望台あり
2071

このあたりまでは
コメツガなどの針葉樹林で
歩きやすい

•1266
広河原登山口

増水時
注意

0.30

•1198

1500
1400
1300

峰越林道

1211

△1444

P 登山者用駐車場
WC

戸沢

長野県
阿智村

477

園原ICへ

小屋の裏に
展望のよい露岩あり
•1988

ヘブンスそのはら
スノーワールド

富士見台高原
ロープウェイ
山頂駅

富士見展望台 1622

1410

0.10

トラバース道は灌木が
密生したうえゴーロで
歩きづらい

•1842

この間
ビューポイントが
点在

1.40
1.20
1992

カラマツ林

•1876

ナナカマド、
ダカカンバ

1733

△1210

•1156

岐阜県
中津川市

•1772

•1694

△1718

△1462

野熊ノ池
避難小屋

サワグルミの
大木の下から湧水あり
•1761

1.20
1.00

黒井沢ルート

熊野谷

•1544

•1561

•1602

営林小屋
緊急時使用可

林道跡は通行不能

登山道が
不明瞭な箇所あり
1273

0.40
0.30

林道から
沢沿いの道へ

•1563

•1784

△1806

•1631

ゲート

P 黒井沢登山口
1172m

•1578

△1593

1758△

N

0   1km

1:45,000

2万5000分ノ1地形図　中津川、美濃焼山

日本山岳会選「日本三百名山」

300
Mountains of Japan
100+100+100

掲載以外の百山は上巻P110にて紹介している

山名	都道府県	標高m	山名	都道府県	標高m
1 ニセイカウシュッペ山	北海道	1883	51 朝日岳	新潟・富山	2418
2 オプタテシケ山	北海道	2013	52 唐松岳	長野・富山	2696
3 神威岳	北海道	1600	53 爺ヶ岳	長野・富山	2670
4 余市岳	北海道	1488	54 蓮華岳	長野・富山	2799
5 ニセコアンヌプリ	北海道	1308	55 野口五郎岳	長野・富山	2924
6 狩場山	北海道	1520	56 三俣蓮華岳	長野・富山・岐阜	2841
7 大千軒岳	北海道	1072	57 鍬崎山	富山	2090
8 五葉山	岩手	1351	58 鉢盛山	長野	2447
9 烏帽子岳 (乳頭山)	秋田・岩手	1478	59 奥三界岳	長野・岐阜	1811
10 太平山	秋田	1170	60 越百山	長野	2614
11 摩耶山	山形	1020	61 南木曽岳	長野	1679
12 祝瓶山	山形	1417	62 白木峰	富山・岐阜	1596
13 泉ヶ岳	宮城	1175	63 人形山	富山・岐阜	1726
14 一切経山	福島	1949	64 医王山	富山・石川	939
15 大滝根山	福島	1192	65 大門山	富山・石川	1572
16 粟ヶ岳	新潟	1293	66 大笠山	富山・石川	1822
17 浅草岳	福島・新潟	1585	67 三方岩岳	石川・岐阜	1736
18 金北山	新潟	1172	68 猿ヶ馬場山	岐阜	1875
19 米山	新潟	993	69 経ヶ岳	福井	1625
20 八溝山	福島・茨城	1022	70 野伏ヶ岳	福井・岐阜	1674
21 二岐山	福島	1544	71 鷲ヶ岳	岐阜	1671
22 男鹿岳	福島・栃木	1777	72 川上岳	岐阜	1625
23 荒海山	福島・栃木	1581	73 冠山	福井・岐阜	1257
24 七ヶ岳	福島	1636	74 藤原岳	三重・滋賀	1140
25 景鶴山	群馬・新潟	2004	75 倶留尊山	三重・奈良	1037
26 高原山	栃木	1795	76 三峰山	三重・奈良	1235
27 太郎山	栃木	2368	77 高見山	三重・奈良	1248
28 袈裟丸山	栃木・群馬	1961	78 竜門岳	奈良	904
29 朝日岳	群馬	1945	79 護摩壇山	奈良・和歌山	1372
30 笠ヶ岳	長野	2076	80 大和葛城山	大阪・奈良	959
31 横手山	群馬・長野	2307	81 蓬莱山	滋賀	1174
32 諏訪山	群馬	1549	82 比叡山	滋賀・京都	848
33 国師ヶ岳	山梨・長野	2592	83 愛宕山	京都	924
34 三頭山	東京	1531	84 六甲山	兵庫	931
35 大山	神奈川	1252	85 扇ノ山	鳥取	1310
36 金時山	神奈川・静岡	1212	86 那岐山	鳥取・岡山	1255
37 箱根山	神奈川	1438	87 道後山	鳥取・広島	1271
38 黒岳	山梨	1793	88 吾妻山	島根・広島	1238
39 鉢伏山	長野	1929	89 伊予富士	愛媛・高知	1756
40 入笠山	長野	1955	90 瓶ヶ森	愛媛	1897
41 アサヨ峰	山梨	2799	91 三本杭	愛媛	1226
42 奥茶臼山	長野	2474	92 篠山	愛媛・高知	1065
43 茶臼岳	長野・静岡	2604	93 脊振山	福岡・佐賀	1055
44 黒法師岳	静岡	2068	94 多良岳	佐賀	996
45 高塚山	静岡	1621	95 鶴見岳	大分	1375
46 熊伏山	長野	1654	96 大船山	大分	1786
47 山伏	山梨・長野	2013	97 湧蓋山	大分	1500
48 斑尾山	長野	1382	98 傾山	大分	1605
49 焼山	新潟	2400	99 国見山	熊本・宮崎	1739
50 (青海) 黒姫山	新潟	1221	100 高隈山	鹿児島	1236

※上記のほかに山上ヶ岳（奈良・1719m）が選ばれている。
内容は弊社刊『山と溪谷』2021年1月号付録「山の便利帳2021」に準ずる。

100
Mountains of Japan

南アルプス

南アルプス／山梨県・長野県

甲斐駒ヶ岳
（かいこまがたけ）

タカネツメクサ

原生林の静かな峠から ピラミッドの頂に立ち、 富士山や北アルプスの 絶景を満喫するコース

標高
2967m

甲府盆地の西に端正な三角錐の山容を誇っているのが甲斐駒ヶ岳だ。深田久弥も絶賛した山容は、どの方向から眺めても認識できる。白く輝く花崗岩の山頂は緑濃い山々が連なる南アルプスではひときわ目立つ存在となっている。ここではうっそうとした樹林に囲まれた北沢峠を起点として、駒津峰で甲斐駒ヶ岳のピラミッドを眺めたあと、絶景広がる山頂をめざすコースを紹介する。

100
Mountains of Japan

深田久弥と甲斐駒ヶ岳

深田は『日本百名山』の中で、「日本アルプスで一番代表的なピラミッドは、と問われたら、私は真っ先にこの甲斐駒ヶ岳をあげよう」と、毅然とした山容について触れているほか、花崗岩の白砂が敷きつめられた山頂部を「日本アルプスで一番綺麗な頂上」と絶賛している。その山頂へ深田は北沢峠〜仙水峠〜駒津峰を経由して立っている（下山路は黒戸尾根は竹宇駒ヶ岳神社へ下っている）。9月下旬のことだけに、砂礫と紅葉のコントラストに魅了されたようだ。

コースグレード	中級
技術度	★★☆☆☆ 2
体力度	★★★☆☆ 3

駒津峰から正面に三角錐の甲斐駒ヶ岳が迫る

1日目 北沢峠から仙水小屋へ
歩行時間：40分｜歩行距離：1.8km

　北沢峠バス停から長衛小屋を経て仙水小屋に向かう。長衛小屋前の広い河原がキャンプ指定地になり、夏山シーズン中はいつも賑わっている。北沢沿いにトレースされた登山道をたどり徐々に源流へと進む。樹林に囲まれた仙水小屋は冷たい流水が得られる。北沢峠から離れているため静かで、前方には小仙丈尾根が眺められる。小屋の後方がキャンプ指定地になっている。

2日目 仙水峠から 甲斐駒ヶ岳を経て下山
歩行時間：6時間30分｜歩行距離：6.2km

　明るくなったら早々に出発しよう。シラベの樹林帯を抜け、ゴロゴロした岩塊斜面の登山道をひと登りすれば、ケルンが置かれた仙水峠に着く。仙水峠は栗沢山と駒津峰のV字形の鞍部で、正面に摩利支天の大岩壁が大迫力で望める。仙水峠を右に進むと早川尾根方面、甲斐駒ヶ岳へは左に折れる。峠から駒津峰まで標高差約480mの直登となる。はじめの樹林帯を抜け出れば、右側は甲斐駒の山容が徐々に大きくなる。

　ハイマツ帯を越えた小ピークが駒津峰で、甲斐駒ヶ岳の展望台的な存在だ。甲斐駒ヶ岳の鋭い岩峰が手の届く距離で眺められる。背後にはいくつものカールを抱えた仙丈ヶ岳、南側に早川尾根や北岳が眺望できる。

　六方石まではハイマツのやせ尾根が続く。ハイマツの枝や岩場づたいに進み、大きな

白砂の甲斐駒ヶ岳山頂から富士山方面の眺望

プランニング＆アドバイス

2019年の台風19号により、広河原〜北沢峠間の南アルプス市営バスは運休中（2021年運行未定）。長野県側の南アルプス林道バス（仙流荘〜北沢峠間）は運行されている。登山道などの最新情報を関係市町村や山小屋で入手して計画する。甲斐駒ヶ岳は午後になると雲が湧き展望がなくなってしまうことが多い。一度の山行で甲斐駒ヶ岳と仙丈ヶ岳を登頂するように計画すれば、2座の日本百名山に登れる。北沢峠周辺の山小屋は宿泊の予約をすること。

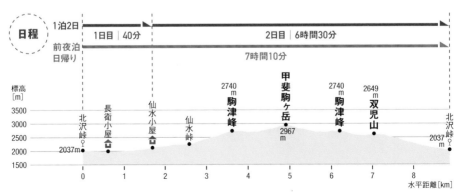

仙水峠へはゴロゴロした岩塊斜面の登り

岩が現れた地点が六方石。そのまま岩尾根を直登するコースは積雪期用で、右側の甲斐駒ヶ岳南斜面方面に進む。明るい花崗岩の斜面をトラバースするように道がのびているが、風化された花崗岩と白砂の登山道は滑りやすいので注意しよう。南アルプスは高山植物を観察しながら登れる山が多いが甲斐駒ヶ岳は花の種類は少なく、タカネツメクサを見かける程度だ。

登りづらい白砂の斜面をたどり稜線に出ると、甲斐駒の山頂が望まれる。風化した大岩を見送ると、石碑など信仰登山の面影

が現れる。広々とした**甲斐駒ヶ岳**山頂には三角点や駒ヶ岳神社が置かれている。北岳や鳳凰三山、八ヶ岳、富士山などの大パノラマが展開するが、朝晴れていても昼頃になると雲が湧いて視界がなくなることがある。

下山は往路を**駒津峰**まで戻る。仙丈ヶ岳を眺めながらハイマツ帯を進み**双児山**へ。双児山から樹林の急斜面が**北沢峠**まで続くので、ゆっくり下りたい。

その他のコースプラン

東側からの黒戸尾根は深田久弥が「日本アルプスの中で一番つらい登り」と称するだけあって、山頂まで標高差が2200mもあるハードコース。1日目が尾白川渓谷駐車場から七丈小屋まで、2日目は山頂に立ち駒津峰経由で北沢峠までとなる。甲斐駒ヶ岳と早川尾根を結ぶコースは登山者が少なく、静かな山歩きを好む登山者におすすめのコースだ。1日目が北沢峠から双児山経由で甲斐駒ヶ岳に登り仙水小屋泊、2日目は仙水峠からアサヨ峰、白鳳峠経由で広河原に下山する2日間の行程である。

文・写真／中西俊明

アクセス
本来であれば登山口の北沢峠へは東京方面からは山梨県側からアプローチするのだが、2019年秋の台風による南アルプス林道の通行止めで、関西方面からのアクセス同様に長野県側からアプローチすることになる（公共交通機関、マイカーともに）。東京方面から伊那市へは鉄道利用より、高速バスの方が便数が多い（平常時のアクセスはP130を参照のこと）。

おすすめの撮影ポイント
甲斐駒ヶ岳は駒津峰からの撮影がおすすめ。前景にハイマツの尾根を取りこみ三角形の甲斐駒ヶ岳を組み合わせると、迫力満点の甲斐駒ヶ岳が撮影できる。甲斐駒ヶ岳山頂からは鳳凰三山の上に鎮座する富士山を望遠で大きくフレーミングしてみよう。また、山頂直下の花崗岩や白砂の稜線と北岳や富士山などを組み合わせると雄大な写真になる。

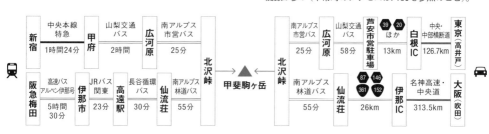

新宿	中央本線特急 1時間24分	甲府	山梨交通バス 2時間	広河原	南アルプス市営バス 25分	北沢峠	甲斐駒ヶ岳
阪急梅田	高速バス アルペン伊那号 5時間30分	伊那市	JRバス関東 23分	高遠駅	長谷循環バス 30分	仙流荘	南アルプス林道バス 55分

北沢峠	南アルプス市営バス 25分	広河原	山梨交通バス 58分	芦安市営駐車場	39 20 ほか	白根IC	中央・中部横断道 126.7km	東京 高井戸
北沢峠	南アルプス林道バス 55分	仙流荘		26km	87 146 361 152	伊那IC	名神高速・中央道 313.5km	大阪 吹田

黒戸尾根

竹宇駒ヶ岳神社へ

甲斐駒ヶ岳
2967 ▲ — 360度の
大展望

すべりやすい

やせた岩尾根

▲ 摩利支天

展望よし

六方石 1.30
1.00

長野県

伊那市

2574・

1.30
1.00

0.40
1.00

2740 ▲ 駒津峰

急坂

北杜市

双児山
2649 ▲

不動岩

2600

2500

2400

甲斐駒ヶ岳と摩利支天の
眺め圧巻

2502

2300

1.30
1.00

仙水峰
2264

北沢峠 こもれび山荘

1.10
1.50

0.40
0.30

大武川

岩塊の斜面

仙流荘へ

2036

2200
2183・

仙丈ヶ岳へ

WC 北沢峠
2037m

二合目

仙丈ヶ岳へ

大平山荘

0.30
0.25

2100

狭い岩場。
ロープあり

1.30
1.00

急坂

0.10

栗沢山
2714

WC 長衛小屋

早川尾根小屋、鳳凰三山へ

栗沢山尾根

2.00
1.30

2306

山梨県

南アルプス市

早川尾根

1.10
1.00

N

南アルプス林道

北

沢

0 500m

1:25,000

2799
アサヨ峰
日本三百名山

広河原へ

問合せ先
［市町村役場］南アルプス市観光協会 ☎055-
284-4204、伊那市観光協会 ☎0265-78-4111
［交通機関］山梨交通（バス）☎055-223-
0821、南アルプス市営バス ☎055-282-2016、
阪急バス予約センター ☎0570-089006、JRバ
ス関東 ☎0265-73-7171、長谷循環バス ☎02
65-98-2211、南アルプス林道バス ☎0265-98-
2821
［山小屋］北沢峠こもれび山荘 ☎080-8760-
4367、南アルプス市長衛小屋 ☎090-8485-
2967、仙水小屋 ☎080-5076-5494

2万5000分ノ1地形図　仙丈ヶ岳、甲斐駒ヶ岳

駒津峰と仙丈ヶ岳を眺め
ながら北沢峠に向かう

127

南アルプス／山梨県・長野県

仙丈ヶ岳
（せんじょうがたけ）

（仙丈岳）
（せんじょうだけ）

タカネシオガマ

コースグレード｜**中級**

技術度｜★★☆☆☆ 2

体力度｜★★★☆☆ 3

深い樹林帯の峠から爽快な
ハイマツの尾根をたどり
「南アルプスの女王」を
めざす南ア入門コース

標高
3033m

北沢峠を挟んで甲斐駒ヶ岳と対峙する仙丈ヶ岳は、3つのカールを抱えた優美な山容から「南アルプスの女王」と呼ばれている。危険箇所が少ないことから南アルプス入門の山として親しまれ、また高山植物が豊富なだけに女性登山者からの人気も高い。ここでは北沢峠を起点に小仙丈尾根から山頂をめざし、藪沢カールを抜けて北沢峠に戻る日帰り周回コースを紹介する。

100
Mountains of Japan

深田久弥と仙丈ヶ岳

「私の好みで、日本アルプスで好きな山は北では鹿島槍、南では仙丈である。何よりもその姿がよい」と深田久弥は『日本百名山』の中で、「スッキリとして品のある」仙丈ヶ岳の山容のよさを認めている。山名についても記述しており、「仙丈」の名は山の高さを現す形容である「千丈」から来たのだろうと推測している。深田は晩年夫婦での登山をよくしていたようだが、仙丈ヶ岳もそのひとつで、1960年か61年の9月下旬に北沢峠の長衛小屋から山頂に立っている（下山路は不明）。

小仙丈ヶ岳に立つと朝日に輝く仙丈ヶ岳がすばらしい

北沢峠からすぐに樹林帯の登りが続く

日帰り 北沢峠起点の山頂周回
歩行時間：7時間45分 | **歩行距離：9.1km**

コメツガなどの深い樹林に囲まれた**北沢峠**の登山口から、直径1mを越す巨木の間をゆっくり登る。はじめは急坂が続き、傾斜が緩くなると二合目に着く。この先小仙丈ヶ岳まで急坂が続くので、小休止後は早々に出発しよう。二合目を出ると傾斜が一段ときつくなり、苦しい登りが続く。傾斜が緩くなった平坦地で休憩しながら自分のペースで登りたい。深い樹林帯に霧が漂うと幻想的で、南アルプスらしさが肌で感じられる。東側に開けた平坦地が**五合目**の大滝ノ頭で、多くの登山者が休憩する地点だ。ここでコースが二分するが、右に進む道は藪沢小屋を経て馬ノ背方面へと通ずる。

樹林帯を直進し、ダケカンバが目立つようになると森林限界は近い。広いハイマツ帯に出ると、爽快な稜線漫歩が期待できる。

北岳や甲斐駒ヶ岳の展望を楽しみながら緩い斜面を乗り越えれば、**小仙丈ヶ岳**に着く。正面にカールを抱えた優美な仙丈ヶ岳がひときわ美しい。また、富士山と北岳がバランスよく並んだ貴重な光景が眺められる。

ハイマツが広がる小仙丈尾根は展望だけでなく登山道脇にはチングルマやウサギギクが目立ち、花を愛でながら登れる。小さな岩場を下り、広々としたハイマツ帯を登り返す。前方には藪沢カールを従えた仙丈ヶ岳の稜線が眺められる。仙丈小屋への分岐を見送り、殺風景な岩礫の稜線を

小仙丈尾根上部のお花畑越しに北岳を望む

プランニング＆アドバイス

北沢峠へのアプローチについてはP125・甲斐駒ヶ岳の「プランニング＆アドバイス」を参照のこと。ガイドでは北沢峠での前夜泊日帰りで紹介したが、2日間で計画の場合は1日目が馬の背ヒュッテ泊まりとなり、2日目に山頂に立ち小仙丈尾根を下山する。初夏の藪沢は残雪が多く滑落の危険があるので、あらかじめ最新情報を関係市町村や山小屋で入手すること。小仙丈尾根コースは危険な岩場がなく初心者も安心して歩ける。また、北沢峠に宿泊して1度の山行で甲斐駒ヶ岳と仙丈ヶ岳に登るプランも考えられる。

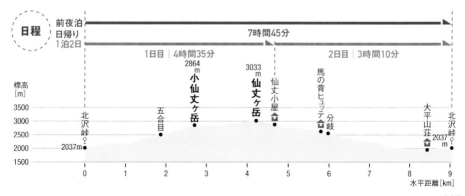

小仙丈ヶ岳から優美な山容の仙丈ヶ岳は誰もが撮りたい被写体だ。特に朝焼けで輝く瞬間から斜光線で輝く時間帯がすばらしい（P128の写真）。小仙丈尾根上部と仙丈ヶ岳では標高ナンバー1の富士山とナンバー2の北岳がバランスよく並んだ光景が撮影できる。また、甲斐駒ヶ岳と鋸岳も撮影したい被写体である。馬ノ背ではダケカンバの紅葉がみごとである。

たどれば**仙丈ヶ岳**に着く。山頂は稜線上の小岩峰で、三角点と標識が置かれている。眺望はすばらしく、富士山や北岳、甲斐駒ヶ岳をはじめとする南アルプス、中央アルプス、北アルプスなどの大パノラマが広がっている。

下山は山頂を越えて高山植物咲く稜線を進み、藪沢カールの仙丈小屋をめざす。前方には甲斐駒ヶ岳から鋸岳（のこぎりだけ）に連なる嶮しい岩稜、背後には八ヶ岳（やつがたけ）が確認できる。岩

仙丈ヶ岳山頂は意外と狭いが大パノラマが広がる

礫のカール底には**仙丈小屋**が建つ。小屋前が藪沢の源流で、冷たい水が流れている。

登山道脇に咲くチングルマを観察しながらハイマツに囲まれた馬ノ背尾根を進み、ダケカンバ帯を下れば**馬の背ヒュッテ**に着く。ここから藪沢の左岸沿いに下る。対岸に小さな滝、前方には甲斐駒ヶ岳を眺めて樹林帯へと入る。うっそうとした樹林帯を抜け、**大平山荘**（おおだいら）から**北沢峠**に向かう。

仙丈ヶ岳と塩見岳（しおみだけ）を結ぶ仙塩尾根（せんしお）は、ハードなロングコース。日程の組み方は1日目が仙丈小屋、2日目は野呂川越（のろがわごえ）、三峰岳（みぶだけ）を経て熊ノ平（くま）、3日目が塩見岳を経て塩見小屋、4日目が三伏峠（さんぷく）から鳥倉登山口（とりくら）までの4日間（北沢峠から計27時間20分）。日程に余裕がない場合は北沢峠から仙丈ヶ岳、野呂川越（のろがわごえ）、両俣小屋（りょうまた）を経て野呂川出合バス停までもよい（北沢峠から計12時間30分）。3日間で仙塩尾根の一部を歩き、両俣小屋から治山運搬路（2020年は通行止め。2021年は未定）を歩くことになる。

文・写真／中西俊明

アクセス
山梨県側の広河原〜北沢峠間は2019年秋の台風により通行止めだが、それ以前のバスの運行期間を紹介しておく。甲府駅〜広河原間、広河原〜北沢峠間、仙流荘〜北沢峠間のバスは6〜11月の運行。ダイヤは月や曜日により変動する。マイカーの場合は山梨県側が芦安市営駐車場、長野県側が仙流荘の駐車場に車を停めて、それぞれバスで北沢峠へ。

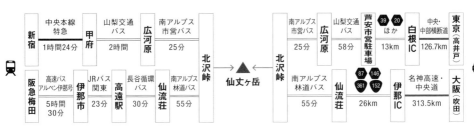

長野県
伊那市

丹渓新道は登りが長く
歩く人は少ない

展望がよい
馬ノ背
お花畑

展望がよい

2万5000分ノ1地形図 仙丈ヶ岳

丹渓新道登山口へ

丹渓新道登山口＆仙流荘へ

八丁坂

北沢峠
こもれび山荘

甲斐駒ヶ岳へ

2036
北沢峠
2037m

長衛小屋

大平山荘

藪沢新道

二合目

長衛小屋から登る場合はこの道を登って二合目へ

滝見台

五合目
(大滝ノ頭)

2519

2698

お花畑

藪沢小屋

分岐

馬の背ヒュッテ

急坂

藪沢カール

小仙丈ヶ岳
2864

東の尾根を下らないこと

山梨県
南アルプス市

2436

仙丈小屋

大展望が広がる

大展望の稜線

小仙丈沢カール

3033
仙丈ヶ岳

仙塩尾根

大仙丈ヶ岳へ

地蔵尾根

松峰小屋、市野瀬へ

N

0　　500m

1:30,000

問合せ先
［市町村役場］南アルプス市観光協会☎055-
284-4204、伊那市観光協会☎0265-78-4111
［交通機関］山梨交通（バス）☎055-223-0821、
南アルプス市営バス☎055-282-2016、阪急バ
ス予約センター☎057-089006、JRバス関東
☎0265-73-7171、長谷循環バス☎0265-98-
2211、南アルプス林道バス☎0265-98-2821
［山小屋］北沢峠こもれび山荘☎090-2677-
0828、南アルプス市長衛小屋☎090-8485-2967、
仙丈小屋☎090-1883-3033、馬の背ヒュッテ
☎0265-98-2523、大平山荘☎090-5810-2314

藪沢新道は正面に甲斐駒ヶ岳が眺められる

鳳凰三山
（ほうおうさんざん）

（鳳凰山）
（ほうおうざん）

縦走路のホウオ
ウシャジン

コースグレード｜中級

技術度 ｜★★☆☆☆ 2

体力度 ｜★★★☆☆ 3

標高
2841m
（観音岳）

白峰三山の
大パノラマを眺め、
鳳凰にゆかりのある
ランドマークを訪ねる

鳳凰三山は、白峰三山や富士山の展望台として多くの登山者に親しまれてきた。薬師岳には白砂の斜面に花崗岩が点在し、雲上の日本庭園のような空間が広がる。また、タカネビランジ、ホウオウシャジンなどの高山植物を楽しむこともできる。紅葉の季節にはカラマツやダケカンバが季節感あふれる光景を見せてくれる。ここでは夜叉神峠から入山する3日間のコースを紹介しよう。

100
Mountains of Japan

深田久弥と鳳凰山

1904（明治37）年の夏、W. ウェストンは、高さ18mあるオベリスクに初めて登った。深田久弥は、1932年の秋に友人とともに青木鉱泉からドンドコ沢を登り、地蔵岳を訪れている。ドンドコという言葉について、『日本百名山』で「どんな意味か知らないが、何となくこの急峻な沢の感じが出ている」と表現している。当時の賽ノ河原には、昔の信仰登山者が置いていった石の地蔵が壊れた形で散らばっていたようだ。なお、この時、深田はオベリスクの下まで行ったが、登らなかったと述懐している。

地蔵岳の特徴的なオベリスク。左奥の山は八ヶ岳

1日目 登山口から夜叉神峠へ
歩行時間：1時間 ｜ 歩行距離：1.9km

夜叉神峠登山口の休憩舎に登山届を提出してから出発しよう。最初はカラマツの樹林帯をゆっくり登り、峠までは急な山腹を登って高度を稼ぐ。五本松を見送り、笹が茂った登山道をたどれば夜叉神峠に着く。高谷山への分岐を右に折れると、やがて1日目の宿泊地である夜叉神峠小屋に到着する。夜叉神峠小屋から白峰三山の眺めをゆっくりと楽しみたい。

2日目 夜叉神峠から薬師岳小屋へ
歩行時間：6時間 ｜ 歩行距離：7.4km

モルゲンロートの白峰三山を眺め、小屋を出発しよう。小屋前を北に杖立峠をめざして進む。杖立峠で小休止したら、先を急ごう。樹林帯を緩く下って登り返すと、明るく開けた山火事跡に着く。上部まで登ると樹林越しに白峰三山が見える。再び樹林帯に入り、苺平まで急な登りをただひたすら歩く。苺平から緩やかなアップダウンの樹林帯の道をしばらく歩けば南御室小屋が見えてくる。南御室小屋では清水が得られ

るので充分な休憩をしよう。

小屋からの登りはじめは急坂であるが、すぐに緩くなる。花崗岩が目につきはじめると、やがて砂払岳山頂に立つ。薬師岳をはじめ、野呂川越しに白峰三山のすばらしい景観を見せてくれる。砂払岳から下ればすぐに薬師岳小屋に着く。

雪稜の白峰三山。右から北岳、間ノ岳、農鳥岳

プランニング＆アドバイス

ドンドコ沢は2019年の台風で被害を受け、登山道が荒れているので、事前に情報収集をする。夜叉神峠小屋は土・日曜、祝日中心の営業で、事前に要確認。1日目は南御室小屋または薬師岳小屋に泊まり、2日目に観音岳、地蔵岳を訪れ、御座石温泉に下る1泊2日の行程で計画することも可能だ。マイカーの場合には高嶺、白鳳峠を経て広河原に下れば、夜叉神駐車場にバスで戻ることができる。御座石温泉からJR韮崎駅までバスの運行本数は少ないので事前に時刻表で確認しておこう。

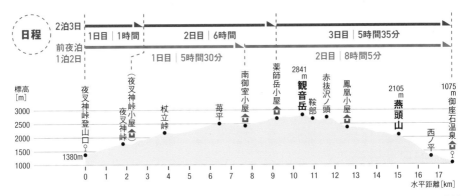

日程

2泊3日	1日目 1時間		2日目 6時間				3日目 5時間35分		
前夜泊 1泊2日		1日目 5時間30分					2日目 8時間5分		

標高[m]

夜叉神峠登山口 1380m
（夜叉神峠小屋）夜叉神峠
杖立峠
苺平
南御室小屋
薬師岳小屋
観音岳 2841m
鞍部
赤抜沢ノ頭
鳳凰小屋
燕頭山 2105m
西ノ平
御座石温泉 1075m

水平距離[km] 0 1 2 3 4 5 6 7 8 9 10 11 12 13 14 15 16 17

3日目 薬師岳から御座石温泉へ
歩行時間:6時間35分 | 歩行距離:8.4km

小屋から10分ほどで白砂の斜面に風化した花崗岩が点在する薬師岳に着く。白峰三山の眺望をしばらく堪能しよう。鳳凰三山の最高峰の**観音岳**には50分ほどで着く。観音岳は巨岩が積み重なった山頂で、360度の大パノラマが広がっている。

展望を楽しんだら、赤抜沢ノ頭に向かう。タカネビランジの花を見ながら登山道を進み、**鞍部**から岩尾根をたどれば**赤抜沢ノ頭**に着く。地蔵岳との鞍部が賽ノ河原で、ここから見上げるオベリスクは圧倒的な迫力だ。

砂礫の斜面を**鳳凰小屋**へと下る。鳳凰小屋の前から燕頭山に向かう。静かな樹林帯を下れば、約1時間半弱で**燕頭山**に着く。急坂を下り、**西ノ平**を経てしばらく歩けば

薬師岳から見た鳳凰三山最高峰の観音岳

御座石温泉に到着する。温泉で汗を流し、韮崎駅行きの季節運行バスに乗る。

その他のコースプラン

青木鉱泉からドンドコ沢を登れば、南精進ヶ滝、白糸ノ滝、五色ノ滝を見ながら、6時間ほどで鳳凰小屋に着く。さらに1時間強で地蔵岳直下の賽ノ河原に着く。同じ青木鉱泉起点の中道コースは鳳凰三山の山頂に最短時間で登れるが、樹林帯のコースで展望がよいとはいえない。北岳の登山拠点・広河原から早川尾根上の白鳳峠、高嶺を経て赤抜沢ノ頭まで登ると約5時間半を要する。こちらは下山に利用する人が多い。

文・写真／伊藤哲哉

問合せ先
[市町村役場] 南アルプス市役所☎055-282-1111、韮崎市役所☎0551-22-1111
[交通機関] 山梨交通(バス)☎055-223-0821、山梨中央交通(バス)☎055-262-0777、YKタクシー☎055-237-2121(甲府駅)、芦安観光タクシー☎055-288-2053
[山小屋] 夜叉神ヒュッテ☎080-2182-2992、夜叉神峠小屋☎055-288-2402、南御室小屋☎090-3406-3404、薬師岳小屋☎090-5561-1242、鳳凰小屋☎0551-27-2018、青木鉱泉☎070-4174-1425、御座石温泉☎090-8595-6143

アクセス
夜叉神峠への山梨交通バスは6月下旬～11上旬の運行。御座石温泉からJR韮崎駅への山梨中央バスは運行日要確認。入・下山口が異なるため、マイカーには向かない。マイカーの場合、青木鉱泉に駐車し、薬師岳～観音岳～地蔵岳の周遊コースがおすすめ。

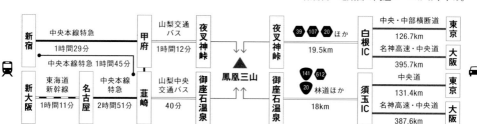

134

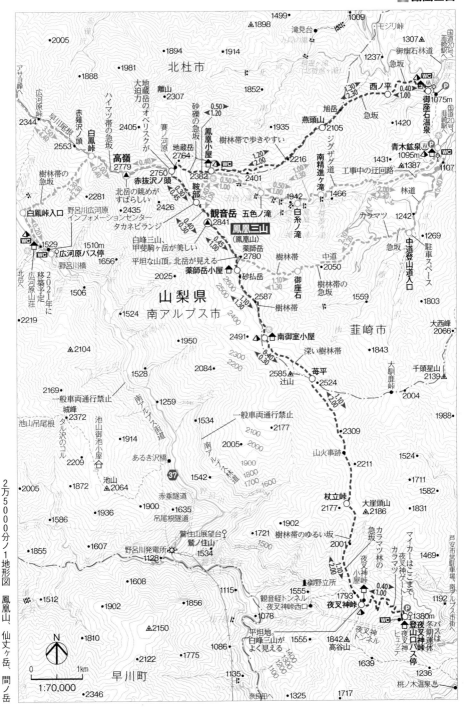

南アルプス／山梨県・静岡県

北岳（きただけ）
間ノ岳（あいのだけ）

ミヤマハナシノブ

コースグレード｜上級

技術度 ★★★☆☆ 3

体力度 ★★★★☆ 4

「日本百名山」2座に登り、
雲海に浮く富士山と可憐な
高山植物が満喫できる
南アルプスの人気コース

標高
3193m（北岳）
3190m（間ノ岳）

富士山に次ぐ日本第2の高峰・北岳と第3位の間ノ岳は
南アルプスを代表する名山である。2座はおおらかな縦
走路で結ばれ、1度の山行で2座に登れることが人気の
要因になっている。うっそうとした樹林帯を抜けて山頂
に立つと大パノラマが広がり、雲海に浮かび上がる富士
山がすばらしい。初夏には固有種のキタダケソウやハク
サンイチゲなどが咲き乱れ、花の山が楽しめる。

100
Mountains of Japan

深田久弥と北岳・間ノ岳

深田は10月中旬の快晴の日の午後に、北岳の山頂に立っている。ルートは、
現在は主に積雪期に利用される程度だが昭和30年代前半までは一般的だっ
た、東面の池山吊尾根をたどっている（登頂後は間ノ岳、農鳥岳を経て奈
良川に下山）。芦安から広河原への野呂川林道は1962年に開通しているので、
それ以前のことか、あるいは書籍の中で車道が開通したことについて触れ
ているので開通後のことかもしれない。ただ、奥深い山だった北岳が簡単
に登れるようになったことに対しては、否定的なスタンスだったようだ。

間ノ岳への縦走路から望む盟主・北岳

1日目 広河原から白根御池へ
歩行時間：3時間｜歩行距離：2.8km

　広河原のインフォメーションセンターで
コース情報を入手して出発する。林道ゲー
ト付近から大樺沢越しに北岳の雄姿が視界
に飛びこみ、登頂意欲が湧く。吊橋を渡り、
広河原山荘の横から樹林帯を進むと白根御
池方面の分岐がある。分岐を右に取り、大
樺沢から離れてコメツガなどの樹林の急坂
に取り付く。風や雨の影響を受けないコー
スであるが、展望が期待できないので高度
を稼ぐことに専念しよう。傾斜が緩くなり、
深く削られた沢を横切ると水が豊富な**白根
御池小屋**に到着する。白根御池付近がキャ
ンプ指定地になっている。

プランニング＆アドバイス
登山道などの最新情報を入手して安全確認後
に計画を実行する。北岳山頂から池山吊尾根
分岐間は険しい露岩帯の下降が続くので、滑
落に注意。特に岩が濡れていると滑りやすい。
7月上旬など大樺沢に残雪が豊富な時は八本
歯のコルから大樺沢二俣間は滑落のおそれが
あるので下山しないこと。また、大樺沢上部
はバットレス側から落石があるので注意する。
小太郎尾根上部は7月初旬〜中旬にかけてみ
ずみずしい高山植物が咲き乱れる。花は梅雨
の晴れ間をねらって計画してみよう。2日間
で計画する場合は逆コースで計画しよう。梅
雨明け直後の海の日や週末の山小屋が最も混
雑するので避けたい。

北岳山頂直下の岩場に咲くキバナシャクナゲ

2日目 北岳と間ノ岳に登る
歩行時間：8時間40分｜歩行距離：9.1km

　池畔から朝日に輝く北岳を眺めたら、身
支度して出発する。ミヤマハナシノブなど
の花が咲く草すべりの急斜面を登り、上部
で草地からダケカンバ帯に移る。森林限界
まで急登が続き、やがて左から右俣コース
が合流してくる。

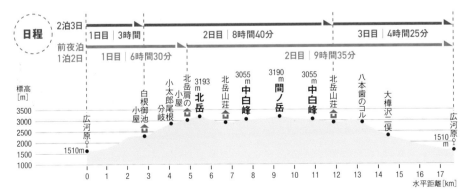

合流後も花が咲く急な斜面をたどって**小太郎尾根分岐**へ。稜線に出ると、吹き抜ける涼風とともに甲斐駒ヶ岳、仙丈ヶ岳が視界に飛びこむ。岩場を越えて、花咲く尾根道を分岐点から30分ほど行くと**北岳肩の小屋**に着く。

小屋前の広場で休憩後、岩の急斜面を登り北岳に向かう。**北岳**山頂からの眺望は抜群で、池山吊尾根上部には雲海に浮かぶ富士山、おおらかな縦走路の先にはこれから向かう間ノ岳が眺望できる。さらには甲斐駒・仙丈、鳳凰三山、中央アルプスなど絶景が広がる。

山頂からは、険しい露岩帯の下降が池山吊尾根分岐まで続く。さらに稜線を直進し

広々とした間ノ岳山頂。塩見岳などが見渡せる

て**北岳山荘**へ。山荘で宿泊手続きをして、軽荷で間ノ岳を往復してこよう。ハイマツの尾根道をひと登りすれば**中白峰**に着く。振り返ると、堂々とした山容の北岳がすばらしい。さらに岩尾根をたどれば、**間ノ岳**の山頂に到着する。

広々とした山頂で富士山や塩見岳、農鳥岳などの眺望を楽しんだら、往路を**北岳山荘**まで戻る。

夕方の北岳肩の小屋テント場（奥は甲斐駒ヶ岳）

3日目 八本歯のコルから広河原へ
歩行時間：**4時間25分** ｜ 歩行距離：**5.7km**

北岳山荘で朝焼けの富士山を眺めたら、八本歯のコルに向かう。山荘と池山吊尾根間のトラバース道は北岳屈指の高山植物帯で、初夏のキタダケソウやハクサンイチゲなど密度の濃い花が楽しめる。

池山吊尾根まで進み、垂直の木のハシゴ

樹林に囲まれた白根御池小屋は水が豊富

おすすめの撮影ポイント

本コースでの魅力的な被写体は北岳、間ノ岳、富士山である。はじめに北岳の撮影ポイントを紹介しよう。南アルプスの盟主にふさわしい三角形の堂々とした山容は朝の光を活かして、中白峰から間ノ岳に向かう稜線がおすすめである。背後には甲斐駒ヶ岳や鳳凰三山を取りこんで、爽快な臨場感を盛りこみたい。間ノ岳の撮影ポイントは、北岳山頂付近がベストである。午前中の光で残雪豊富な山肌が輝く間ノ岳は縦走路を取りこむことで、奥行きと南アルプスの雄大さが表現できる。富士山は北岳と間ノ岳山頂がおすすめである。雲海に浮かぶ富士山が朝日に輝く瞬間は、荘厳で美しい光景が期待できる。

大樺沢バットレスからの清流

を慎重に降りると**八本歯のコル**に着く。ここで左に派生したハイマツの小尾根に入る。小さなハシゴが連続し、ハイマツの根も張り出ているので転倒しないように注意する。大樺沢上部では、バットレス側からの落石にも注意をはらうこと。

　大樺沢二俣で小休止後は、大樺沢沿いの道をたどって**広河原**をめざす。

その他のコースプラン

　白峰三山縦走コースは、間ノ岳から農鳥岳を経て大門沢を下って早川町の奈良田へ向かう、健脚者におすすめのロングコース

（間ノ岳から10時間）。大門沢下降地点から大門沢小屋まで急斜面の下降が連続し、さらに沢沿いに奈良田第一発電所まで長時間歩く。2泊3日の場合、1日目が北岳肩の小屋泊、2日目が大門沢小屋泊となる。広河原から北岳肩の小屋へは紹介した白根御池経由のほか、大樺沢→右俣コースもある（広河原から5時間40分）。北岳から両俣小屋までの左俣沢コースは2021年2月時点で通行止めになっている。

文・写真／中西俊明

北岳山荘〜八本歯のコル間のお花畑（左は間ノ岳）

アクセス
広河原へは甲府発のバスのほかに、早川町の奈良田からの山梨交通バスもある（ともに2020年度はコロナウイルス感染対策のため運休、2021年度の運行は未定）。奈良田へは、JR身延線身延駅または下部温泉駅からはやかわ乗合バスが運行。バスダイヤは事前に確認すること。マイカーの場合は芦安市営駐車場を利用して広河原行きのバスを利用する。

問合せ先
［市町村役場］南アルプス市観光協会 📞055-284-4204
［交通機関］山梨交通（バス）📞055-223-0821、YKタクシー（甲府駅）📞055-237-2121、第一交通（甲府駅）📞055-224-1100、芦安観光タクシー（南アルプス市芦安）📞055-285-3555、はやかわ乗合バス📞0556-45-5220（俵屋観光）
［山小屋］広河原山荘📞090-2677-0828、白根御池小屋📞090-3201-7683、北岳肩の小屋📞090-4606-0068、北岳山荘📞090-4529-4947

※左図へ続く

2万5000分ノ1地形図　仙丈ヶ岳、間ノ岳、鳳凰山

標高
3052m

82

南アルプス／長野県・静岡県

塩見岳
（しおみだけ）

稜線に咲く
チシマギキョウ

コースグレード｜中級

技術度｜★★★☆☆ 3

体力度｜★★★☆☆ 3

山名の由来に想いを馳せ、
最も美しく見えると
深田久弥が評した
富士山の眺めが魅力

塩見岳の山容は、三伏峠から眺めると強さとおおらかな顔を見せ、北荒川岳からは荒々しくダイナミックな景観が印象的だ。山名の由来はいくつかの伝説があるが、深田は鹿塩（長野県大鹿村）をはじめとする山麓の集落の地名に関係があるのではないかと推測している。鳥倉登山口から三伏峠、本谷山、そして塩見小屋を経て、塩見岳の山頂に立つコースを紹介しよう。

100
Mountains of Japan

深田久弥と塩見岳

深田は、塩見という名前だけでなく、慎ましやかな印象のある山容も気に入っていたようだ。その特徴を『日本百名山』内で「漆黒の鉄兜あるいはズングリした入道頭」と表している。また、山頂から眺める富士山をどの山から眺めるよりも優れていると認め、その理由を距離と位置が富士を美しく望むのに最も好適な条件にあると分析している。深田は梅雨の最中に塩見岳に登っている。登山口は定かではないが、おそらく当時の状況では塩川土場から三伏峠を経て、塩見岳に登ったに違いない。

塩見小屋付近から見上げる塩見岳（左）と天狗岩

山頂付近の岩場を登る。落石に注意したい

行止め）、静かな樹林帯を進めば**三伏峠**に着く。峠には、三伏峠小屋が立っている。

2日目 三伏峠から塩見岳へ

歩行時間：**5時間40分**｜歩行距離：**7**km

　三伏峠から好展望の三伏山に向かう。三伏山では塩見岳を眺めることができる。さらに、コルを下り、マルバダケブキなどが咲く斜面をたどる。**本谷山**には三角点が置かれている。山頂は樹林に囲まれており、展望は得られない。

　休憩後、立ち枯れ木が目立つ道を進み、権右衛門沢（ごんえもん）の源頭部を横切る。整然とした樹林の中をジグザグに登って、左から塩見新道（2021年現在通行止め）が出合う**分岐**を過ぎると、やがて**塩見小屋**に到着する。塩見小屋からは鋭い岩峰の塩見岳と荒々し

1日目 鳥倉登山口から三伏峠へ

歩行時間：**3時間**｜歩行距離：**3.5**km

　鳥倉登山口（とりくらとざんぐち）で登山届を提出して**三伏峠**（さんぷく）をめざす。登山口からカラマツ林の急斜面をジグザグに登る。支尾根に出ると樹相が変わり、傾斜が緩くなる。樹林に囲まれた登山道を進み、**豊口山間のコル**（とよぐちさんかん）へ。尾根の北側に回りこむと**塩川**（しおかわ）方面の視界が開ける。さらに沢を横切って深田が歩いただろう塩川からの登山道に合流し（2021年現在通

プランニング＆アドバイス

鳥倉登山口までバスが運行されているが便数が極端に少なく、時間や行程に余裕のあるプランニングをしよう。1泊2日で計画する場合、1日目は早朝に登山口を発ち、塩見小屋まで、2日目に塩見岳を往復し、登山口まで戻る行程となる。マイカー利用の場合には、越路の駐車場を利用できる（トイレあり）。ピーク時には満車になることもあり、早めに到着しておきたい。塩見小屋、三伏峠小屋ともに宿泊予約が必要になり、事前に確認する。

塩見岳東峰からの荒川岳。左の峰が東（悪沢）岳

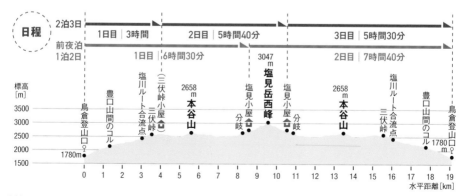

い天狗岩を望むことができる。

　早々に宿泊手続きを済ませ、必要な荷物だけを持って塩見岳をめざす。険しい天狗岩は、基部を巻くようにガレ場を登る。落石もあるので、ヘルメットを着用したい。また、塩見岳の稜線に出るまでは浮石が多いので、滑落に注意しよう。

　塩見岳は東峰と西峰に分かれ、三角点は西峰に置かれている。荒川三山、赤石岳、北岳、仙丈ヶ岳など、南アルプスの山々が一望できる。また、深田が絶賛した富士山の眺めも堪能したい。下りは、天狗岩を通過するまで慎重に行動しよう。ハイマツ帯まで下れば、**塩見小屋**はもうすぐだ。

塩見岳東峰から望む富士山

などあらゆる場面を体験できる。塩見岳から北岳への縦走（約12時間半）は、お花畑や樹林の尾根、山頂からの雄大な眺めが魅力。シーズン中は登山者が多い。蝙蝠尾根を下るコース（約9時間）は山慣れた上級者向けのロングコースで、すれ違う人もほとんどいない。塩見小屋から北俣岳分岐を右に折れ、蝙蝠岳をめざす。徳右衛門岳などを経て登山道を長々と下り、東俣林道に出たら30分ほど歩けば二軒小屋に着く。

文・写真／伊藤哲哉

［3日目］塩見小屋から鳥倉登山口へ
歩行時間：5時間30分｜**歩行距離：8.6km**

　三伏峠を経て鳥倉登山口まで下る。特に危険なところはない。登ってきたコースをそのまま下る。**三伏峠**で休憩し、塩川ルートを見送り、**鳥倉登山口**に向かう。

その他のコースプラン

　塩見岳から仙丈ヶ岳への縦走コース（約16時間半）では、ロングコースを踏破する充実感と静かな山歩きに満足感が得られる。樹林帯、ハイマツ帯、岩稜帯やガレ場

問合せ先
［市町村役場］大鹿村役場☎0265-39-2001、静岡市役所☎054-254-2111
［交通機関］伊那バス☎0265-72-5111、マルモタクシー☎0265-36-3333（伊那大島駅）
［山小屋］三伏峠小屋☎0265-39-3110、塩見小屋☎070-4231-3164

アクセス
JR伊那大島駅～鳥倉登山口間の伊那バスは7月中旬～8月下旬の運行で1日2便。期間外はタクシーを利用する（約1時間10分）。マイカーの場合は鳥倉登山口約2.5km手前の越路の駐車場（約40台）に車を停めて登山口まで歩くか（約50分）、バスを利用する。

鳥倉登山口行きの伊那バスが発着する中央道松川ICへは、東京・大阪から高速バスが運行

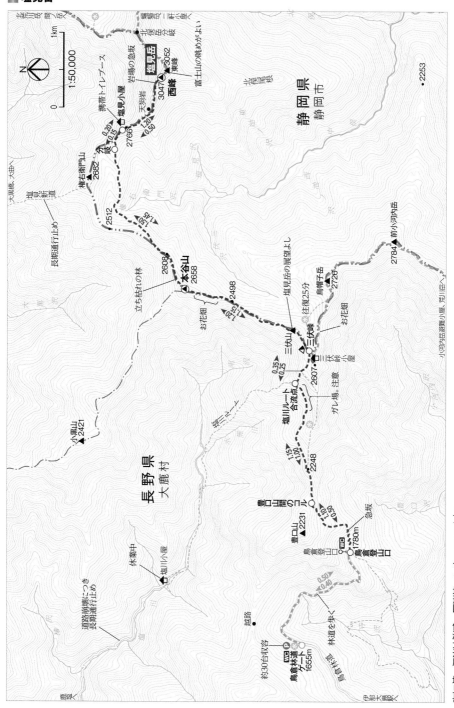

2万5000分ノ1地形図　信濃大河原、塩見岳

標高
3141m（東岳）
3121m（赤石岳）

83 84

赤石岳 東岳（悪沢岳）

あかいしだけ ひがしだけ わるさわだけ

南アルプス／長野県・静岡県

タカネビランジ

コースグレード｜中級

技術度｜★★★☆☆ 3

体力度｜★★★☆☆ 3

お花畑と360度の展望、静かな森や岩稜帯の通過など変化に富んだ南アルプス南部の代表コース

深田久弥が呼び名にひじょうに強くこだわりを持った悪沢岳（2.5万地形図は東岳）、そして「これほど寛容と威厳を兼ねそなえた山頂はほかにあるまい」と称賛した赤石岳の2座をつなぐ、南アルプス南部を代表するハードでスリルあるコース。山体が大らかでボリューム感にあふれ、また登山口からの標高差があるので、北アルプスとまったく違った山の個性を味わう縦走になるだろう。

100
Mountains of Japan

深田久弥と東岳・赤石岳

深田久弥はこの2座に関しては山名の由来に多くの行を割いており、具体的な登頂ルートは書いていないが、文章内容の記載順序からして赤石岳から東岳へ縦走したと推測できる。なお、赤石岳は東岳との縦走の場合山頂標識で引き返す登山者が多いが、深田久弥が感動した山頂部を、南端の肩までじっくり時間をかけて散策することをおすすめする。東岳の見どころは深田久弥が書いた通り数多いが、このコースの最大のハイライトの前岳カールのお花畑に触れていないのは摩訶不思議。

笊ヶ岳から見る、朝日を浴びた赤石岳（左）と荒川三山

145

寛容と威厳を備えた赤石岳山頂部と奥に聖岳

1日目 椹島から赤石小屋へ
歩行時間：**4時間35分** 歩行距離：**5.2km**

　椹島の奥から林道に出て左に行き、階段を登って森に入る。ジグザグをくり返して肩に出たあと、忠実に尾根筋をたどる。一部廃林道を歩き、樺段を抜けた先が標柱のある**小広場**。その先の**歩荷返し**からは岩場の急登だが独標に出れば勾配が緩くなり、岩とツガの道を歩くと**赤石小屋**に到着する。

2日目 赤石岳を経て荒川小屋へ
歩行時間：**5時間** 歩行距離：**7km**

　小屋から尾根にからむトラバースを行く。**富士見平**からが本コース最初の核心部で、ラクダの背と呼ばれる稜線の直下は、桟道やガレ場の横断があるトラバース道になる。砲台型休憩所でひと休みしてザレた急斜面

や岩場を注意して登り、左に回りこみ鞍部に出ればひと安心。左にカールを見て登れば**主稜線（椹島下降点）**で、気持ちよい稜線を歩き、岩っぽいジグザグを登れば**赤石岳**山頂だ。

　深田久弥の感動した山頂部を味わおう。東端の小さな肩まで行き、標高差2000mの大井川を見下す。椹島手前の牛首峠から見える赤石岳山頂部はこの場所。避難小屋の先、聖岳への縦走路からは、線状

椹島手前・牛首峠からの錦秋の赤石岳山頂部

プランニング＆アドバイス

本コースを2泊3日で歩く登山者も多いが、深田の強調する赤石岳山頂部の見物に加えて縦走の醍醐味を満喫するには、3泊4日が必要。小屋泊2泊3日の半時計回り縦走者の北沢源頭での滑落事故が多発しているので、要注意（上級グレード）。縦走中に山小屋到着が遅れることが予想された場合、ためらわず山頂の避難小屋を利用する。シーズン中は管理人が常駐し、レトルト食と寝具がある。荒川小屋は縦走中のオアシスだが、悪天候下の下山で3000m稜線越えは危険なので、入山したあとは日程をからめて天候判断に注意する。

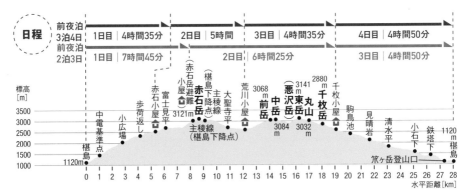

凹地越しの笊ヶ岳と奥の富士山が美しい。さらに進み肩の先で登山道から左に外れると聖岳の長い東尾根の全貌が明らかになる。

椹島下降点に戻り、稜線の空中散歩を楽しむ。小赤石岳の肩からの、荒川三山の大パノラマがすばらしい。尾根筋を左に外れてジグザグに下る。**大聖寺平**からトラバース道を行き、急降下すると**荒川小屋**だ。

3日目 荒川岳・東岳を経て千枚小屋へ
歩行時間：**4時間35分** ｜ 歩行距離：**6.9**km

荒川岳のコルに向けて、トラバース道を登る。一部切り立った場所もあるので注意し、小尾根を回りこんでいくと、本コース最大のハイライト・**前岳**のお花畑。道の両側は百花繚乱で、高山植物が濃密度で咲いている。稜線に出て左折、崩壊が激しく進行している**前岳**の山頂に立ち寄る。避難小屋の建つ**中岳**山頂から緩く下って岩尾根を歩くと、本コースの第二の核心部となる。ザレたジグザグの繰り返しや、長さこそ短いが岩場の急登がある。大きく右左とトラバースしながら主稜線の肩に出て、お花畑の中を登りきると**東岳（悪沢岳）**山頂だ。

山頂から深田が「大岩が散乱した異様な眺め」と称した大ゴーロ帯がはじまる。広々とした高原が**丸山**の山頂部。緩やかに高度

東岳のゴーロ帯と富士山、笊ヶ岳と布引山（右奥）

丸山のお花畑から見た赤石岳

を下げ、トラバースになると本日第二のハイライトのお花畑になる。下りきると第三の核心部で、岩場の急登やハシゴがあるので注意する。**千枚岳**山頂で、ようやく緊張感から解放される。南に斜面を下り、左折した先で二軒小屋への道を分けてダケカンバ帯を下ると**千枚小屋**に着く。

4日目 千枚小屋から椹島へ下る
歩行時間：**4時間50分** ｜ 歩行距離：**9**km

小屋からトラバース気味に下り、直角に右折して行けば**駒鳥池**の標柱。**見晴台**で小赤石岳の長大な尾根や荒川三山を目に焼き付ける。**清水平**を抜け**小石下**から稲妻型に下り林道を横断すると、道が急にハードになる。岩頭見晴を経てシャクナゲの幅広い尾根を下ると、岩混じりの急降下になる。吊橋を渡り、右に林道を行くと**椹島**だ。

白峰南嶺から見る東岳。中央の雪渓が悪沢

その他のコースプラン

　長野県側の鳥倉登山口から三伏峠に入り、小河内岳から荒川三山、赤石岳と歩くルートは登山者が少なく、長い樹林帯を歩く玄人好みのコース。小河内岳からは、深田久弥のいう東岳の「頂上から北へ向かった尾根の、屈託のないのびのびした姿勢」が見られる。ただし三伏峠小屋から先は避難小屋利用かテント泊。また荒川岳直下は危険な崩壊地の縁を歩く。大鹿村から小渋川を遡り大聖寺平へと登る道は、W・ウェストンが通ったクラシックルート。だが小渋川では十数回の徒渉、広河原〜大聖寺平間は南アルプス屈指の急登の南アルプス南部最難ルート。特に下山時での遭難が多発しているので、必ず入山で利用すること。

文・写真／岸田 明

アクセス
通年のアクセス手段は大井川鐵道千頭駅からタクシー利用のみ。シーズン中は東京からの登山バス（毎日あるぺん号）、静岡からしずてつジャストライン・南アルプス登山線と、千代田タクシーの「南アルプスアクセスパック」が畑薙ダム周辺まで運行される（いずれも要予約・運転日注意）。マイカーは、シーズン中は畑薙ダム夏期臨時駐車場に停める。両交通手段とも椹島へは宿泊者専用送迎バスを利用する。

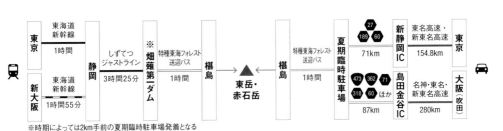

※時期によっては2km手前の夏期臨時駐車場発着となる

148

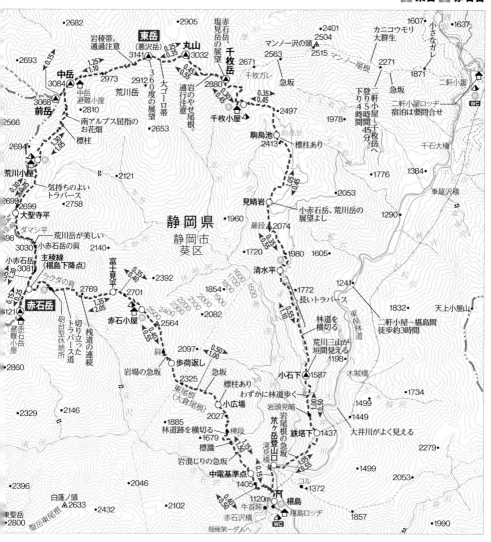

・2682　　　　　　　　　・2905　　　赤石岳
　　　　　　　　　　　　　　　　　　塩見岳の展望
　　　　　岩稜帯。　　東岳　　　　　　　　　　　　　1607・　　小さなガレ　　・1637
　　　　　通過注意　（悪沢岳）丸山　　千枚岳　　マンノー沢の頭　　2504　　カニコウモリ
・2693　0.15　　　　　3141　3032　　　2671　　2563　　　　2515　　大群生
　　　0.25　　　　　0.25　　　　　　　　　　　　　　　　　マンノー尾根　　2271　　　　　1871
中岳　1.25　0.35　　0.45　　　千枚ガレ　　急坂　　　　　　　　　　　　　急坂　　　二軒小屋
3084　1.10　2973　2912　0.45　2880　　　　　　　　　二　　　　　　　　下　　　　　　　　　WC
　　　中岳　　　荒川岳　0.35　　0.35　　2497　　　軒　　　　　り登
3068　避難小屋　　360度　　0.30　　　　　　　　　小　　　　　　4り　二軒小屋ロッヂ
前岳　2810　の展望　大ゴーロ帯　千枚小屋　　　　　屋　　1978・　5　宿泊は要問合せ
▲　　南アルプス屈指の　　岩のやせ尾根。　　0.35　　　　　千　　　　　時45　千石大橋
2566　お花畑　　　通行注意　0.45　　駒鳥池　枚　　　　　間分
　　　　　　標柱　　　　　　　　2413　標柱あり岳　　　　　　　　1384・
2694　1.30　　　　　　　　　　　　　　　へ
　1.05　　　　　・2758　　　　・2121　　　　　　　　　　　　　　　　　　　　・1776
荒川小屋
　0.30　気持ちのよい　　　　　　　　　1.05　　小赤石岳、荒川岳の　　　1290
2699　トラバース　　　静岡県　　　　　0.45　展望よし
2699　・2758　大聖寺平　　　　　　　見晴岩　　　　　　　　　　　車屋沢橋
0.40　　荒川岳が美しい　　静岡市　　・1960　蕨段　2074
398　ダマシ平　　　　　　葵区　　　　　　　0.35　　1980　1605・
3030　小赤石岳の肩　　・2140　主稜線　　　　1720　　　清水平
小赤石岳　　　　（椹島下降点）　富士見平　　　　　　　　0.55　　1832・　　天上小屋山・
0.25　3081　　　　ラクダの背　0.35　・2392　　1854・　1.10　　　　二軒小屋〜椹島間
0.15　1.20　　　　　　0.40　　　　1772　　　　　　　　徒歩約3時間
赤石岳　　桟道の連続　2769　2701　　　2082　　長いトラバース
　　　　切り立った　　1.35　　　　2564　　　　　　　林道を横切る　　　1734
121　　　トラバース道　2.05　　0.40　肩　　　荒川三山が
避難　砲台型休憩所　　　赤石小屋　0.55　　　　垣間見える　　1499
小屋　　　　　　　　　　　　・2097　0.50　1198・　　1449
2860　　　　　　　　　岩場の急坂　1.00　歩荷返し
・2329　・2146　　　　　　　　　2325　急坂　小石下・1587　大井川がよく見える
　　　　　　　　　　　　　　　　　標柱あり
2396　　　　　　　　　　　東尾根　小広場　　岩頭見晴　2279
　　　　　　・1885　（大倉尾根）　2027　荒　鉄塔下　1437
　　白蓬ノ頭　林道跡を横切る　　樺段　　尾　1499
東岳　△2633　　・1679　　荒ヶ岳登山口　　　　　・1857　・1990
2800　　　　　標識　　　　　　滝見橋　0.05
　　　　　岩混じりの急坂　1.15　　　0.35
　　　　　　　　　　　1.05　　　　0.15
　　　　中電基準点　　　1405　　　コル　1372
　　　　　　　　　　　　　1120m　椹島
　　　　　　　　　　0.40　牛首沢　椹島ロッヂ
　　　　　　　赤石沢橋　WC
　　　　　　　畑薙第一ダムへ

2万5000分ノ1地形図　赤石岳

問合せ先
［市町村役場］静岡市役所井川支所☎054-260-2211、
南アルプスユネスコエコパーク井川ビジターセンター
☎054-260-2377
［交通機関］しずてつジャストライン☎054-252-0505、
毎日あるぺん号☎03-6265-6966、千代田タクシー
☎054-297-5234（静岡市）、大鉄タクシー（千頭駅）
☎0547-59-2355、特種東海フォレスト☎0547-46-
4717（宿泊者専用送迎バス）
［山小屋］特種東海フォレスト☎0547-46-4717

この山域の鎮守・椹島の井川山神社

85 86

南アルプス／長野県・静岡県

光岳
（てかりだけ）

聖岳
（ひじりだけ）

大木の林立する森、
森林限界を縫う遊歩道の
縦走路と大展望、心休まる
南アルプスの姿がある

標高
3013m（聖岳）
2592m（光岳）

聖岳は日本アルプス最南端の3000m峰で、山名の気高さに加え、端正な姿で多くの登山者を引きつける。光岳は本州唯一の原生自然環境保全地域を懐に抱え森が豊かで、高山植物、ライチョウやハイマツなど、日本が氷河に覆われていた時代の痕跡を楽しめる世界最南端の山でもある。その両座を結ぶ稜線はダケカンバとバイケイソウの中を行く、まるで公園の遊歩道のような縦走路だ。

静高平付近のダケカンバ

コースグレード | **上級**

技術度｜★★★☆☆ 3

体力度｜★★★★☆ 4

100
Mountains of Japan

深田久弥と聖岳・光岳

深田は『日本百名山』の中で、光岳は山頂部にある「光石」、聖岳は「聖沢」に由来するとしているが、聖岳の山名は由来よりも、もともとその名前があったことにしたいとしている点がおもしろい。ただ深田の2座の登頂は恵まれておらず、光岳は雨中の停滞で登頂時も展望がほとんどなく、また聖岳は3度目の挑戦で山頂を踏むことができた模様で、この2座に関しては山の本質をつづる文章に力が欠ける点が否めない。登山ルートは両座別々で、光岳は易老渡から、聖岳は聖沢からのピストンと思われる。

小聖岳からガスの湧く聖岳山頂部を見上げる

易老岳への登り途中の美しい大木の森

1日目 芝沢ゲートから光岳小屋へ
歩行時間：8時間10分｜歩行距離：12.1km

芝沢ゲートから林道を歩く。易老渡から急なジグザグ道を登ると面平に着く。サワラが林立し、まるでお寺の境内のような場所だ。尾根をほぼ直線的に登り、2254mピークの先で岩場のトラバースを慎重に通過する。稜線上の易老岳に出たら、右へ。三吉ガレの立ち枯れ帯、ぬかるみやゴーロ帯の沢筋を登って静高平、さらに亀甲状土のセンジヶ原を抜けると光岳小屋だ。

2日目 光岳から茶臼岳を経て茶臼小屋へ
歩行時間：7時間20分｜歩行距離：11.6km

小屋からダケカンバの美しい中を登ると、光岳の山頂標識がある。展望がないがすぐ先の「窓」では、眼下に光石を見る大パノラマが広がっている。光岳が南アルプス深南部の盟主と実感でき、山々が登山者に手招きをしているように思えるだろう。

山名ゆかりの光石を訪ね、往路を戻る途中で右へ折れ、日本最南端のハイマツ群生地へ足をのばせば光石が大きく見える。光岳小屋をあとに特徴的な山頂のイザルガ岳に立ち寄り、360度の展望を楽しんでいこう。

易老岳からは聖岳を垣間見る明瞭な尾根筋を歩く。深い森やシダ、立ち枯れ帯を過ぎ、鞍部からの急登を経て希望峰に着く。右手に続

聖沢登山道の露岩から見る奥深い聖沢

プランニング＆アドバイス
初日の山小屋までの行程が長いので、前泊が必須。周回の方向はどちらもすばらしいが、反時計回りは3000m峰の聖岳に向かっての登行感が高まり、一方時計回りは薊畑からのはじめて見る光岳へ続く稜線の雄大さに涙が出るほどだ。光岳では山頂部の散策、聖岳も深田が訪れた奥聖岳まで足をのばすなど、ピークハント以外を楽しむ時間の余裕を見るべきだろう。また縦走途中の二百名山上河内岳は圧倒的な展望で、晴れていれば山頂は必訪の場所。山小屋は適所にあるが、利用方法が他山域の小屋とは違うので、事前確認が必要。

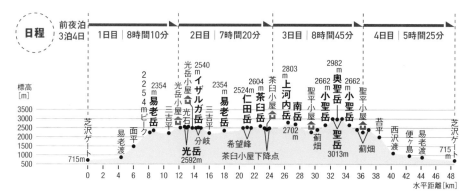

151

加加森山への縦走路から見た光石を抱える光岳

く仁田岳は、主稜線越えの聖岳、真正面に茶臼岳、背後に光岳の全貌が撮影できる好ポイント。ここから先が本コースのハイライトだ。ハイマツを縫って歩けば、ダケカンバ、バイケイソウの中、木道のある遊歩道のような窪地になる。仁田池から窪地を抜け、岩場をトラバースしながら行くと茶臼岳山頂。正面の、聖岳を従える上河内岳が美しい。緩いジグザグの下りののち、鞍部から右に降りれば、豊かな高山植物に囲まれた茶臼小屋に着く。

3日目 茶臼小屋から上河内岳、聖岳へ
歩行時間:8時間45分 | 歩行距離:12.5km

小屋から稜線に出て右折、少しの登りから左にトラバースで下り、亀甲状土帯を抜ける。バイケイソウやダケカンバを見ながら稜線の西側に出て少し登ると、チャート

茶臼岳近くから見た聖岳を従える上河内岳（右）

岩の奇岩竹内門だ。緩い登りのあとは、上河内岳の肩に続くやせ尾根を急登する。上河内岳山頂は、ビッグ3（聖・赤石・東岳）の最高の展望台。肩から窪地を降りて赤色チャートの岩屑の尾根を歩き、右に下ると花の多い小さな窪地に出る。一部西側がガレた稜線を注意して進んで稜線の東側に出ると急斜面のトラバース道で、目の高さで豊富な高山植物を観察できる。南岳の標識を過ぎ、左側のガレに注意しながら下る。岩頭は破風（屋根）型の聖岳を見られる最後の場所だ。樹林帯に入り、ジグザグの下りや水平道を歩くと聖平小屋に着く。

いよいよ聖岳アタックだが、ガスが出ていれば翌日回しもひとつの選択肢。薊畑へは塹壕状態のジグザグや立ち枯れのお花畑の道。樹林帯を抜け急登で稜線に出ると、正面に兎岳が目に飛びこんでくる。砂地のジグザグを登ると小聖岳で、真正面の聖岳南斜面が大迫力だ。左がスッパリ切れ落ちた聖岳大崩壊地の縁を、滑落に注意して進む。大斜面の登りを落石に注意し1時間あえぐと待望の聖岳山頂。正面に大ボリュームの赤石岳が迫る。時間があれば、チングルマと岩がすばらしい日本庭園を伴う、深田がのんびりした奥聖岳もぜひ訪ねたい。

聖岳をあとに聖平小屋へ引き返す。

おすすめの撮影ポイント

展望以外も撮影の目的に入れてみよう。易老渡ルートの面平と上部にある段では樹木、薊畑ルートではコケやシダ類。光岳山頂部と茶臼岳周辺ではダケカンバと線状凹地の木道、光岳山頂部と上河内岳手前の亀甲状土もおもしろい。光岳山頂部は撮影ポイントが多く、寸又峡への道を行くと日本最南限のハイマツ群生地があり、光石や池口岳を含む深南部の山々、光岳南面のガレ場なども被写体。上河内岳山頂はビッグ3の最高の展望台だが、南アルプスは昼前からガスが湧くので、到着時刻に注意が必要。

4日目 聖平から易老渡へ下山
歩行時間：5時間25分｜歩行距離：12.2km

聖平小屋から薊畑へ登り返し、主稜線を離れて下る。苔むした倒木帯、シダの森を抜けて苔平（こけだいら）と呼ばれるツガが美しい段へ入る。トラバースに注意しつつ大木の森を下ると、西沢を俯瞰するガレの上端に出る。ここから岩混じりのやせ尾根になる。カラマツの植林帯を下り、廃屋の脇を回りこんで下れば西沢渡（にしざわど）。木製の橋が架かっていない場合は荷物用ロープウェーで対岸に渡る。以降森林鉄道跡の林道をヤマビルに注意しながら歩く。便ヶ島（たよりがしま）からは歩きやすい林道で、易老渡を経て芝沢ゲートに戻る。

その他のコースプラン

本コースを静岡県側の聖沢から入山し、聖岳〜光岳と南下、茶臼小屋に再度戻り下山するプランもある。この場合送迎バスの関係から椹島（さわらじま）に1泊必要で、5泊6日が標準的な日程になる。ただ5泊6日だとすると、光岳〜聖岳〜赤石岳の縦走も視野に入ってくる。南アルプスの雄大さを満喫する意味で、聖岳〜赤石岳縦走は外せない。聖平小屋と百間洞山（ひゃっけんぼら）の家間は小屋間の距離が最も長く、またアップダウンが激しく、脚力に自信のある登山者のみが足を踏み入れられる区間だが、スケールの大きさは日本最強

だろう。南下・北上ともに手ごわいが、体力のある朝に最高高度を乗り切る北上の方がやや有利。ただし大沢岳（おおさわだけ）から百間洞山の家への下りは疲れた膝には厳しいので、大沢岳はピストンがおすすめ。

文・写真／岸田 明

奥聖岳からの東尾根と笊ヶ岳と布引山。奥に富士山

問合せ先
［市町村役場］飯田市上村自治振興センター℡0260-36-2211、飯田市南信濃自治振興センター℡0260-34-5111、遠山郷観光協会℡0260-34-1071
［交通機関］信南交通（バス）℡0265-24-0009、天竜観光タクシー（飯田市上村）℡0260-36-2205、遠山タクシー（平岡駅）℡0260-32-2061
［山小屋］光岳小屋℡0547-58-7077、茶臼小屋・聖平小屋℡080-1560-6309（井川観光協会）

アクセス
公共交通手段を使ったアクセスはJR飯田線平岡駅、または麓の遠山郷からタクシー利用のみ。マイカーは芝沢ゲートに約30台分の駐車スペースあり。異色な入山方法としては、JR飯田線飯田駅から信南交通バスで本谷口下車、2020年に再度整備された森林鉄道跡の登山道を歩き、芝沢ゲートに入る方法がある。その場合、面平の登山レンタルテント・キャンプ場（℡0265-28-1747）を利用するのも一策。

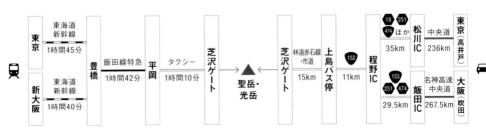

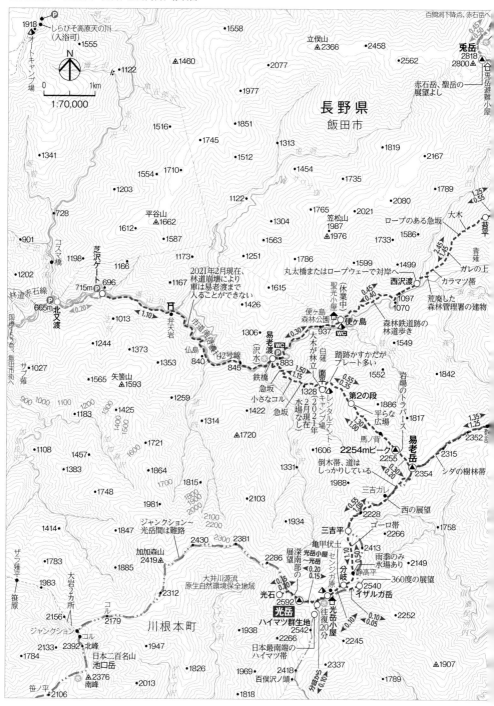

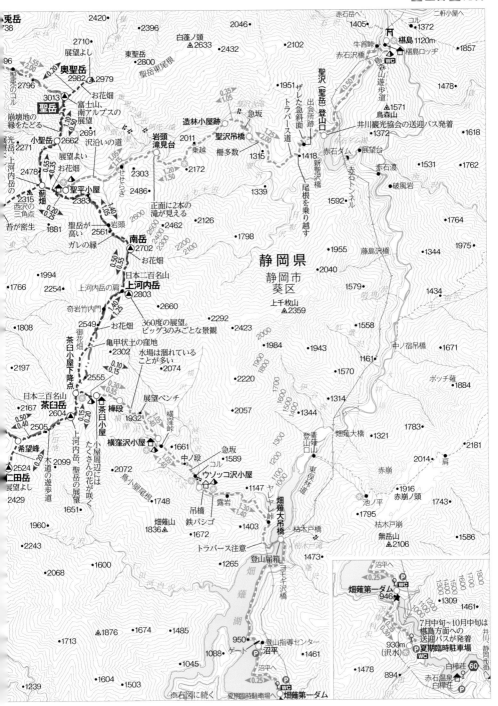

その他の日本の百名山

　日本には多くの山があるだけに、日本百名山以外にもさまざまな「百名山」がある。「日本二百名山」や「日本三百名山」は日本百名山の延長線上にあるだけに、百名山完登の次の目標とする登山者も多い。山の花を愛でたい女性のバイブルとなった「花の百名山」も有名だ。

■日本二百名山

　深田久弥の精神と文学を愛する深田クラブにより、クラブ創立10周年の1984（昭和59）年に選定。次項の日本三百名山は日本二百名山に百山を加えたのではなく、三百名山のなかから日本百名山以外の二百山のうち百山を選出。その際に山上ヶ岳を外し、荒沢岳を加えている。荒沢岳は日本百名山の選定候補に入っていたが、三百名山には選ばれていなかった。

　（日本三百名山のリストは上巻P110に掲載）

■日本三百名山

　深田久弥も副会長を務めた日本最大の山岳会・日本山岳会により、1978（昭和53）年に選定。「日本百名山」の百山に、独自の選定基準で選んだ二百山を加えたものである。選考にあたっては深田の百名山選定時にこぼれた山が多く含まれる。日本山岳会は全国に支部を持つだけに、各地域の山に強く、2014年出版の書籍『日本三百名山 登山ガイド』（弊社刊）は日本山岳会会員が取材・執筆を担当。

　（日本三百名山のリストはP122に掲載）

■花の百名山／新・花の百名山

　劇作家にして女流登山家であった故・田中澄江のエッセイ（1980年・文藝春秋刊）。山と花をこよなく愛した田中が、豊富な山行の中から百の四季折々の山と花の結びつきを、歴史や自身の思い出とともに綴ったもの。1995（平成6）年に新たに山と花を選定し直した『新・花の百名山』（文藝春秋刊）が出版されている。

■新・日本百名山

　「無名山塾」の主催者・登山家の岩崎元郎が、踏破のためではなく、楽しむために選んだ百名山。大きな特徴はふたつ。ひとつは全都道府県を網羅すること、もうひとつはシルバー世代でも無理なく登れること。「日本百名山」からは52山を残し、新たに48山を選んでいる。

■その他の百名山

　自治体や地元山岳会、出版社など選定先はさまざまだが、東北や九州などの地方や、群馬や山梨、静岡、広島などのような都道府県単位の百名山もある。

100
Mountains of Japan

北陸・関西

87

北陸・関西／石川県・岐阜県

白山
<small>はくさん</small>

深田久弥「こころの山」。
白山信仰の聖域は
悠久の時を経た山岳美で
訪れる者を厳かに圧倒する

標高
2702m
（御前峰）

富士山、立山とともに日本三名山をなす北陸の名山で、最高峰の御前峰をはじめ複数のピークからなる。その山体は1億年を超える古い地層に、長きにわたる造山運動と約40万年前からの火山活動が加わり、変化と起伏に富んだ姿を見せる。日本屈指の高山植物群落や広大なブナ帯に多様な動植物、山麓の温泉、数々の登拝史跡など、南北57km・東西30kmにおよぶ山域の魅力は尽きない。

白山の象徴
ミヤマクロユリ

100
Mountains of Japan

深田久弥と白山

郷里加賀の大聖寺で過ごした深田が、称揚の筆を揮った「ふるさとの山」白山の頂に立ったのは1918（大正7）年、中学生15歳の時。市ノ瀬から白山（旧越前）禅定道を登り、加賀禅定道を下っている。それまで、加賀の低山ばかり登っていた深田にとって、この山行が衝撃的な「登山開眼となった」とされる。特に疎開生活の身に映る「白山ほど、威あってしかも優しい姿の山は稀だろう」と、これほど心に刻まれ、癒された山はあるまい。『日本百名山』執筆の長い山旅は「こころの山」から始まっている。

コースグレード｜**中級**

技術度｜★★★☆☆ 3

体力度｜★★★☆☆ 3

大汝峰からの御前峰（右）と剣ヶ峰。左は火口湖の翠ヶ池

1日目 砂防新道から室堂へ

歩行時間: 4時間25分 | 歩行距離: 5.7km

登山は**別当出合**の登山センター先、別当谷に架かる吊橋からはじまる。登り始めの分岐は右の登り専用の道に入り、急坂を進む。ブナ林を抜けると**中飯場**に到着する。砂防工事用の車道を横断し登山道を進む。別当谷と甚之助谷に挟まれた細い尾根に出ると、右手に不動滝が見えてくる。別当覗では眼前にすさまじい大崩れが望まれる。

樹林の階段登りを続けて甚之助避難小屋へ。一段上は**南竜分岐**で、室堂へは左を進む。少し登って別当谷源流部をトラバースすると色とりどりの花が迎えてくれ、傍らには延命水が湧き出る。ほどなく弥陀ヶ原の先端にある**黒ボコ岩**だ。御前峰が望め、風景は一変する。いよいよ一面花々に囲まれた溶岩台地・弥陀ヶ原の木道歩きで、タイミング次第でみごとなコバイケイソウ群落に出会える。最後のひと登りで**室堂**へ。

2日目 御前峰登頂後に観光新道で下山

歩行時間: 5時間15分 | 歩行距離: 8.7km

早朝は、ご来光と日の出後の日供祭に間に合うよう、暗い登山道を進むためヘッド

室堂に建つ白山比咩神社祈祷殿と御前峰

ライトは欠かせない。よく整備された石張りの道は登りやすい反面、高所に慣れない体に負担は大きい。できるだけ吐く息を心がけ、ゆっくり足を進めよう。中間点の青石を過ぎ、もうひと頑張りで白山比咩神社本宮奥宮に到着する。**御前峰**山頂からの大展望は360度、感動もひとしおだ。

お池めぐりコースは奥宮とは反対方向に進み、ザレた道を下る。7つの火口湖めぐ

プランニング＆アドバイス

登山適期は6月中旬〜10月中旬で、花の最盛期は梅雨明けから8月中旬。秋の紅葉は山頂一帯で9月中旬よりはじまり、徐々に山麓に降りてくる。往路は南竜分岐からエコーラインやトンビ岩コースを経由して室堂に行くプランもある。2日目の観光新道は水場がなく、室堂でしっかり水の補給を。その観光新道は見晴らしでしっかり水の補給を。その観光新道は見晴らしでしっかり利く半面、後半は急坂が続き段差も大きく下半身に負担が増す。少しでも足もとに不安があれば、迷わず砂防新道を下ること。静寂の山旅なら平瀬道もおすすめ。

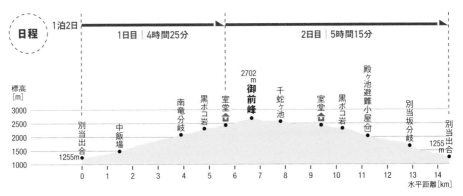

159

おすすめの撮影ポイント

コース順に、以下の場所が挙げられる。①登山口の別当谷吊橋、②甚之助避難小屋からの別山、③黒ボコ岩と別山、④弥陀ヶ原のお花畑、⑤室堂山荘と御前峰、⑥御前峰山頂からの弥陀ヶ原と別山、⑦大汝峰山頂からの剣ヶ峰・御前峰・翠ヶ池、⑧千蛇ヶ池〜室堂〜展望歩道分岐間散策ルートのお花畑、⑨観光新道上部からの別山尾根、⑩馬のたてがみや真砂坂一帯のお花畑。

りは剣ヶ峰との鞍部、紺屋池に続き、翠ヶ池、万年雪に覆われる千蛇ヶ池へと足をのばしていく。**千蛇ヶ池**から室堂へは道が分かれる。右へ進み急坂を下ると平坦になり、多彩なお花畑が広がる。ハクサンコザクラやアオノツガザクラなどの群落を愛でつつ、水屋尻雪渓上部を横切り**室堂**に戻る。

室堂で朝食を済ませて出発する。**黒ボコ岩**で右の観光新道へ。蛇塚より先は道が急降下する。馬のたてがみや真砂坂のガレ場一帯は白山屈指のお花畑。**殿ヶ池避難小屋**

御前峰からの別山と溶岩台地の弥陀ヶ原周辺、室堂

まで下ると、左に別山、右に白山釈迦岳の眺望が利く。仙人窟をくぐり階段を下ると**別当坂分岐**。この先急坂のため、特に慎重に足を運ぼう。砂防工事用の車道からブナ林の道を下れば、**別当出合**に到着する。

その他のコースプラン

　岐阜県側の大白川ダムを起点とする平瀬道は、関東や東海からの登山者に人気のコース。登山口に温泉があり、ブナやナラ、トチノキなどの巨木林がみごと。ルートは長いが、比較的静かな山行が楽しめる（室堂へ4時間強）。ほかに室堂周辺にエコーラインやトンビ岩コースなどがあり、組み合わせることでより変化がつけられる。

文・写真／原 弘展

問合せ先
［市町村役場］白山自然保護センター
☎076-255-5321
［交通機関］北陸鉄道テレホンサービスセンター☎076-237-5115、マップ（シャトルバス）☎076-249-7300
［山小屋］白山室堂・白山雷鳥荘☎076-273-1001、南竜山荘☎0776-54-4526

アクセス
急行バスの運行期間は6月末〜10月中旬の土・日曜、祝日（7月中旬〜8月中旬は毎日運行）。金沢駅発以外にJR北陸本線松任駅や小松駅からの便もある。マイカーの場合、7月上旬〜10月上旬の規制中は別当出合約6km手前の市ノ瀬（750台・無料）でシャトルバスに乗り換える。規制期間以外は別当出合の駐車場（200台・無料）まで入ることができる。

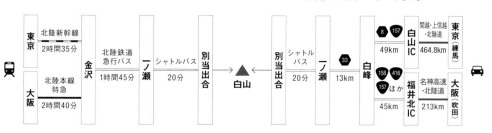

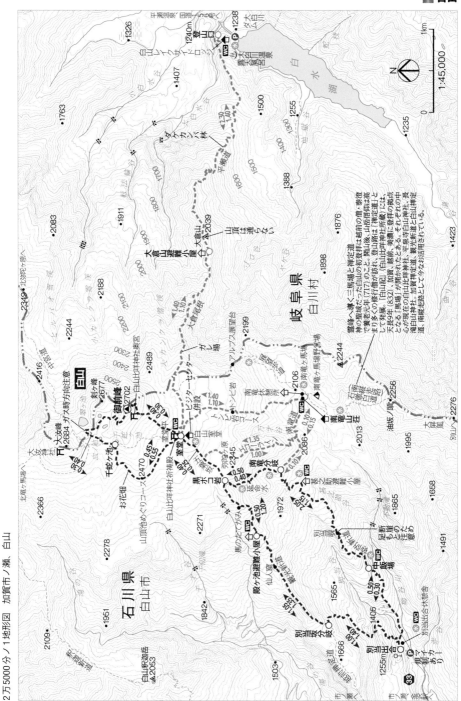

2万5000分ノ1地形図　加賀市ノ瀬、白山

荒島岳
（あらしまだけ）

標高
1523m

大野富士として親しまれる
奥越の独立峰。
ブナの原生林から、
雄大な展望が広がる山頂へ

「大野富士」の別名を取る荒島岳は、「越前の小京都」と呼ばれる城下町・大野市の南東にそびえる独立峰だ。古くから信仰の山として崇められ、白山を開山した泰澄が開いたともいわれる。美しいブナの原生林を抜けて山頂に立つと、全方位の眺望が広がる。ベストシーズンは新緑と紅葉の頃。上部は日影が少なく、夏場は酷暑となるので用心。冬季は豪雪に阻まれ、本格的な冬山となる。

100
Mountains of Japan

深田久弥と荒島岳

中学生の頃、深田は姉の嫁ぎ先である勝山を訪れた際に、荒島岳の美しさに惹かれた。百名山の選定にあたっては能郷白山とのいずれを選ぶか悩んだが、「山の気品のある点」で荒島岳に決めた。深田は夫人を伴い、1961年5月に中出コースを登っている。山頂から眺めた白山は、神々しい美しさで白く輝いていたという。深田が故郷に思いをはせたことは想像に難くない。この山行を案内した福井山岳会の名を、原稿にさりげなく入れたのは深田の深い感謝の思いなのだろうか。

登山道脇の
イワカガミ

コースグレード｜中級

技術度｜★★★☆☆ 3

体力度｜★★★☆☆ 3

小荒島岳から見た荒島岳の全容

中出駐車場から林道を進み、10分ほどで**中出登山口**へ。左の作業林道に入る。中出コース登山口の標識に従い、登山道へ。先ほどの林道がつづら折りにのび、それを横切る形で谷あいを登っていく。

やがて両側が自然林に変わる。イタヤカエデやオオカメノキなどが美しい。日当たりのよいトラバース箇所を経て、比較的若いブナの純林の尾根を進む。ダケカンバやナナカマドなどが出てくると、小荒島岳への分岐に着く。**小荒島岳**の山頂へは往復5分ほどなので、ぜひ寄ってみたい。高い樹木がないので展望がよく、めざす荒島岳の雄姿が眼前にそびえる。

先ほどの分岐に戻り、尾根筋を忠実に登

プランニング＆アドバイス

京阪神や名古屋からは早朝に出発すれば日帰り登山も可能だが、ゆっくり楽しむなら城下町の風情あふれる大野市内で前泊するのもよい。ここでは深田が歩いた中出コースを紹介したが、パーティ登山などでマイカーが2台あれば、1台をあらかじめ勝原登山口に回し、シャクナゲ平から勝原に下山してもおもしろい。下山後は、大野市健康保養施設「あっ宝（たから）んど」（℡0779-66-7900）で入浴、食事ができる。

り返すと、勝原コースとの分岐でもある**シャクナゲ平**に着く。なぜかシャクナゲは見当たらない。佐開コースとの佐開分岐を過ぎると、いよいよ難所である「もちが壁」の急登がはじまる。滑落事故も起きている場所なので、慎重に通過しよう。クサリや

勝原コースとの合流点でもあるシャクナゲ平

ロープが設置されているが、むしろ木の幹や岩をつかんだ方が、身体が振られないのでよい。せっかく設置された木段も、今はやや荒れぎみ。時おり尖った鉄釘などが露出しているので用心したい。

中荒島岳の標識を過ぎると、樹木の陰がなくなり直射日光が当たるので、夏場はかなりつらい。最後の急坂をしのぐと、待望の**荒島岳**山頂に到着する。展望は抜群の1等三角点ピークで、白山、別山、三ノ峰へ

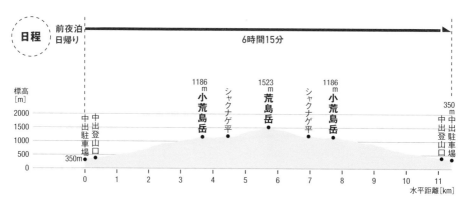

163

荒島岳まで3.3kmを示す道標あたりから、若いブナの純林が特に美しい。小荒島岳からは、圧倒的な迫力の荒島岳がアップで撮れる。春から初秋にかけては、登山道脇にさまざまな花が咲き、撮影に忙しい。

と続く尾根が迫力満点で見えるほか、御嶽山、乗鞍岳、経ヶ岳、能郷白山など豪華な顔ぶれに感動する。山頂には、周囲の山座を同定できる方位盤や、荒島大権現奥の院の小祠が鎮座する。山頂付近はシシウド、クガイソウ、シモツケソウなどが咲き乱れるお花畑でもある。

ところで荒島岳には、9つの頭を持った

通行に注意したい荒れぎみの「もちが壁」

竜（九頭竜）にまつわる民話が伝わる。もともと山に住んでいたこの竜は、荒島岳の神に促され九頭竜川に下る。神は、その代わりに年に3匹の金を川へ流すと約束する。それ以来、九頭竜川の鮎が金色に輝くようになったという。古くから地元の人々に畏敬の念を持たれていたことをうかがい知れる。

眺めを楽しんだら、往路を戻る。もちが壁の急坂の下りでは細心の注意を払おう。

その他のコースプラン

JR越美北線勝原駅を起点に、スキー場跡を通りシャクナゲ平に出る勝原コースは、クサリやロープが張られた急登があるが、ブナ林が美しい（勝原駅〜シャクナゲ平間約3時間）。佐開コースは、4WD車で鬼谷林道を奥まで入ると最短距離でシャクナゲ平に出る（佐開登山口〜シャクナゲ平間約50分、駐車スペース約5台）。JR越美北線越前下山駅を起点とする2012年に開かれた新下山コースは、急登が続く健脚者向け（越前下山駅〜荒島岳間約4時間30分）。

文・写真／岡田敏昭

アクセス
鉄道利用の場合はJR越美北線下唯野駅から徒歩で中出駐車場へ（約45分）。タクシー利用の場合は同線の越前大野駅から乗車する。JR越美北線は本数がひじょうに少ないので、あらかじめダイヤを確認すること。その点からすると、マイカー利用が現実的だろう。中出駐車場は無料で、約40台が停められる（トイレあり）。

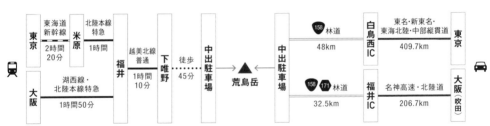

東京	東海道新幹線 2時間20分	米原	北陸本線特急 1時間	福井	越美北線普通 1時間10分	下唯野 — 徒歩 45分 — 中出駐車場 ▲ 荒島岳
大阪	湖西線・北陸本線特急 1時間50分					

中出駐車場	158 林道 48km	白鳥西IC	東名・新東名・東海北陸・中部縦貫道 409.7km	東京
	158 171 林道 32.5km	福井IC	名神高速・北陸道 206.7km	大阪（吹田）

越前大野・福井へ
212
231 下唯野
261
柿ヶ嶋
569
下唯野駅
柿ヶ嶋駅
越美北線
柿ヶ嶋トンネル
西勝原
264m
東勝原
勝原駅
266
蕨生
235
230
226
中出
281
229
158
269
西勝原第二発電所
523
旧カドハラ
スキー場
駐車場登山口
228
▲471
福井県
大野市
623
642
旧カドハラ
WC P
362
350m
白山神社
中出駐車場
666
707
中出登山口
みずごう
707
中野平
▲1040
667
トトロの木
▲379
0.10
林道終点登山口
824
中出コース
白山ベンチ
1015
422
221
佐開
694
757
小荒島岳
▲1186
急登
小荒島岳分岐
0.20
655
荒島神社
372
631
1011
1024
シャクナゲ平
クサリのある急登
929
1234
228
157
佐開橋
348
350m
2.00
1.30
鬼谷林道
0.50
0.45
856
0.50
5台分の駐車スペース
佐開登山口
佐開コース
もちが壁
1.00
0.45
前荒島岳
中荒島岳
1234
1200
234
442
荒島岳
▲1523
1254
1300
1400
小ナベ
463
フィッシングランド荒島
623
1265
998
267
979
4.30
3.40
大ナベ
新下山コース
歩く人は少ない
782
1104
723
1191
まぼろしの大垂
868

問合せ先
[市町村役場] 大野市役所 ☎0779-66-1111
[交通機関] 大野タクシー ☎0779-66-2225
[山小屋] コース中には営業小屋、避難小
屋はもとより、屋根つきの休憩舎すらない。

360度の展望が広がる荒島岳の山頂

2万5000分ノ1地形図 荒島岳

89

伊吹山
(いぶきさん)

固有種の
ルリトラノオ

コースグレード｜中級

技術度｜★★☆☆☆ 2

体力度｜★★★☆☆ 3

日本武尊伝説、
薬草栽培の歴史を背負う、
山野草が咲き誇る
滋賀県の最高峰

標高
1377m

日本武尊の伝説が残り、どっしりした存在感あふれる山容を誇る伊吹山は、滋賀・岐阜県境（山頂は滋賀県）にそびえる独立峰的な山で、滋賀県の最高峰だ。西側斜面は石灰岩の採石が行われ、南麓では古くから薬草栽培が盛ん。表登山道は、山野草が豊富で人気が高い。山頂北側の九合目までは関ヶ原から伊吹山ドライブウェイがのび、山頂の遊歩道を散策する観光客も多い。

100
Mountains of Japan

深田久弥と伊吹山

東海道線の車窓から伊吹山のボリュームある山容を見ては、深田はいつも見とれていたという。石灰岩の採掘場やスキー場の建設を「山の美観を傷つける」と嘆きつつ、登山者が少ない4月中旬の晴天の日に伊吹山に登る。春の花々よりも、南に見える鈴鹿山系、琵琶湖の奥にそびえる比叡山と比良山系、そして賤ヶ岳、姉川、関ヶ原などの古戦場を見渡して心を奪われる。そして頂上では、思い出深い白山が純白に輝く姿と、ショウジョウバカマが雪の間から開花した様子に「この世の極楽」を見た。

JR東海道本線の清滝踏切から望む伊吹山

日帰り 伊吹登山口から山頂を往復

歩行時間：**6時間35分** ｜ 歩行距離：**10.7**km

伊吹登山口バス停から石段を上がり、**三之宮神社**へ。そばのインフォメーションセンターで最新情報を得よう。上野登山口から樹林帯に入り、宿泊施設のある**一合目**でスキー場跡に出る。

二合目を経て緩やかなゲレンデ跡を登り、トイレと休憩舎がある**三合目**へ。周辺は山野草が豊富だ。春はニリンソウ、初夏はイブキジャコウソウやユウスゲ、盛夏はカワラナデシコ、イブキボウフウ、秋はイブキトリカブトやセンブリなど枚挙にいとまがない。伊吹山域では1300種もの野草植物があり、うち280種は薬用種だという。固有種も多い。

五合目の茶屋（夏期不定期営業、自販機

プランニング＆アドバイス

夏期は暑く、午後からガスが出ることが多いため、夜間登山をする人も多い。一合目から先は木陰がほとんどないので、夏期の登山は熱中症に注意したい。冬期は積雪により本格的な冬山と化す。伊吹山ドライブウェイは11月下旬から4月下旬まで冬期閉鎖となる。また、2015（平成27）年、自然環境の保全を目的に米原市による「伊吹山入山協力金」（任意）が導入された。上野登山口など4カ所で収受。目安として1人300円を協力しよう。

あり）を過ぎると、しだいに傾斜が強くなる。山頂を見上げると、その重厚感に圧倒される。六合目直下には避難小屋が立ち、南へ視線をやると深田久弥も指摘したように霊仙山が望める。このあたりからかなりの急勾配になってくるが、登山道はジグザグにつけられた一本道なので、自分のペースを守って登ろう。

標高1000mを過ぎると、ごつごつした岩が出てくる。八合目の手前からは、西の尾根に伊吹修験の行場だった**行導岩**が望める。**手掛岩**を過ぎ、浮石に注意しながら最後の急登をこなすと、山頂部を周回する遊歩道との分岐でもある**九合目**に着く。あたりはお花畑で、盛夏には固有種のルリトラノオが見られる。

九合目は目の前。山頂までもうひと頑張りだ

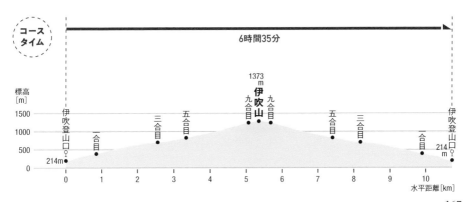

167

山頂に立つ伊吹山寺は日本七高山霊場のひとつ

おすすめの撮影ポイント

この山の最大の魅力である山野草は、昔に比べ減ったとはいえ、三合目周辺と山頂付近に多い。8〜9月頃に山頂部に群生するサラシナショウマは圧巻。山頂周辺を赤く彩るシモツケソウも8月の山頂付近が撮影ポイント。固有種のコイブキアザミやルリトラノオも夏期の山頂付近に群生する。ワイドな風景を撮るなら三角点や、九合目から西に100mほど入った高台からがよい。

右へ進むと、ほどなく伊吹山寺と山小屋が並ぶ台地に出る。その奥の、日本武尊像が立つ**伊吹山**山頂だ。日本武尊は伊吹山中で、白い猪に化けた伊吹の神と戦って負傷し、この怪我がもとで命を落としたとされる。三角点は、さらに100mほど東にある。琵琶湖の向こうに比良山系、南に鈴鹿山系が一望できる。

下山は往路を引き返すが、特に九合目から六合目までの急坂で転倒しないように慎重に足を運ぼう。時間と体力に余裕があれば山頂部に3本ある遊歩道をたどってみたい（下段「その他のコースプラン」参照のこと）。

その他のコースプラン

山頂から花と展望を楽しみながら東遊歩道を下り、伊吹山ドライブウェイ山頂駐車場のスカイテラス伊吹山で一服したのち、西遊歩道または中央遊歩道で周回するのも

おすすめ（一周約1時間30分）。便数は少ないが、山頂駐車場から関ヶ原駅行きのバスも出ている。ほかには南東麓の上平寺や弥高から五合目へ合流するルートもある（上平寺〜五合目間約3時間、弥高〜五合目間約4時間）。いずれも史跡のあるコースだが、839mピーク〜五合目間にルート不明瞭箇所があるので注意。

文・写真／岡田敏昭

問合せ先

[市町村役場] 米原市伊吹庁舎 ☎0749-58-2227
[交通機関] 湖国バス ☎0749-62-3201、名阪近鉄バス ☎0584-81-3326、都タクシー ☎0120-373-385（近江長岡駅）、近江タクシー ☎0570-02-0106（米原駅、長浜駅）、伊吹山ドライブウェイ ☎0584-43-1155
[山小屋] 伊吹山山頂の山小屋 ☎0749-58-2227（米原市伊吹庁舎）

アクセス

伊吹登山口への湖国バスはJR北陸本線長浜駅からも運行。タクシーは近江長岡駅から三合目まで入れる。夏期のみ、JR東海道本線関ヶ原駅から名阪近鉄バスが山頂駐車場まで運行。マイカーは、上野登山口周辺に多数ある有料駐車場を利用。山頂部を周遊するだけなら伊吹山ドライブウェイ（有料）で山頂駐車場へ。

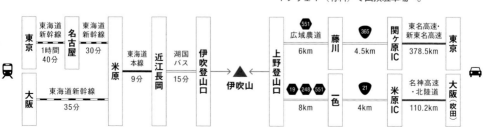

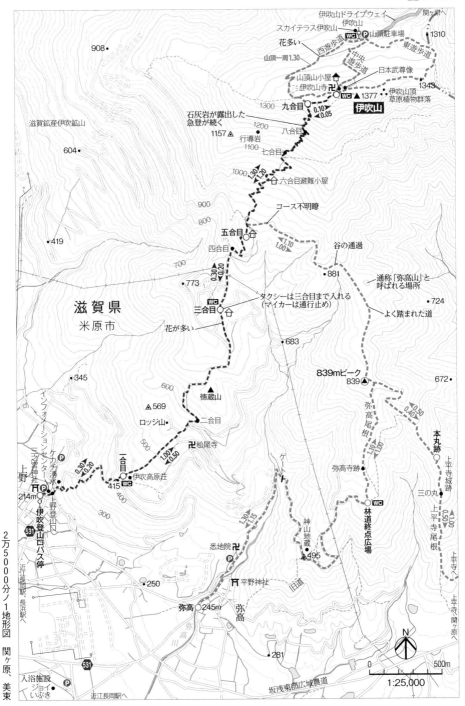

関ヶ原へ

伊吹山ドライブウェイ
伊吹山
スカイテラス伊吹山
花多い
山頂一周1.30
WC P 山頂駐車場
1310
東遊歩道

908

1300

1343

山頂山小屋
伊吹山寺 卍
WC ▲1377
伊吹山頂
草原植物群落

西遊歩道
中央遊歩道
日本武尊像
伊吹山

九合目 ▷0.10
◁0.05

石灰岩が露出した
急登が続く
1200
1157 △
行導岩
1100
八合目
七合目

滋賀鉱産伊吹鉱山

604

1000
1.30▷
◁1.20
六合目避難小屋

900

コース不明瞭

800

419

700

五合目 ☖
▷1.10
1.00◁

四合目
▲▷0.20
◁0.30
773

谷の通過

881

通称「弥高山」と
呼ばれる場所

724

滋賀県
米原市

WC
三合目 ☖

タクシーは三合目まで入れる
（マイカーは通行止め）

花が多い

683

よく踏まれた道

839mピーク
839 ▲

672

345

600

徳蔵山

△569
ロッジ山

二合目

弥高尾根

0.40▷
◁0.50

1.00▷
◁0.50

卍松尾寺

500

本丸跡

上平寺城跡

インフォメーションセンター
三之宮神社
上野
P
214m
伊吹登山口
一合目
415
WC
0.30▷
◁0.20
ガラ清水
1.30▷
◁1.00
弥高寺跡

1.30▷
◁1.15
伊吹高原荘
400

三の丸

上平寺
上平寺尾根

0.50▷
◁1.00

WC
林道終点広場

53
伊吹登山口バス停
近江長岡駅、長浜駅へ

300

悉地院 卍
P

神山地蔵

上平寺、関ヶ原へ

250

△495

旧道

平野神社

弥高
245m
弥高

281

N

0 500m
1:25,000

坂浅東部広域農道
近江長岡駅へ

531
入浴施設
ジョイ
いぶき
P
531

90

大台ヶ原山

<small>おおだいがはらやま</small>

大蛇嵓に咲く
アケボノツツジ

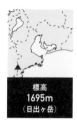

標高
1695m
（日出ヶ岳）

眼下に太平洋、大陣幕を
張る山脈と絶壁の眺め、
さえぎるものない展望が
大台ヶ原山の魅力

大台ヶ原山は奈良県と三重県にまたがって広がる、日本でも珍しい隆起準平原と呼ばれる特殊な山域の総称。主峰の日出ヶ岳から太平洋まで15kmの距離にあり、この近さが大台ヶ原山に年間5000mmの豪雨を降らせ、多様な生態系と変化に富んだ景観を生みだしてきた。これらの笹原の台地や、トウヒの立ち枯れ白骨林、絶壁の巨瀑などの絶景を日帰り山行で堪能できるのが魅力となっている。

100
Mountains of Japan

深田久弥と大台ヶ原山

深田久弥が大台ヶ原の名前をはじめて知ったのは「古い『山岳』（第二年二号）に載っていた白井光太郎博士の紀行文によって」であると記している。そのなかで深田は、大台ヶ原を開拓した松浦武四郎に興味を示している。遺骨を大台ヶ原に埋めるほど、この地を愛した彼と相通じる点を感じたのかもしれない。『日本百名山』では深田が大台ヶ原へ登ったコースは明確ではないが、大和上市からバスで「山葵谷（わさびだに）」まで行き、そこから七窪尾根を経て大台教会に2泊し、東大台を巡ったのであろう。

コースグレード	初級
技術度	★★☆☆☆ 2
体力度	★★☆☆☆ 2

東ノ川を挟んで対峙する竜口尾根上の又剱山から望む大台ヶ原山

正木嶺へのボードウォークから日出ヶ岳を振り返る

日帰り 大台ヶ原駐車場から 日出ヶ岳、大蛇嵓へ

歩行時間：3時間40分 ｜ 歩行距離：7.3km

バス終点の**大台ヶ原駐車場**から心・湯治館を左にし、ビジターセンターの手前から東へ向かう遊歩道へ入る。道はすぐ二股になり、牛石ヶ原への道を右に見送る。苔の観察路を左に見送り、シオカラ谷源流の枝沢を3〜4本横切って、階段状のジグザグ道を登る。尾鷲湾展望台がある**正木嶺鞍部**を左折して立派な階段を登れば、イトザサ

プランニング＆アドバイス

大台ヶ原の代表コース・東大台ヶ原は初心者向きで、大台ヶ原の全体像をつかむのに最適。日出ヶ岳山頂の展望台から見渡せば、大峰山脈や台高山脈、太平洋と大台ヶ原の距離感から気象条件、植生や地形の成り立ちまで掌握できる。「花の百名山」だけに初夏にはヤマトシャクナゲ、アケボノツツジ、シロヤシオなどが見られる。10月中旬の紅葉も人気。整備された道だが、装備はしっかり整えていこう。

茂る**日出ヶ岳**山頂に着く。山頂展望台からは晴れた日には遠く富士山が見えるといわれ、360度さえぎるもののない大展望が広がる。眼下に尾鷲湾、太平洋を俯瞰し、はるか高見山へ重畳と続く台高山脈縦走路を眺める。目を転ずれば、南北に長大な大峰山脈が陣幕を張り、山座同定に暇がない。

山頂を辞し、先ほどの**正木嶺鞍部**を経て、正木嶺へ。ここからは木道が続く。立ち枯れトウヒとイトザサの緑、絶妙な美しさを眺めて下ると正木ヶ原の湿原に至る。群れ遊ぶシカの群れを眺め行けば**尾鷲辻**に着く。

大蛇嵓展望台からの不動返しと竜口尾根

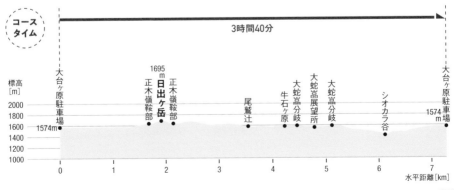

コースタイム

3時間40分

標高[m]

大台ヶ原駐車場 1574m
正木嶺鞍部
1695m 日出ヶ岳
正木嶺鞍部
尾鷲辻
牛石ヶ原
大蛇嵓分岐
大蛇嵓展望所
大蛇嵓分岐
シオカラ谷
大台ヶ原駐車場 1574m

水平距離[km]

大台ヶ原最高点・日出ヶ岳からの夜明けの尾鷲湾

立ち去りがたい思いをあとに**大蛇嵓分岐**へ戻り、道を左に選ぶ。5月下旬頃には両側がシャクナゲで覆いつくされるシャクナゲ坂を下れば、清流**シオカラ谷**である。吊橋を渡って階段道を登るとやがて原生林の中、広い散策路に出合う。左へ進むと樹林を抜け出して、**大台ヶ原駐車場**へと戻る。

その他のコースプラン

紹介した東大台コースのほかに、西大台を巡るコースがある。ブナの大原生林内の「カボチャミズナラ」と呼ばれる根っこがカボチャの形をした珍しい巨木や、大台ヶ原の開拓者松浦武四郎碑、七ツ池湿原跡、開拓跡などを巡り、逆峠展望台から大蛇嵓を見る約8km、5時間の行程。入山するには事前の許可申請手続きが必要（有料）。許可を得たうえで、大台ヶ原ビジターセンターにて事前レクチャーを受ける。

文・写真／小島誠孝

左に進み、シロヤシオが咲く林の中に続く木道を通って広々とした**牛石ヶ原**の台地へ。神武天皇像と御手洗池を右にして、イトザサの台地を横断する石畳道をたどれば深い樹林帯に入り、**大蛇嵓分岐**に出る。左へ岩稜をたどり、アケボノツツジが多い**大蛇嵓展望台**に立つ。絶壁の先端から覗けば、東ノ川へ切れ落ちる障壁と長瀑の絶景。眼前に鋸歯状の竜口尾根、その後ろには紫煙る大峰山脈の自然絵画が展開する。

おすすめの撮影ポイント

撮影ポイントは随所にあるが、とっておきは斑入り（葉や花の色が2色以上混ざったもの）のシロヤシオが見られる尾鷲辻付近。アケボノツツジとシロヤシオが同時に咲く、大蛇嵓展望台付近だろう。

斑入りのシロヤシオ。花期は5月中旬頃

問合せ先
［市町村役場］上北山村役場☎07468-2-0001、大台ヶ原ビジターセンター☎07468-3-0312
［交通機関］奈良交通（バス）☎0745-63-2501、奈良近鉄タクシー☎0746-32-2961、近鉄阿部野橋駅（鉄道）☎06-6621-3251
［山小屋］心・湯治館☎07468-2-0120

アクセス
バスは4月下旬～11月下旬の運行（平日1便、土・日曜、祝日は2便）。タクシー利用の場合は大和上市駅から約1時間30分。大台ヶ原駐車場（無料）はスペースは多いが、初夏、特にGWの時期と紅葉のシーズンは午前中に満車になる。

大阪阿部野橋 — 近鉄南大阪線・吉野線特急 1時間11分 — 大和上市 — 奈良交通バス 1時間51分 — 大台ヶ原 — 76km — 新庄IC — 南阪奈道路 16.9km — 美原JCT — 近畿・阪和道 32.1km — 大阪（吹田）

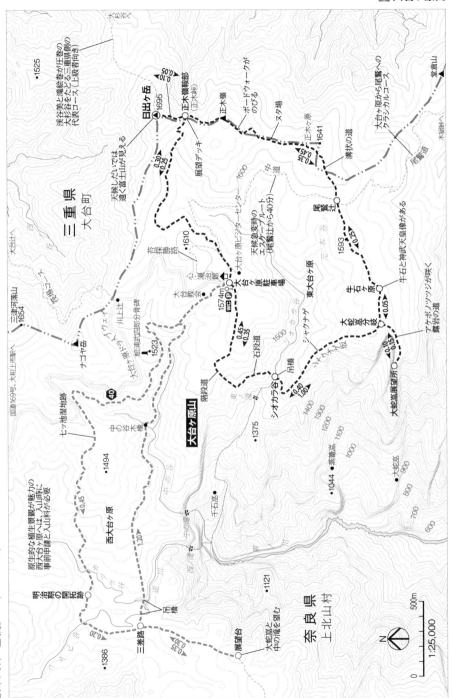

91

大峰山
（おおみねさん）

オオヤマレンゲ

コースグレード｜中級

技術度｜★★☆☆☆ 2

体力度｜★★☆☆☆ 3

標高
1915m
（八経ヶ岳）

「伝説の天女花」
オオヤマレンゲが咲く、
世界遺産・大峰山脈の
最高峰をめざす

大峰山は東洋の神秘、女人禁制の山として、世界にその名を知られる名峰である。大峰山といえば大峯山寺を有する山上ヶ岳を指すが、大峰山脈の最高峰は八経ヶ岳である。トウヒ、シラベの原生林に覆われた林床には国の天然記念物オオヤマレンゲや、高山植物のサンカヨウの群落を擁し、その稜線は奥駈道として熊野へとのび、世界遺産「紀伊山地の霊場と参詣道」に登録されている。

100
Mountains of Japan

深田久弥と大峰山

深田久弥が大峰山脈を訪れたのは「4月中旬、扉開き（開山のこと）の前に、泉州山岳会の仲西政一郎の案内で訪れた」と記されている。洞川（どろがわ・天川村）のあらし屋旅館に泊まった一行は、翌日は龍泉寺の宿坊に泊まり、山上ヶ岳から大普賢岳を踏み越え、弥山小屋へ入っている。この時代、5月の洞川は行者や講の一行で宿が一杯になるため、4月中旬を選んだのであろう。深田がたどったこの稜線は、5月になればシロヤシオの花回廊となる。彼がそれを見たら、どう表現するだろう。

4月の八経ヶ岳。深田も同じ景色を見たのだろうか（弥山から）

弁天ノ森付近の苔むすトウヒ林

1日目 行者還トンネル西口から弥山へ
歩行時間：3時間15分 ｜ 歩行距離：4.2km

行者還トンネル西口の駐車場をあとに、小坪谷右俣右岸の登山道へ一歩入れば、もうそこは静寂な森林に包まれる大峰山へ来たことを実感させてくれる。左に一ノ垰への細道を見送り、直進して小沢の木橋を渡ると、奥駈道への急登がはじまる。木の根や岩が露出した歩きにくい支尾根だが、シャクナゲやシロヤシオの古木に覆われ、季

プランニング＆アドバイス
登山に適した期間は4月下旬〜11月下旬。本コースは危険な場所は特にないが、登山口〜奥駈道出合間は急坂で道も悪いので、下りにはひと苦労する。マイカー利用なら充分日帰り可能だが、公共交通機関を使うと余裕がない。天川村に前泊するか、弥山小屋（4月下旬〜11月下旬営業・要予約）泊も念頭に置いて計画を練ろう。弥山小屋にはテント場があるので、テント泊プランも可能。弥山小屋に宿泊する場合、狼平を経由する川合道で天川川合に直接下れるが、長い下りが続く。

節には美しい花のトンネルをつくる。シャクナゲが消え、林床がミヤコザサに代わると周囲が明るくなり、稜線の奥駈道出合も近い。樹間に覗く行者還岳や大普賢岳の頂を振り返りつつ登れば奥駈道出合だ。

出合から、夏ならば緑あざやかな稜線をたどる。石休ノ宿跡の山名版を左に見送って、苔むすトウヒの森に入る。転石の多い道を登ると小広い台地になった弁天ノ森で、運がよければ足もとの腐朽枝にショウキランを見かけるだろう。ここから、しばらく湿地帯の起伏が続き、やがて正面に弥山や八経ヶ岳の雄姿を仰ぎ見る草原に出る。傍らに大木を輪切りにした腰掛けがある。ひと息入れたら、下り気味の道を聖宝理源大師像のある聖宝ノ宿跡まで行く。ここから

八経ヶ岳からはさえぎるもののない大展望だ

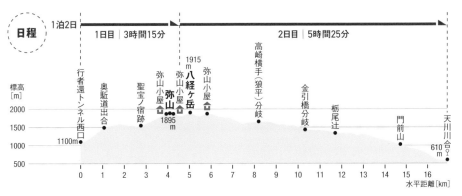

標高断面図：
- 日程 1泊2日
- 1日目 3時間15分
- 2日目 5時間25分

標高[m]：行者還トンネル西口 1100m、奥駈道出合、聖宝ノ宿跡、弥山小屋、弥山 1895m、弥山小屋、八経ヶ岳 1915m、弥山小屋、高崎横手（狼平）分岐、金引橋分岐、栃尾辻、門前山、天川川合 610m

水平距離[km]：0 1 2 3 4 5 6 7 8 9 10 11 12 13 14 15 16

「行者泣かせ」といわれた聖宝八丁の登りがはじまる。ジグザグの階段登りが北面山腹から尾根へ出るまで続き、最後の小さな鉄バシゴを過ぎると**弥山小屋**は近い。小屋に荷物を置き、天河弁財天奥宮がある**弥山**山頂へ行ってみよう（往復15分ほど）。

2日目 八経ヶ岳に立ち、天川川合へ下る
歩行時間：**5時間25分**｜歩行距離：**12.8**km

　ご来光の時間に合わせて、弥山小屋から**八経ヶ岳**を往復してこよう。7月上旬なら途中、朝露に濡れるオオヤマレンゲの群落を見ることもできる。

　山頂からのさえぎるもののない360度の大展望を楽しんだら、**弥山小屋**に戻る。朝食を済ませたら、小屋をあとに大黒岩から原生林の中に続く階段道を下り、周囲に咲くオオヤマレンゲに見送られながら狼平へ向かう。狼平の吊橋を渡って**高崎横手の分岐**を経て頂仙岳の西側山腹を巻くと、ナベの耳に出る。このあたりからブナやカエデの美林が広がる。尾根は緩やかに上下して**栃尾辻**へ下りる。栃尾辻避難小屋前を直進する道は坪ノ内へと下っていくもので、天川川合へは右の植林の道を選ぶ。

　小さな起伏を越えるとやがて古い遭難碑

おすすめの撮影ポイント

コース中の撮影ポイントは何といっても、オオヤマレンゲの群落だろう。季節が深田久弥の登った4月下旬なら、時として弥山・八経ヶ岳に雨氷の花が咲き、撮影ポイントになることもある。

4月の朝に見られたみごとな雨氷

奈良県
天川村

上北山村

五條市

• 1218

• 1368

P 814m
大台

• 781

• 991

• 875

• 1251

• 1295

行者還
トンネル西口 1100m

トンネルを渡る

尾根に乗る

奥駈道
出合

0.45

1.00

シロヤシオ

苔むすトウヒ林

1453

小橋ヶ岳が見える

水の根道の急坂。
シャクナゲ多い

1601

弁慶岳
森名

吾妻岩

1204

弥山
八経ヶ岳がみえる

両が降ると
ぬかるむ

1532

1.00

大峰奥駈道

聖宝宿跡

0.50
0.35

聖宝八丁の
木の階段急坂

旧道　弥山

開閉ゲート

1846・修覆山

オオヤマレンゲ
自生地

鉄山バンコ

弥山
0.10
0.05

弥山小屋

1915

大峰山

1819▲
大黒岩

天河大
弁財天奥宮

360度の展望

八経ヶ岳

1894▲

明星ヶ岳

シカ除け
ネット弥山辻

1.00
1.10

弥山辻

弥山から一明星ヶ岳
往復0.10

立ち枯れ木の山頂。
展望よし

• 1383

鉄山
1563▲

香精山
▲

サンケ平

鉄山平

• 1062

• 1000

1100

1200

1300

1400

1500

1600

1700

1800

• 1318

• 1695

• 1445

1725

狼平

0.10
0.15

頂仙岳
1718▲

0.35
0.50

トウヒの林

七面山。釈迦ヶ岳の展望

日裏山

• 1402

• 1167

• 1042

• 1456
ナベの耳

ブナ・ヒメシャラ

高崎横手（狼平）分岐

1596▲

コケの多い展望

ブナ・イヌブナ林

0.55
1.15

トウヒ

金引橋分岐

木の桟橋

• 1364

• 1518

• 1142

• 1163

0.35
0.45

山腹をからんだり
アップダウンあり

林道下降点あり

栃尾辻

避難小屋あり

1.20
1.50

△ 1257
栃尾山

いったん山腹を
下って登り返す

• 1117

を見て、展望のよい林道に出る。林道が右に大きくカーブしたところの道標に従って右の尾根をたどれば、**門前山**（もんぜんやま）に着く。右へ大きく折れて下り、よく整備された杣道を行く。民家の前を通り、川迫川（こうせい）の橋を渡ると**天川川合バス停**に着く。

ナベの耳からはブナやカエデの美林を行く

■ その他のコースプラン

大峰山脈の主稜線には、奥駈道と呼ばれる平安時代から続く縦走路がある。吉野の柳ノ渡し（やなぎわた）から熊野大社（くまの）まで総延長150km、標高1500mの名のある山だけで50座（ざ）を数える。道中、シーズン中でも有人小屋は山上ヶ岳（じょうがだけ）の宿坊と弥山小屋、玉置神社（たまき）以外のみで、ほかはすべて無人小屋である。それだけに、かつての南アルプスのような本格的な縦走が味わえる5泊6日〜6泊7日の山旅である。一度は縦走してみたいもの。

文・写真／小島誠孝

東方の竜口尾根からの弥山、八経ヶ岳の全容

問合せ先
［市町村役場］天川村役場☎0747-63-0321、大峯山洞川温泉観光協会☎0747-63-0333
［交通機関］奈良交通（バス）☎0745-63-2501、天川タクシー（天川村）☎0747-63-0015、近鉄阿部野橋駅☎06-6621-3251（鉄道）
［山小屋］弥山小屋☎0747-52-1332

アクセス
天川川合へのバスは曜日や季節により変わるので、事前によく調べておく。縦走コースのため、マイカーの場合は行者還トンネル西口駐車場（1日1000円）から八経ヶ岳往復か、縦走後にタクシーで駐車場に戻る。駐車場への国道309号は12月中旬〜翌年3月中旬にかけて冬期通行止め。

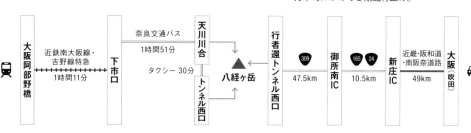

100
Mountains of Japan

中国・四国

 92 大山

 93 剣山

 94 石鎚山

大山
だいせん

中国地方の最高峰を
めざして、ブナと
ダイセンキャラボクの
自然林を登る

標高
1729m
（剣ヶ峰）

大山は鳥取県西部にある独立峰で、中国地方の最高峰でもある。山容は東西にのびる稜線と尾根の南北に急峻な南壁と北壁が形成されるが、なだらかに広がる西斜面を麓から見ると富士山のように見えることから、別名「伯耆富士」とも称される。かつては山岳信仰の霊場として栄えた山でもあり、登山基地の大山寺周辺には大山寺（天台宗）や大神山神社、宿坊などの歴史的名所も多い。

弥山にある大山頂上の山名碑

コースグレード	初級
技術度	★★☆☆☆　2
体力度	★★☆☆☆　2

100
Mountains of Japan

深田久弥と大山

大山といえば「伯耆富士」と称されるように、「いつも一と目でわかる、秀でた円錐形」をしているが、予備知識なしで眺めると、深田も感嘆させたように「頂上のみごとな崩壊ぶり」に驚かされる。崩壊地のひとつである北壁（P182の写真）が夕景に染められた光景は、「古陶の肌を見るかのようだった」と『日本百名山』で記されている。深田久弥が大山に登ったのは、ある年の秋のこと。残念ながらルートは不明だが、この日は澄み切った秋晴れだっただけに、山頂から大展望を満喫したようだ。

西麓の桝水原からの大山。まさに「伯耆富士」の名にふさわしい

弥山山頂から大山頂上避難小屋越しに望む弓ヶ浜

大山寺バス停を起点に周回
歩行時間：**5時間15分** | 歩行距離：**7.6km**

大山寺バス停から大山寺の街並みを抜けて、大山寺の西側を流れる佐蛇川に架かる大山寺橋を渡ると、県道158号脇に**夏山登山道の入口**がある。周辺には駐車場や下山キャンプ場がある。登山口から石段を登りつめると、山頂を示す道標のある場所に着く。登山道脇に阿弥陀堂が建っている。

ブナやミズナラなどの林間をしばらく登

プランニング＆アドバイス

登山は大山寺を起点に夏山登山道を往復するのが一般的だが、ここでは下山路を行者谷コースにして北壁の雄姿を望む元谷へと下る設定とした。ただし元谷は天候、季節により水量の変動が大きく、夏の午後は雷雨になることもあり、その際は往路の夏山登山道を引き返す。登山適期は5月～12月下旬。山頂周辺の夏の野草（クガイソウやダイセンオトギリなど）は7月中旬～8月上旬、紅葉は10月下旬～11月上旬。夏山登山道、行者谷コースともに水場がないので登山前に準備しておく。

ると、一合目を記した道標の地点に着く。登山道沿いには合目を記した道標が随所にあり、登山の目安になる。四合目を過ぎ、傾斜のあるジグザグ道を登る。ブナ林を縫うように階段道が続き、五合目まで来ると視界が開けて眼下に中の原スキー場が見える。五合目の先に行者谷コースとの**分岐**がある。行者谷コースは下山で利用するので、見落とさないように確認しておこう。

分岐からは小石混じりの急坂を登る。大山では五合目の上部（標高1300m）あたりがブナ林の森林限界となる。低灌木の間を登りつめると2020年秋に新装となった**六合目避難小屋**（携帯トイレスペースあり）に着く。展望のよい避難小屋の前にはベンチもあり、小休止するにはちょうどよい。

六合目からは岩石混じりの急登が八合目あたりまで続く。左手には北壁の雄姿が迫

晩秋のブナ（行者谷コースにて）

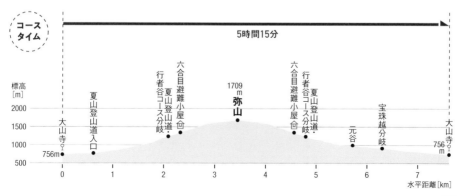

コースタイム

5時間15分

標高[m]

| 大山寺
756m | 夏山登山道入口 | 行者谷コース分岐 | 夏山登山道
六合目避難小屋 | 1709m
弥山 | 六合目避難小屋 | 行者谷コース分岐・夏山登山道 | 元谷 | 宝珠越分岐 | 大山寺
756m |

水平距離[km]

元谷から見上げる北壁の雄姿

る。八合目からはダイセンキャラボクを保護するための木道が山頂まで続く。ダイセンキャラボクは八合目から山頂にかけて西側の片斜面（約9ha）に自生する低灌木で、1952年に国の天然記念物に指定されている。

弥山山頂には大山頂上避難小屋（2020年秋新装、簡易水洗トイレあり）や山頂碑、階段状の展望ベンチなどが設置され、快晴なら360度のパノラマが満喫できる。

帰りは往路を五合目の上部にある行者谷コースの分岐まで戻り、右手の行者谷コースを元谷めざして下る。ブナ林の中に急斜度の木組み階段が設置されている。踏み外さないように慎重に下りていくと、元谷にたどり着く。元谷は大山北壁の根元にあたる岩石のガレ場で、水量の少ない河原を形成し、谷の随所に砂防堤が設置されている。雄大な北壁を眺めつつひと休みしたい。

元谷のガレ場を渡りきると、登山道入口となる広場に出る。ここで大山寺旅館街へ

の道標に従い進路を左に取り、ブナ林の中の登山道を大神山神社まで下る、さらに石畳の参道を下りきると、**大山寺バス停**にたどり着く。バスの待ち時間があるようなら、参道沿いの豪円湯院で汗を流していこう。

その他のコースプラン

大山寺バス停を起点に、大山の稜線続きにある三鈷峰をめざす。大山寺バス停から参道を歩いて大神山神社へ。神社脇にある道標に従って下宝珠越・ユートピア避難小屋方向を登り、さらに進むとY字路の分岐（宝珠越分岐）がある。ここで道標に従い進む。治山林道を横切って谷筋を登りつめ、尾根上の下宝珠越に出る。ここから起伏のある宝珠尾根を登りきると、三鈷峰を望むユートピアに着く。ユートピアから道なりに尾根を進むと三鈷峰にたどり着く。

文・写真／藤原道弘

問合せ先
［市町村役場］大山町役場☎0859-53-3110、大山町観光案内所☎0859-52-2502
［交通機関］日本交通（路線バス・大山るーぷバス）☎0859-33-9111、日ノ丸自動車（大山るーぷバス）☎0859-32-2121

アクセス
米子駅からは通常の路線バスのほか、4〜11月の週末などに運行される割引特典つきの「大山るーぷバス」もある。マイカーは大山寺バス停そばの博労町駐車場（約600台）、夏山登山道近くの南光河原駐車場（約60台）、下山キャンプ場そばの下山駐車場（約70台）を利用する。

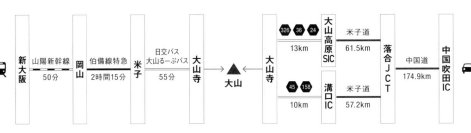

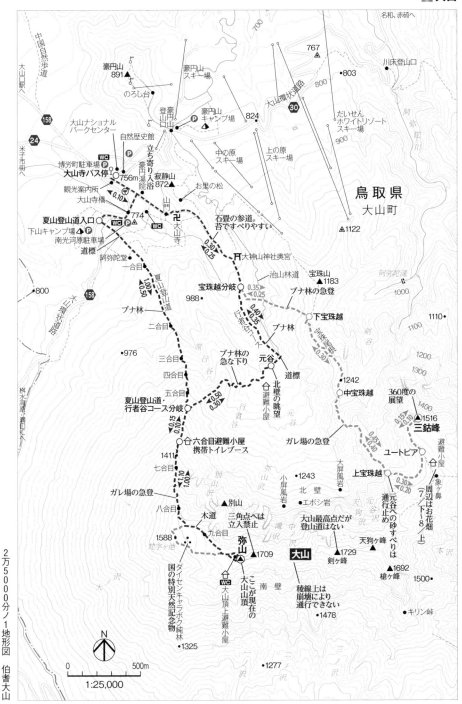

中国自然歩道
大山口駅へ
米子市街へ
158
24

名和、赤碕へ
川床登山口

767
803

豪円山
891▲
のろし台
豪円山
スキー場
登豪
山円
口山

豪円山
キャンプ場

大山環状道路
30
824

中の原
スキー場

上の原
スキー場

だいせん
ホワイトリゾート
スキー場

阿弥陀滝

大山ナショナル
パークセンター
自然歴史館
立ち寄り
博労町駐車場
大山寺バス停
756m
観光案内所
大山寺橋
夏山登山道入口
下山キャンプ場
南光河原駐車場
道標
阿弥陀堂

豪円湯院
寂静山
872▲
お里の松

WC
P
P

WC
P
774
WC
大山寺

山門

鳥取県
大山町

1122

石畳の参道。
苔ですべりやすい

大神山神社奥宮

治山林道
宝珠山
▲1183

1000

宝珠越分岐
988

0.35
0.25

ブナ林の急登

0.40
0.35

0.30

下宝珠越

1110

1100

一合目
0.10
0.20.25

0.30
0.50

夏山登山道

ブナ林
二合目

800
158

976

三合目

四合目

五合目
夏山登山道・
行者谷コース分岐

0.50
0.30

0.15
0.10

六合目避難小屋
携帯トイレブース

1411

七合目

1.10
1.00

ガレ場の急登

八合目
木道

1588
九合目

ブナ林の
急な下り

元谷
北壁の眺望
避難小屋

ブナ林
行者谷

ガレ場の急登

道標
1242
中宝珠越

1243

小屏風沢

別山
三角点へは
立入禁止

弥山
0.40
0.35

行者谷コース

元谷沢

360度の
展望
1516
三鈷峰

0.15
0.10

ユートピア
0.45
0.40

避難小屋

0.30
0.20

上宝珠越

元谷への砂すべりは
通行止め

周辺はお花畑
(7/下-8/上)

象ヶ鼻

大屏風岩

北壁
エボシ岩

大山最高点だが
登山道はない
天狗ヶ峰
1729
剣ヶ峰

▲1692
槍ヶ峰

1500

キリン峠

別山沢

弥山沢

梵字ヶ池

1709

大山

南壁

稜線上は
崩壊により
通行できない

1478

ダイセンキャラボク純林
国の特別天然記念物

ここが現在の
大山山頂
WC
大山頂上避難小屋

1325

1277

2万5000分ノ1地形図
伯耆大山

N
0 500m
1:25,000

中国・四国／徳島県

93

剣山
（つるぎさん）

キレンゲショウマ

日本三大秘境のひとつ
祖谷地方の奥にそびえ、
名花と平家ゆかりの
ロマンを秘めた山

標高
1955m

四国で最も奥深い、剣山系の頂点に君臨する剣山。かつて秘峰と畏れられた山も、今では「誰でも簡単に登れる山」をうたい文句に、観光の山へと変貌を遂げている。メインの見ノ越コースは登山リフトを使えばおよそ40分で登頂可能といった具合。それでも山の魅力は事欠かず、安徳天皇にまつわる史跡や修験道の行場、それと剣山の代名詞、キレンゲショウマを巡るコースが人気を得ている。

100
Mountains of Japan

深田久弥と剣山

深田は剣山を2度訪れている。一度目は途中豪雨に遭い撤退を余儀なくされるが、その3年後、祖谷コースから無事登頂を果たしている。百名山に「頂上は森林帯を辛うじて抜いた草地で、その広々とした原は…」と記すように、山頂台地は絶好のキャンプ地として人気を博した時代もあった。筆者も若い頃テントでひと晩世話になった。深田が渡った下山口の垢離取り橋（1976年流失）の写真が地元の文献に掲載されている。今では珍しい屋根つきの太鼓橋に、表参道の隆盛が偲ばれる。

コースグレード｜**初級**

技術度｜★★★★★ 2

体力度｜★★★★★ 2

ジロウギュウ峠付近から望む剣山の秋景

日帰り 見ノ越から剣山、一ノ森へ

歩行時間：4時間30分｜歩行距離：8.3km

見ノ越の駐車場から登山リフト乗り場と反対方向に進み、国道沿いの民宿前から石段を上がり、剣神社前を右折すると登山道の入口がある。リフト下のトンネルをくぐってすぐ、分岐を左に取る。ブナ林を折り返しながら高度を上げていくと、やがて視界が開けリフト終点の**西島駅**に着く。駅裏の展望広場から、三嶺や塔ノ丸、祖谷山系の盟主・矢筈山などが見渡せるので休憩にうってつけだ。

コースはこの先3方向に分かれるが、真ん中の大剣コースを進む。大剣神社は山頂下のテラス状の平地に鎮座。その背後には、石灰岩でできたご神体の**御塔石**がそびえ立つ。石の基部から安徳天皇ゆかりの名水が

プランニング＆アドバイス

西島～剣山間は紹介コースがポピュラーだが、ほかに直登の尾根コースと巻き道があり、どちらも大剣神社に通じる。歩き足りない人は剣山南西の次郎笈（剣山から往復2時間）を加えた充実プランがおすすめ。その場合、西島から巻き道を進み次郎笈を往復後剣山、一ノ森を巡るとよい。巻き道から御塔石の全貌が観賞できるほか、剣山～次郎笈間の縦走路では豪快な気分が味わえる。なお、見ノ越～西島間の登山リフト利用については各自の判断にゆだねる。

湧き出している。

御塔石を尻目に急登をしのいで西島からの尾根コースを合わせると、まもなく宝蔵石神社に着く。さらに隣接する**頂上ヒュッテ**との間の階段を上り、平家ノ馬場と称す

リフト終点の西島から大剣コースを取る

る広い山頂台地に出て木道を進めば、1等三角点を置く**剣山**山頂は間もない。

開放感満点の山頂台地から360度の山岳展望を堪能したら、東に派生する尾根をたどり一ノ森へ。

二ノ森のコブを越え殉難碑が立つ鞍部からひと登りで**一ノ森**に着く。ちなみに殉難碑には、雪崩の犠牲になった元測候所員を弔う、作家新田次郎の追悼文が刻まれている。一ノ森からふりかえと、剣山と次郎笈

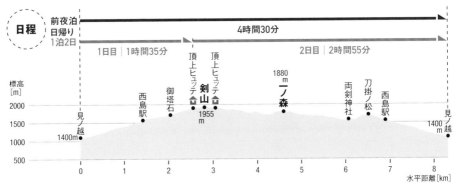

おすすめの撮影ポイント

剣山をとりまく山々の中で、次郎笈がいちばん写欲をそそる。三角点から望む美しい笹山は格好の被写体で、誰もがカメラを向ける。剣山の全容を狙うなら、次郎笈峠と一ノ森がおすすめ。丸味を帯びボリューム感に富む前者に対し、後者はシラベ原生林をまとって威風堂々。とりわけ一ノ森は、次郎笈と三嶺を加えた三名山の配置が実に絶妙。このほか、大剣神社上部の斜面と巻き道が紅葉の人気スポットといえる。

の食害が著しい。いくつかの行場を見送り、防鹿ネットで守られたキレンゲショウマの群生地に出る。途中、道が少々ザレっぽいので足もと要注意。

刀掛ノ松で尾根コースに合流したら、そのまま尾根づたいに西島駅まで下る。あとは見ノ越までは往路を戻ればよい。

を結ぶ吊り尾根越しに三嶺を遠望。また、シラベに覆われた剣山は原生の雰囲気をとどめ風格さえ漂う。一ノ森山頂は賑わう剣山をよそに静寂そのもの。直下に三角屋根の一ノ森ヒュッテが建っている。

帰路は先ほどの鞍部へ戻り、トラバース道を進み刀掛ノ松へ向かう。この区間、以前は多くの花が見られたのだが、近年シカ

その他のコースプラン

富士ノ池コース（約3時間30分）を使う人は近年めっきり減り、衰退の一途とはいえ登山道は健在で、一部のファンに根強い人気を保っている。以前は垢離取りから歩いたが、現在6合目の龍光寺駐車場まで車で乗り入れ可能。富士ノ池は昭和の中頃まで宿泊施設が建ち並び、たいへん賑わった表参道の一大拠点。広い境内にたたずむ本坊や護摩壇が古い由緒を伝えている。一ノ森までの途中、追分付近に唯一、ブナの天然林が残る。

文・写真／石川道夫

大剣神社の背後に御神体の御塔石がそびえる

アクセス
バス、マイカーともに穴吹、貞光、阿波池田の各方面からのアクセスとなるが、マイカー利用が大勢を占める。徳島道の美馬ICから国道438号を南下するルートがいちばん早い。見ノ越に無料の駐車場が完備している。バス利用の場合、ゴールデンウィーク、夏休み、紅葉シーズン以外は、土・日曜、祝日のみの運行となる。

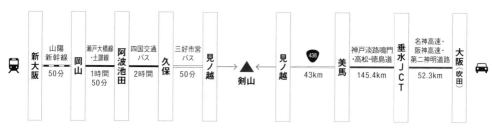

新大阪	山陽新幹線 50分	岡山	瀬戸大橋線・土讃線 1時間50分	阿波池田	四国交通バス 2時間	久保	三好市営バス 50分	見ノ越		剣山		見ノ越	438 43km	美馬	神戸淡路鳴門・高松・徳島道 145.4km	垂水JCT	名神高速・阪和高速・第二神明道路 52.3km	大阪（吹田）

宿泊可 円福寺・剣山 卍
簡易宿泊所
剣神社
見ノ越・剣山
438
P 民宿
1400m 見ノ越
439
トンネル 見ノ越駅
分岐
つるぎ山荘
久保・阿波池田駅へ
大塚製薬
美馬ICへ
貞光駅・美馬ICへ

垢離取り、穴吹駅へ
•1324
猿渕滝

1000
1100
1200
•1288

徳島県
美馬市

表参道
樹林に囲まれ静か
追分
•1444
龍光寺、垢離取りへ
1300
1.00
0.40

通行禁止
1791
ブナ林
1639
尾根コース
0.25
0.15
西島駅
西島神社
大剣コース
刀掛ノ松
0.05
0.10
•1587
キレンゲショウマ
群生地
0.10
古剣神社
両剣神社
カツラ大木
•1417
1400
1500
通行止め
1.10
0.50
内鳴峠分岐
1600

御塔石
0.25
0.15
大剣神社
0.20
0.15
0.10
0.20
0.15
雲海荘
剣山本宮
宝蔵石神社
頂上ヒュッテ
0.40
0.30
1700
コメツガ
1800
鞍部

平家ノ馬場
木道
1955
剣山
1900
経塚森
二ノ森
一ノ森
ヒュッテ
テント場
•1880
一ノ森
ナナカマド

次郎笈への近道
二度見展望所
0.05
あわエコトイレ

殉難碑と
案内板あり
ゴヨウマツ、
白骨樹

三好市
分岐
1791
吊り尾根
ジロウギュウ峠
四国第3位の高峰。
剣山から往復2時間
次郎笈 ▲1930

剣山参拝道のひとつだが
衰退著しい。おおぼら橋から
登り2時間半強、下り2時間弱

那賀町
•1776
▲1825
槍戸山
•1702

次郎笈谷
はら貝ノ滝

N

0   500m
1:25,000

おおぼら橋へ

2万5000分ノ1地形図　剣山

問合せ先
［市町村役場］三好市役所 ☎0883-72-7620
［交通機関］四国交通（バス）☎0883-72-
2171、三好市営バス☎0883-88-2212、三
協タクシー（阿波池田駅）☎0883-72-3300、
剣山観光登山リフト☎0883-62-2772
［山小屋］剣神社簡易宿泊所☎0883-67-
5017、剣山円福寺☎0883-67-5276、剣山
頂上ヒュッテ☎080-2997-8482、市営一ノ
森ヒュッテ☎0883-53-5911

広々とした平家ノ馬場から木道に導かれ三角点へ

石鎚山
いしづちさん

霊峰石鎚を象徴する
長大なクサリをつたって
信仰登山の神髄に触れ、
西日本最高峰を極める

古来山岳信仰の聖地として崇められ、日本七霊山のひとつに名を連ねる石鎚山。大規模なクサリ場が石鎚の目玉といえるが、一方で、地形や地質、植生、展望など、多彩な魅力も備えている。火山由来の安山岩がそびえる山頂に立てば、瀬戸内海と四国山地の大パノラマが欲しいまま。足もとの岩陰にはシコクイチゲはじめ、かけがえのない高山植物がひっそりと息づいている。

四国特産の
シコクイチゲ

コースグレード｜**中級**

技術度｜★★★☆☆ 3

体力度｜★★★☆☆ 3

100
Mountains of Japan

深田久弥と石鎚山

深田は1942（昭和17）年秋に面河～石鎚山～表参道と、石鎚の主軸ともいえるコースを踏破した。当時日本は戦時下にあり、翌年弥山山頂に軍事用の気象観測所（頂上山荘の前身）の建設が始まるので、深田は事前に察知していたかのごとくタイミングよく訪れている。資材運搬用のクサリ場迂回路を開設したのも同時期。工事前の弥山の様子を深田は次のように記している。「鎖を登りきると、弥山と称する岩ばかりの頂上で、石造りの祠があった」。太古以来の神聖かつシンプルな山頂の風景が垣間見える。

シラベに覆われた石鎚南面。北面と樹相が異なる

弥山から細い岩稜をたどって最高点の天狗岳へ

日帰り 山頂成就駅～天狗岳往復
歩行時間：6時間5分｜歩行距離：8.5km

　西之川の山麓下谷駅から登山ロープウェイに乗り、標高約1300mの**山頂成就駅**へ。ここは石鎚山頂から北へ派生する尾根のほぼ中間点。かつて尾根末端の河口が表参道登山口の役割を担っていたが、ロープウェイの開通により行程のおよそ半分がショートカット。数時間を要した行程がわずか10分足らずに短縮されている。

　山頂成就駅をあとに遊歩道を進む。成就まで、瓶ヶ森とスキー場を左右に見てブナ林を折り返す。成就は表参道の中継拠点で**石鎚中宮社（成就社）**や拝殿、旅館などが建ち並ぶ。拝殿の内部からご神体の石鎚山が拝めるので、手を合わせておきたい。

　入山門をくぐると雰囲気が一変。鬱蒼としたブナ林に包まれる。これ以降、古来神域とされ、手つかずの森が迎えてくれる。

成就に石鎚神社と旅館が建っている

　夜明峠まで展望は期待できないものの四季おりおりのブナ林の風情を味わえる。しばらく高度を落とし、**八丁鞍部**から登り返しとなる。連続する木段にいささか閉口するがここは耐えるしかない。やがて行場のひとつ、**前社ヶ森**のクサリ場（試しの鎖）、に着く。小さな岩山を上り下りのクサリをつたって越えるが、下りは要注意。

　夜明峠からは石鎚山の全容が望まれる。長い樹林帯を抜けたあとだけに晴れ晴れと

プランニング＆アドバイス

「鎖禅定」とも称されるクサリ場は、かつては土足厳禁の神聖ゾーン。一種の修行体験が味わえるので心して臨みたい。達成感は迂回路の比でない。瀬戸内海に面した石鎚山は夏の間ガスがよく発生する。特に気温が上がる午後はその確率が高く、山頂は視界ゼロといった日も少なくないので早めの登頂を心がけたい。また評価が高い天狗岳の紅葉は10月上旬頃がベスト。ただし紅葉シーズンは1年で最も混雑する。

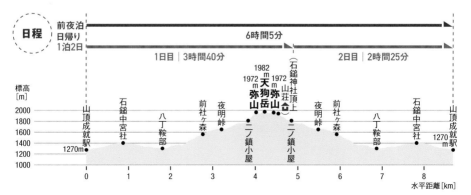

日程　前夜泊／日帰り／1泊2日

6時間5分

1日目｜3時間40分　　　　2日目｜2時間25分

標高[m]

山頂成就駅　石鎚中宮社　八丁鞍部　前社ヶ森　夜明峠　天狗岳 1982m　弥山 1972m　弥山 1972m　（石鎚神社頂上山荘）　夜明峠　前社ヶ森　八丁鞍部　石鎚中宮社　山頂成就駅

1270m　　　　　　　二ノ鎖小屋　　二ノ鎖小屋　　　　　　　　　　　　1270m

水平距離[km]

最後のクサリ場、三ノ鎖を登って弥山山頂へ

した気分だ。笹原に刻まれた登山道の先に一ノ鎖がある。無難にこなし次の二ノ鎖へ。土小屋コースが合わさる**二ノ鎖小屋**から石段を上がると全長65mのクサリが待っている。

高度が上がるにつれ緊張が増す。クサリを持つ手と足場の確保に細心の注意を払いながら乗り切ろう。迂回路に出ると、そそり立つ天狗岳の絶壁に圧倒される。

弥山山頂に至る全長68mの三ノ鎖はこれまで以上にスリリング。いやがうえにもテンションが上がる。**弥山**山頂に立つと目の前に最後の難所・天狗岳が天を突くようにそびえる。このあと天狗岳まで細い岩稜をたどるがコースアウトは禁物。西日本最

高点・**天狗岳**山頂に到達すれば、文字通り大パノラマが得られる。天狗岳をはさんで、石鎚連峰第2位の高峰二ノ森と、同3位の瓶ヶ森が東西に連なる。目をこらせば、およそ90km先の剣山も認められるだろう。

存分に堪能したら、帰りは迂回路を経て出発点の**山頂成就駅**に戻る。

その他のコースプラン

マイカー登山に適した土小屋コース(約2時間30分)は、距離的には表参道と大差ないが、標高差が少ないぶん負担が軽い。尾根道だけに終始展望に恵まれ、天狗岳下のトラバース道では花と紅葉も楽しめる。面河コース(約5時間30分)は自然度が高いのが魅力。距離が長い反面、喧騒を離れた静かな山旅がかなう。登るにつれ刻々と表情を変える石鎚南壁は最大の見どころ。コース上の愛大石鎚小屋は一般にも開放されており宿泊可能。

文・写真/石川道夫

おすすめの撮影ポイント

まず夜明峠があげられる。コース上、クサリ場を含め石鎚山の全貌がはっきりと見える場所はここ以外にない。若干メリハリを欠くが、弥山を中心に天狗岳と三角点峰が左右に並ぶ安定した構図となる。二ノ鎖と三ノ鎖の間は天狗岳が最も迫力を増すポイント。荒々しい岩肌をアップに、インパクトの強い写真が撮れる。山頂部では石鎚の定番写真でもある、弥山から天狗岳のショット。春夏秋冬、それぞれに表情豊かだ。

問合せ先
[市町村役場] 西条市役所 ☎0897-56-5151
[交通機関] せとうちバス ☎0898-72-2211、愛媛近鉄タクシー ☎0897-37-3070、石鎚登山ロープウェイ ☎0897-59-0331
[山小屋] 石鎚神社頂上山荘 ☎080-1998-4591

アクセス
路線バスは本数が少なく、タクシーとの併用も視野に入れておく。ロープウェイは通年運行で冬山登山にも重宝するが、運行時間は季節により変わるため、必ず確認すること。特に下山時、最終便に乗り遅れないように。マイカーは下谷の有料駐車場を使う。

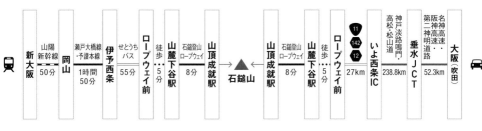

新大阪 ─ 山陽新幹線 50分 ─ 岡山 ─ 瀬戸大橋線・予讃本線 1時間50分 ─ 伊予西条 ─ せとうちバス 55分 ─ ロープウェイ前 ─ 徒歩5分 ─ 山麓下谷駅 ─ 石鎚登山ロープウェイ 8分 ─ 山頂成就駅 → ▲石鎚山

山頂成就駅 ─ 石鎚登山ロープウェイ 8分 ─ 山麓下谷駅 ─ 徒歩5分 ─ ロープウェイ前 ─ 27km ─ いよ西条IC ⑪⑫142 ─ 238.8km 高松・松山自動車道 ─ 神戸淡路鳴門・高松自動車道 ─ 垂水JCT ─ 52.3km 第二神明道路・阪神高速神戸線 名神高速道路 ─ 大阪(吹田)

西条市
一ノ鎖 1700 巻き道
夜明峠へ
一ノ森、堂ヶ森へ
面河乗越へ
0.35
0.20
迂回路
休憩所
0.15
0.10
一ノ鎖
利用不可
1900
迂回路
石鎚神社
二ノ鎖小屋
二ノ鎖
面河分岐
WC
0.35
0.30
二ノ鎖
N
石鎚山
石鎚神社
頂上山荘
弥山
1972
三ノ鎖
0 100m
1:15,000
石鎚神社
0.15
天狗岳
久万高原町
ナイフリッジ。要注意
1982

西条市街へ
加茂川
12
ロープウェイ前バス停
下谷 400m
温泉旅館や売店がある
P
WC
駐車場は有料
平組
山麓下谷駅
西之川
430m
0.05
WC

今宮道
山頂成就駅
成就分岐
石鎚登山ロープウェイ
ロープウェイは
所要約8分
WC
御塔谷出合
西之川
成就
1270m
石鎚スキー場
奥前神社
展望台
展望広場
卍
1414
観光リフト
遊歩道
0.25
0.20
小森
▲934
石鎚中宮社(成就社)
売店、食堂、
3軒の旅館
△1363
巨岩が点在する
岩原
土小屋分岐
卍
遥拝の鳥居
ブナ林
刀掛
0.20
0.30
1102
大森山
▲1400
八丁鞍部
奥参道
1556
木段の連続
1.00
0.40
1035
ツナノ平
登り下りの試しの鎖。
東側に巻き道
(穴薬師)
△1285
石鎚山の全容が
見える
前社ヶ森 ▲1592
休憩茶屋
剣山
1631
0.20
0.45
宇分岐
1323
北岳
(東ノ冠岳)
▲1921
夜明峠
1652
0.50
天柱石(御塔石)
面河乗越
石鎚山
一ノ鎖
愛媛県
シラベ林
石鎚神社二ノ鎖小屋
西条市
左上
▲1972
二ノ鎖、三ノ鎖の
直登コース
1208
弥山
1982
0.40
ゴヨウマツ
天狗岳
南尖峰
ブナ林
1677
休憩地
大砲岩
矢筈岩
1700
東稜取付点
笹原
鞍部
1600
ブナ林
0.45
0.35
国民宿舎石鎚
石鎚土小屋ロッジ
岩黒レストハウス
石鎚
土小屋バス停
鶴ノ子ノ頭
1638 ▲
バスは
運行日注意
御来光ノ滝
1500
1524
岩黒山
1746 ▲
1400
土小屋コース
石鎚神社
1495m
P
WC
P
2
万
5
0
0
0
分
ノ
1
地
形
図

瓶
ヶ
森

石
鎚
山
1300
久万高原町
1200
1100
1551
アケボノツツジ
面河山
1525
面河山の肩
1000
1092
コメツツジの群生
丸滝山
1559 ▲
面河コース
980
12
N
1356
霧ヶ迫
石鎚スカイライン
1479
0 1km
丸滝小屋
面河渓谷へ
久万、松山へ
1:40,000

深田久弥が歩いたコース （ヤマケイ文庫『深田久弥選集 百名山紀行 下巻』より）

No.	山名	年月・季節	歩いた（と思われる）コース
51	黒部五郎岳	1950年 8月	（上巻P194の薬師岳から）→太郎兵衛平→黒部五郎岳→双六小屋→槍ヶ岳
52	水晶岳	1961年 9月	折立→太郎兵衛平→薬師岳往復→太郎兵衛平→薬師沢→雲ノ平→
53	鷲羽岳	〃	三俣小屋→鷲羽岳→水晶岳→野口五郎岳→烏帽子小屋→葛温泉
54	槍ヶ岳	1922年 7月	燕岳→常念岳→一ノ俣谷→中山峠→二ノ俣谷→槍沢→槍ヶ岳→上高地
55	穂高岳	1951年 9月	（?）→涸沢→穂高小屋→奥穂高岳→北穂高小屋→槍ヶ岳→西鎌尾根→千丈沢→湯俣
56	常念岳	1922年 7月	54 槍ヶ岳に準じる
57	笠ヶ岳	1957年 8月	（?）→三俣蓮華岳→双六小屋→抜戸岳→笠ヶ岳→槍見温泉
58	焼岳	（?）年（?）月	上高地→中尾峠→焼岳→（?）
59	乗鞍岳	1934年12月	番所→冷泉小屋→位ノ原→肩ノ小屋→剣ヶ峰→冷泉小屋
60	御嶽山	（?）年（?）月	（?）
61	美ヶ原	1938年 5月	入山辺→三城→王ヶ頭→武石峰→袴越山→浅間温泉
62	霧ヶ峰	1935年 7月	霧ヶ峰ヒュッテをベースに滞在・散策
63	蓼科山	1935年 9月	大門峠→蓼科牧場→御泉水→蓼科山→親湯→小斉湯
64	八ヶ岳	1926年 5月	美濃戸→赤岳鉱泉→中岳→赤岳→横岳→硫黄岳→本沢温泉→稲子
65	両神山	1959年10月	納宮→楢尾沢峠→日向大谷→両神山→（八丁）峠→尾ノ内
66	雲取山	1957年11月	丹波→サオラ峠→三条の湯→雲取山→富田新道→日原
67	甲武信ヶ岳	1922年（?）月	塩山→西沢渓谷→笛吹川東沢遡行→甲武信ヶ岳→雁坂峠→広瀬（?）
68	金峰山	1923年10月	甲府→昇仙峡→金桜神社→上黒平→水晶峠→金峰山→川端下→梓山
69	瑞牆山	1957年 7月	増富鉱泉→金山平→富士見平→天鳥川（?）→瑞牆山（往復）
70	大菩薩嶺	1923年 5月	初鹿野→嵯峨塩鉱泉→小金沢山→大菩薩峠→大菩薩嶺（?）→裂石
71	丹沢山	1941年 1月	大倉→塔ノ岳→ユーシン→雨山峰→寄→松田駅
72	富士山	1939年 2月	剣ヶ峰→成就岳・伊豆岳鞍部→（スキー）→太郎坊
73	天城山	1959年12月	池→遠笠山→万二郎岳→万三郎岳→白田峠→八丁池→天城峠→湯ヶ野
74	木曽駒ヶ岳	1936年 6月	内ノ萱→木曽駒ヶ岳→宝剣岳→上松
75	空木岳	1938年 8月	シオジ平→中小川→越百山→空木岳→木曽駒ヶ岳→伊那前岳→赤穂
76	恵那山	1960年 4月	黒井沢→恵那山→神坂峠→万岳荘
77	甲斐駒ヶ岳	1939年 9月	北沢峠→仙水峠→駒津峰→甲斐駒ヶ岳→竹宇駒ヶ岳神社
78	仙丈ヶ岳	1960か61年 9月	北沢峠→仙丈ヶ岳→（?）
79	鳳凰三山	1932年10月	青木鉱泉→北御室小屋→地蔵岳→（?）
80	北岳	1960年10月	鷲ノ住山→池山吊尾根→北岳→北岳小屋→間ノ岳→
81	間ノ岳	〃	農鳥岳→大門沢小屋→奈良田
82	塩見岳	1962年 6月	塩川→三伏峠→塩見岳往復
83	東岳	1961年10月	鹿塩→三伏峠→板屋岳→荒川小屋→赤石岳往復→
84	赤石岳	〃	東岳→二軒小屋→デンツク峠→（?）
85	聖岳	1960年 6月	沼平→赤石沢聖沢分岐→聖沢小屋→奥聖岳（往復）
86	光岳	1935年　夏	下栗→易老渡→易老岳→光岳（往復）
87	白山	1918年　夏	白峰→白山温泉→旧道と呼ばれる尾根道→室堂→大汝峰→尾添道→尾添
88	荒島岳	1961年 5月	中出コース→荒島岳（往復）
89	伊吹山	1961年 4月	上野登山口→伊吹山（往復）
90	大台ヶ原山	1960年 3月	大台ヶ原駐車場→大蛇嵓→正木ヶ原→日出ヶ岳→大台ヶ原駐車場
91	大峰山	1962年 4月	洞川→山上ヶ岳→大普賢岳→行者還岳→弥山小屋→八経ヶ岳→天川川合
92	大山	1961年（?）月	（?）
93	剣山	1961年 8月	名頃→見ノ越→大剣神社奥の院→剣山→一ノ森→垢離取橋
94	石鎚山	1942年10月	面河渓→二ノ鎖→弥山→天狗岳→弥山→成就社→河口
95	九重山	1959年 2月	牧ノ戸温泉→久住山→御池→法華院→鉾立峠→久住高原
96	祖母山	1962年 3月	神原→国観峠→祖母山→（経路不祥）→尾平
97	阿蘇山	1962年 3月	火口西駅→砂千里→中岳→高岳→火口東駅（?）→火口西駅
98	霧島山	1939年12月	えびの高原（?）→韓国岳→新燃岳→新湯温泉→高千穂河原→高千穂峰
99	開聞岳	1939年12月	枚聞神社→七合目→開聞岳→七合目→川尻
100	宮之浦岳	1939年12月	小杉谷→旧安房歩道→花之江河→宮之浦岳→永田岳→永田

行程は本文中からの推測（一部『日本百名山』の本文から推測）

100
Mountains of Japan

九州

95

九重山
くじゅうさん

ミヤマキリシマ

コースグレード | **初級**

技術度 | ★★☆☆☆ | 2

体力度 | ★★☆☆☆ | 2

百名山の選定条件を
充たした久住山へ。
花と温泉を楽しめる
くじゅう随一の人気コース

標高
1791m
（中岳）

阿蘇くじゅう国立公園の北の一角に青垣が連なる九重山。
この山群を深田久弥は「九重共和国」と呼び、その主峰
は久住山であると。なかんずく久住山は、昔から神体山
として崇められてきた名山だ。三角形をした頂上部がす
っくと立つさまは、いかにも神々しく、山群の主峰にふ
さわしい威容で佇む。西面の牧ノ戸峠からだと高度差が
少なく、道も緩やかで、安全かつ快適な登山が楽しめる。

100
Mountains of Japan

深田久弥と九重山

九州の登山メッカとして人気の高いくじゅう連山だが、そのきっかけは深
田久弥の『日本百名山』による。「九州には霧島や阿蘇、雲仙などの噂の
高い山があるせいか、その最高峰は見逃されがちのようである。九州本島
の一番高いのは九重山」と述べる。氏は九重には2度訪れている。そして
投宿先の法華院温泉から久住山に登る途中「そして何といっても品のある
のは久住山である。殊に北側の千里浜と呼ばれる原から眺めた形は、精鋭
で颯爽としていて、さすが九重一族の長たるに恥じない」と。

西千里浜からの久住山。精鋭かつ爽快な姿が印象的

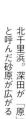
北千里浜。深田が「原」と呼んだ砂原が広がる

［1日目］牧ノ戸峠から法華院温泉へ

歩行時間：**4時間5分**　歩行距離：**8km**

バス停がある**牧ノ戸峠**で登山届をすませたら遊歩道（舗装）を進み、展望所を過ぎた先で沓掛山の肩に上がる。阿蘇方面の眺めがいい。東へ進もう。**沓掛山**山頂は三俣山や飯田高原を望む絶好のビューポイントだ。**扇ヶ鼻分岐**を過ぎ、ケルンが積まれた道を進んで西千里浜へ。この先、**星生山分岐**を見送った場所で行く手に三角形の久住山がじわっと近づいてくる。星生崎下の岩間を足もとに注意してすり抜けると、目前にはでんと構えた久住山が。下方の窪地には避難所とトイレが設置されている。

久住分かれで道が三方に分岐する。ここでは多発する霧に要注意だ。道迷いを想定した地図などによる事前確認が必須。久住山に向けた道を進み、空池の縁から石ころの急坂道をひとあえぎして**久住山**山頂に到

達する。一望千里、雄大な景色を満喫しよう。同じ日本百名山の祖母と阿蘇が誘ってくれている。

久住分かれに戻って北千里浜、法華院へと向かう。硫黄山から発生する火山ガスを吸いこまないように注意して、深田が「原」と呼んだ砂原を進む。そして彼はこの原から眺めた最奥部に位置する久住山を「九重一族の長」と述べる。**北千里浜**の北端から

通年営業の法華院温泉山荘。宿泊の際は要予約

プランニング＆アドバイス

九重登山の王道である本コースは標高差が少なく、かつ難所がなく指導標も整う。避難所とトイレもあることなど好条件がそろい、初級者でも問題ない。だが散策ではなく登山であることは重々承知のうえで歩こう。季節を問わず食料や防寒具、スマートフォン（GPS）、ヘッドランプなどは必携品で、周到な予備知識を持つことを徹底する。緑の王国九重山を象徴するのは5月下旬〜7月下旬がベスト。牧ノ戸峠、沓掛山直下などの霧氷は12月下旬〜2月下旬。沓掛山のマンサクは3月中旬〜下旬。星生山、雨ヶ池のミヤマキリシマは5月下旬〜6月中旬。紅葉は10月上旬〜中旬。

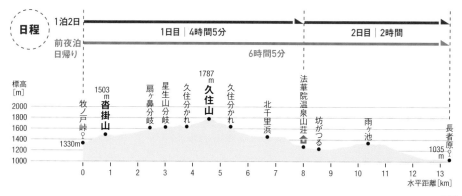

日程

1泊2日
前夜泊
日帰り

1日目｜4時間5分　　2日目｜2時間

6時間5分

標高[m]

牧ノ戸峠♀ 1330m ／ 1503m 沓掛山 ／ 扇ヶ鼻分岐 ／ 星生山分岐 ／ 久住分かれ ／ 1787m 久住山 ／ 久住分かれ ／ 北千里浜 ／ 法華院温泉山荘🏠 ／ 坊がつる ／ 雨ヶ池 ／ 長者原 1035m

水平距離[km]

は砂防ダムの右岸を下り、**法華院温泉山荘**に到着する。法華院は九州最高所に建つ本格的山小屋で、中世まで遡る歴史を持つ。

2日目 法華院温泉から長者原へ
歩行時間：2時間｜歩行距離：5.3km

　四方を山に囲まれた**坊がつる**はラムサール条約の登録湿地で、ここをベースキャンプにすればさまざまなルートプランニングができる。東西2km、南北0.5kmの湿原はまるで時間が止まったような桃源郷。

　作業道（法華院専用）の中ほどで雨ヶ池分岐を西へ。コミネカエデやミズナラ、アセビの樹林帯を進み、見晴らしのいい雨ヶ池越に至ると大船山や三俣山とお別れだ。まもなく**雨ヶ池**。文字通り雨後のみに水が溜まる幻の池。周囲は花の宝庫で枚挙にいとまない。ここを過ぎると西方に長者原方

久住高原からのくじゅう連山。中央左が久住山

面が見えてくる。土石流跡が残る涸れ谷を過ぎ、深い樹林帯を抜けてタデ原の自然研究路（木道）を踏んで**長者原**に下り着く。

その他のコースプラン

　日帰りで長者原に向かう場合は、北千里浜を左に取り、諏蛾守峠を経由するとよい（北千里浜から1時間半）。また、時間に余裕があれば久住分かれから九重山最高点の中岳（標高1791m）の往復をプラスしたい（40分）。メインで紹介する牧ノ戸峠からのコースより難易度が上がるが、南面の赤川登山口から久住山にダイレクトに登る赤川コースもある（2時間30分）。

文・写真／藤田晴一

問合せ先
［市町村役場］九重町役場☎0973-76-3150、竹田市役所久住支所☎0974-76-1111、長者原ビジターセンター☎0973-79-2154
［交通機関］九重町コミュニティバス☎0973-76-3801、亀の井バス☎0977-23-0141、九州産交バス予約センター☎096-354-4845、みやまタクシー（九重町）☎0973-78-8822
［山小屋］法華院温泉山荘☎090-4980-2810

アクセス
九重町コミュニティバスはJR久大本線豊後森駅発で、豊後中村駅を経由する。九重登山口〜牧ノ戸峠間は12〜2月は運休。牧ノ戸峠へはほかにJR久大本線由布院駅からの亀の井バス（平日と12〜2月運休）、JR日豊本線別府駅からの九州横断バス（九州産交バス・要予約。一部の便は由布院駅発着）が運行（いずれも九重登山口も経由）。マイカーは牧ノ戸峠の無料駐車場（約150台・トイレあり）か長者原の無料駐車場（約350台・トイレあり）を利用し、バスで移動する（10分）。

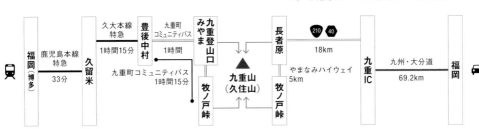

上泉水山
▲1296

豊後中村駅、九重ICへ
湯布院へ

•1264

古部登山口へ

621 11

WC
P
1035m 長者原ビジターセンター
レストハウス

九重登山口みやま
（くじゅう登山口）
長者原

法華院温泉別館
花山酔

1087

寒し地獄温泉

星生温泉

牧ノ戸温泉

上泉水山
▲1447

大崩ノ辻
▲1458

黒岩山
▲1503

大分県
九重町

•1456

•1187

△1109

施錠された
チェーン

分岐に指導標

坊原
•1283

大曲
P

九州自然歩道
1.20
1.00
雨ヶ池
林道終点

1221

1.30
1.15

雨ヶ池越

指山
▲1449

大崩壊地

北峰▲

小鍋

0.40
0.50

1223

三俣山
1744

大鍋

スガモリの標識

コケモモ

南峰
▲1743

急な下りが続く

キャンプ場
避難小屋
坊がつる

牧ノ戸峠
1330m

やまなみ
ハイウェイ 11

落石注意

西峰
1678

0.35
0.10

会員制
あせび小屋

WC
0.10

展望所
沓掛山
1503 ▲

•1499

諏蛾守越
1449 硫黄山

北千里浜

1317

法華院温泉
山荘

レストハウス
急登
WC P

0.50
0.30
0.20

0.50
0.40

牧ノ戸コース

ミヤマキリシマ

星生山
1762

岩稜

火山ガスに注意

0.55
1.20

立中山
1465 ▲

ミヤマキリシマ

•1512

1554

WC
避難小屋

星生崎

•1627
通行止め

鉾立山
（梓峠）

•1408

西千里浜

星生山分岐

0.15

0.50
0.40

天狗ヶ城
1780

0.10

0.10
スリップ注意

ミヤマキリシマ
•1481

1500

扇ヶ鼻分岐

0.15

中岳
▲1791

白口岳
1720

肥前ヶ城
1685

0.30

合池ノ小屋

中岳分岐

片ヶ池

•1522
岩井川岳

▲1698
扇ヶ鼻

1600

九重山

0.25
0.15

稲星越

鳴子山
▲1643

久住山
1787

1774
稲星山

•1310

神明水

稲星越

2016年以降
通行止め

•1186

久住高原
ロードパーク

•1229

•1096

•1264

•1374

添ヶつる

赤川コース

0.30

急坂

赤川
南登山道

2021年2月現在
通行止め

赤川登山口から
登り2時間40分、
下り2時間5分

•1314

本山登山道

•1280

出水平

七曲り

竹田市

•1098

•1022

•943

赤川温泉赤川荘

猪鹿狼寺跡

赤川登山口
1030m •1111

442

久住高原展望台

△1036

熊本県
産山村

•904

久住町久住
•1098

•1007

国民宿舎
久住高原荘

•947

九大農学部
附属農場

•903

2021年2月現在
通行止め

△971

中組牧場

沢水キャンプ場

WC
P

•834
•868

本山登山道の標識

N

0 1km 908

1:45,000

ザ・ガンジー
ホテル＆リゾート

白秋歌碑

△877

くじゅう花公園

南登山口
WC

669

竹田市街へ

•815

96

祖母山
（そぼさん）

標高
1756m

原生林をまとった
猛々しい岩峰と清冽な流れ。
祖母の醍醐味を満喫する
健脚コース

大分県と宮崎県にまたがる祖母傾国定公園の主峰・祖母山は、急峻な岩場と渓谷美に象徴される山だ。古生層の祖母山岩がつくり出した骨太の山体は、アカマツやツガ、ブナなどの樹林帯を擁し、至るところに渓谷が刻まれている。山が深いだけに必ずしもポピュラーではないが、ひとたび訪れてその魅力に取りつかれるリピーターも少なくない。

100
Mountains of Japan

深田久弥と祖母山

百名山の取材で久住山頂に立った深田が「あれに登らねばならぬ」と強い衝動に駆られた金字塔が祖母山だ。祖母はかつて九州第一の高峰とされていた経緯がある神体山で、数々の伝説を持つ。登頂はある年の3月中旬で、コースは北側の神原から入り、東側の尾平に下っている。その途中、岩稜の馬ノ背から「祖母東面の眺めはすばらしかった。圏谷状の谷は岩壁に囲まれ、鬱蒼たる原始林がその下を埋め尽し、簇立する岩峰と黒々した森林の配合は全く天の工であった」と。実に言い得て妙である。

固有種の
ウバダケニンジン

コースグレード｜**中級**

技術度｜★★★☆☆ 3

体力度｜★★★★☆ 4

起点の尾平登山口付近から見た祖母山稜線（右が祖母山）

深田久弥が絶賛した馬ノ背からの祖母東面

尾平登山口手前の有料駐車場脇で登山届を出して出発する。トイレは登山道に入った先にある。行く手に鋸歯を連ねた祖母の真骨頂ともいえる岩稜が立ちはだかる。

赤茶けたスラブの道を進んで奥岳川に近づく。流れに沿って進むとまもなく**第1吊橋**分岐で、右に分かれる道は宮原分岐を経由する下山路。ここは橋を見送って直進し、次の第2吊橋で左岸へ。吐合に渡した鉄パイプ製の津上橋を過ぎた先からは徒渉が続くが、水量しだいでは通行不能になる。その場合は宮原経由の往復にするなど臨機応変に対処しよう。

黒金山尾根の取付点で景勝地の川上渓谷に向けて道が分かれる。取り付きざまに急登になり、気が抜けない尾根の登りが稜線上の天狗の分れまでえんえんと続く。途中

にはビューポイントの露岩があるので、休み休み進もう。天狗岩直下の天狗の岩屋は雨風がしのげる。少量ながら出水があるが、冬場は涸れることもある。

天狗の分れで道は二分する。右（北）は祖母山、左（南）が天狗岩・障子岳方面だ。おすすめが絶景の天狗岩で、その絶頂に立とう（P200コラム参照）。

天狗の分れから祖母山山頂直下までは明るく開放感のある道が続き、最後に急崖にかかるハシゴにつかまりながら、必死に登りきると**祖母山**の山頂だ。鎮

奥岳川の渓流に架けられた第1吊橋

プランニング＆アドバイス

紹介コースは徒渉点や急登、崖地などの難所が多いだけに、装備には万全を期したい。九重山（P194参照）の物に加え、補助ロープ、ストックなどは必携。行程は日帰りとしたが、祖母山九合目小屋泊なら行程に余裕が持てる。ただし無人小屋のため食料などを持参する必要がある（毛布あり）。九合目にはテント場もある。前泊なら尾平にゲストハウスLAMP豊後大野がある。新緑は5月上～中旬、紅葉は10月中～下旬。ツクシアケボノツツジは5月上旬、オオヤマレンゲは7月上旬。ウバダケニンジンとウバダケギボウシは7月中旬。

日程 前夜泊 日帰り

8時間25分

標高 [m]

尾平登山口 608m

第1吊橋

黒金山尾根取付点

天狗の分れ

1756m 祖母山

九合目小屋

祖母山

宮原

2合目

第1吊橋

尾平登山口 608m

水平距離[km]

199

天狗岩からの祖母山の眺めはコースきっての絶景ポイントで、立つ者を唸らせ、カメラマンにとっては垂涎の的ともいえよう。ただし狭い岩場での行動は慎重を期そう。写真は構図が決め手で、主峰の扱いしだいで良し悪しが決まる。前景の裏谷鼻の岩場は必ず入れて遠近感をつけたい。陰影がつく。午後の光線がよく、夏場なら15時、冬は13時が限度か。きっと傑作をものにできるだろう。

座するのは健男霜凝日子社と祖母嶽社の上宮石祠で、ほかに方位盤も設置されている。全方位の大展望は何度見ても飽きない。なかでも東の彼方でひときわ存在感があるのが傾山だ。その傾山へは縦走路を約18km、果敢な登山者を誘ってくれている。

下山は、終点の尾平まで深田がたどったルートだ。**祖母山九合目小屋**、テント場、メンノツラ谷分岐を過ぎ、岩稜の馬ノ背を細心の注意を払って通過する。展望のよさに、『日本百名山』の深田の一文

天狗岩からの祖母山。コース随一の撮影ポイントだ

がかぶさってこよう（P198「深田久弥と祖母山」参照）。

　宮原で東側の障子岩尾根からの道が合わさる。その先からブナやツガ、モミ、アカマツなどの巨樹林の中、標高を下げていく。**二合目**まで下ると道が二手に分かれる。歩きやすいのは尾根道で、これを下りきるとサマン谷の下流域で、流れをまたぐとまもなく往路の**第1吊橋**だ。

神原コース　祖母山北麓の竹田市神原にある一合目滝駐車場を起点とするポピュラーなコースで、地元では本登山道と呼ぶ。五合目小屋（無人、20人）を経て国観峠へ、あとは稜線を祖母山へ（3時間）。
北谷コース　宮崎県側からのコースで、最も登りやすい。高千穂町五ヶ所の北谷登山口から九州自然歩道を登り、国観峠で神原コースと合流（山頂へ2時間30分）。北谷からは中級者向けの風穴コースもある（山頂へ2時間30分）。

文・写真／藤田晴一

アクセス
豊後大野市コミュニティバスは月や曜日により便数が変わるので、事前にダイヤを確認しておくこと。ダイヤの条件がよい4〜9月の土・日曜、祝日の場合でも現地での滞在時間は7時間半強のため、往路か復路のどちらかはタクシー利用となる（緒方駅から1時間強）。マイカーは尾平登山口の手前にあるもみ志や旅館の有料駐車場（約20台）を利用する。

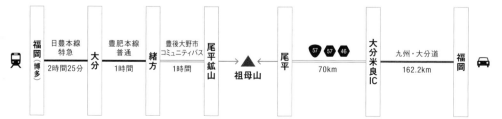

| 福岡（博多） | 日豊本線特急 2時間25分 | 大分 | 豊肥本線普通 1時間 | 緒方 | 豊後大野市コミュニティバス 1時間 | 尾平鉱山 | 祖母山 | 尾平 | 57 57 46 70km | 大分米良IC | 九州・大分道 162.2km | 福岡 |

2つの石祠がある祖母山山頂。展望もすばらしい（右奥は傾山）

問合せ先
［市町村役場］豊後大野市役所緒方
支所☎0974-42-2111
［交通機関］豊後大野市コミュニ
ティバス☎0974-42-2111、日坂タク
シー☎0974-42-2145、中央タクシー
☎0974-42-3115（いずれも緒方駅）
［山小屋］祖母山九合目小屋（無人）
☎0974-22-1001（豊後大野市役所）、
ゲストハウスLAMP豊後大野☎0974-
47-2080

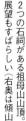

2万5000分ノ1地形図　祖母山、見立、豊後柏原

97

阿蘇山
（あそさん）

ミヤマキリシマの繚乱に
「仙人が酔う」と喩えられる
山峡から、荒涼とした
火山原野の岩稜を登る

世界屈指の規模のカルデラに隆起した中央火口丘群と、それを取り囲む外輪山とを総じて阿蘇山と呼ぶ。北外輪山から見る中央火口丘群の姿は、涅槃像に例えられる。頭部が根子岳、胴体に当たる箇所が高岳で、臍のあたりから中岳の噴煙が湧いている。広大なスケールの阿蘇山には数多くの興趣に富むピークがあるが、中央に位置して最高位の標高を持ち重量感あふれる高岳が主峰とされる。

細密画模様のミヤマキリシマ

コースグレード｜中級

技術度｜★★★☆☆　3

体力度｜★★☆☆☆　2

100 Mountains of Japan

深田久弥と阿蘇山

阿蘇山は東西17km・南北24kmほどのカルデラを外輪山が丸く取り巻き、その外縁に広々と裾野を展（の）べている。深田はカルデラの中の五岳を阿蘇山と呼んでいるが、一方で「驚いたのは、そのカルデラよりも、環をなした外輪山の外側に拡がる裾野の大きさであった。…その広大さは富士裾野も遠く及ばない」と、総体としてとらえた阿蘇山のスケールに感じ入っている。なお、氏はある年の春に観光客で賑わう火口西駅から砂千里経由で高岳に立ち、再び火口西駅に戻っている（帰路のコースは不明）。

ミヤマキリシマで華やぐ仙酔峡。北尾根の荒々しい岩稜と好対照をなす

日帰り 仙酔峡から高岳を周回

歩行時間：**4時間15分** ｜ 歩行距離：**7.5km**

駐車場奥の花酔い橋が**仙酔峡の登山口**。ミヤマキリシマが群生する丘を登って鷲見平（わしみだいら）に上がると、北尾根の虎ヶ峰（とらがみね）・鷲ヶ峰（わしがみね）の岩峰が威圧するように迫る。ここから仙酔尾根の登高がはじまり、草付きの尾根はすぐに急な岩稜になる。溶岩流の尾根に固く溶結した火山礫は安定した足場をつくり、岩に道標がペンキで印されて迷うことなく高度を上げていく。溶岩流の末端が5mの崖をつくる本コース唯一の難所は、斜上して抜ける。手がかりは豊富にあるので、初心者も臆することはない。ここから頂上稜線までは残り3分の1の行程である。

広い岩の斜面をジグザグに登る。道標のついた1mほどの丸い火山弾の傍らを過ぎ

プランニング＆アドバイス

高岳の登山道は九州北部豪雨と熊本地震で被災し、現在通行できるのは仙酔峡起点の仙酔尾根ルートとロープウェイ跡ルート、阿蘇山西駅起点の砂千里ルートの3本のみである。深田久弥は砂千里ルートを登っているが、ここでは仙酔尾根を登って山上の「大鍋」を巡り中岳からロープウェイ跡ルートを下る周回コースを紹介する。規制が流動的な山であるが、状況は阿蘇市ホームページの「観光」欄で登山道規制と火口規制が確認できる。

るとザレ場に変わり、すぐに**頂上稜線**に上がる。眼下に東西750m・南北500mの「**大鍋**（おおなべ）」と呼ばれる火口跡が広がっている。進路を左に取る。北尾根の険しい岩稜を左に見下ろし、天狗の舞台の裾を飾るミヤマキリシマの茂みを抜けて高岳の**東峰**（とうほう）に上が

高岳の北西面、中央の西日を浴びる稜線が仙酔尾根

る。東に奇異な姿の根子岳（ねこだけ）が見える。

東峰で道標に従い大鍋へ下る。やぶの中の踏み分けをたどり、平坦な大鍋の底に降り立つ。鍋の中ほどには月見小屋があり、コイワカンスゲの小さいドームの群れがある。大鍋の縁を越えて緩やかに下ると**月見小屋分岐**（つきみ）の道標に出合う。右は高岳、左は中岳（なかだけ）に通じている。右を逆くの字に登って**高岳**の山頂に上がる。阿蘇山最高峰らしく、360度の展望が広がっている。

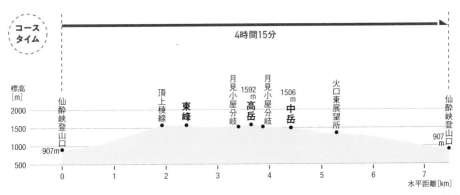

コースタイム

4時間15分

標高[m]

| 仙酔峡登山口 907m | 頂上稜線 | **東峰** | 月見小屋分岐 | **高岳** 1592m | 月見小屋分岐 | **中岳** 1506m | 火口東展望所 | 仙酔峡登山口 907m |

水平距離[km]

中岳を下り火口東展望所へ向けて吊り尾根を行く

来た道を**月見小屋分岐**へ戻り、中岳をめざす。登路はたんたんと続き、小振りな円錐形の中岳が見えている。山頂に立つと、足もとに第一火口の噴煙が湧き上がっている。休止しているものも含め火口は7つあり、それらを火口壁がぐるりとひとまとめに取り囲んでいるのが見える。深田は「下山には火口壁の上に続く長い道を辿った。何しろ火口が幾つもあって、地勢が複雑なので、どこをどう歩いているのかよく分からない」と記しているが、深田はこの火口壁をたどったのだろう。筆者もかつてそこを歩いた記憶があるが、累次の噴火と火山ガスによる立ち入り規制のため、今では踏み跡は消失している。

これから仙酔峡まで下っていく。足場の悪い急坂を下り、吊り尾根から**火口東展望所**に上がる。噴煙はいよいよ間近に見える。展望所から廃止された仙酔峡ロープウェイ

旧火口東駅まで火口見物の観光客用の舗装道路が残り、そこから先も遊歩道が**仙酔峡登山口**まで続いている。

その他のコースプラン

深田が登った砂千里（すなせんり）コースを紹介する。旧阿蘇山ロープウェー阿蘇山西駅先の阿蘇山上広場から火口展望所へ通じる遊歩道を進む。砂千里ヶ浜の入口で遊歩道と分かれ、砂千里の木道を進み展望台に上がる。そのまま縁を行くと倶利伽羅谷（くりから）の源頭に出て、そこから浅い谷間の登りになる。ここから火口壁に上がるまでが、このコースのつらいところだ。登りきると右手に南岳（みなみだけ）の突起があり、左に火口縁に沿って中岳へ踏み跡が続いている。中岳から高岳までは高度差100mほどで、緩やかに登ったあと急傾斜をひと踏ん張りで高岳山頂に立つ（高岳へ約2時間半）。

文・写真／吉川 渡

アクセス
マイカーは仙酔峡道路終点にある広い駐車場（無料）に停める。公共交通利用では、JR宮地駅からタクシーで仙酔峡へ（片道2000円弱）。サブコースの砂千里ルートを登る場合、マイカーは国道57号下野交差点から北登山道（県道298号）を阿蘇山西駅の駐車場（無料）へ。公共交通機関利用では、JR豊肥本線阿蘇駅から九州産交バスで阿蘇山西駅へ。阿蘇山西駅〜火口駅間はシャトルバスが運行（約15分）。

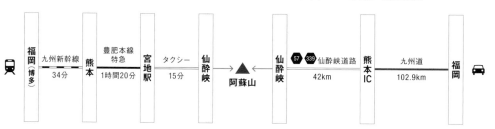

福岡（博多）	九州新幹線 34分	熊本	豊肥本線特急 1時間20分	宮地駅	タクシー 15分	仙酔峡	→	阿蘇山	←	仙酔峡	57 339 仙酔峡道路 42km	熊本IC	九州道 102.9km	福岡

熊本県
阿蘇市

•1014　　　　•1127

古坊中ルート

馬ノ背

•1127

楢尾岳
1331▲

旧火口東駅

火山ガスに注意

火口東展望所 1369　吊り尾根

第一火口
第二火口

廃止。同区間を
シャトルバス運行

中岳展望所
退避場

旧火口西駅

阿蘇山ロープウェー

1150m
阿蘇山上広場
山上神社西駅
阿蘇山西駅

阿蘇山公園道路

WC
P

草千里ヶ浜、阿蘇駅へ

第三火口

第四火口

木道
1.20
1.00

砂千里ヶ浜

砂千里ヶ浜分岐

1.00
0.40

0.30
0.20

1506
中岳
1.00
0.40

西側の崖に注意

南阿蘇村

•1293

•1138

皿山▲

N

0　　　500m

△1303

1:30,000

宮地駅、国道57号へ

仙酔峡道路

907m
仙酔峡登山口

水　WC

P

花酔い橋
鷲見平
ミヤマキリシマ

•964

仙酔峡ルート
仙酔峡尾根

1146

中間点
2.00
1.40

阿蘇山

0.10
0.05

高岳
1592

0.15

頂上稜線

0.10

大鍋

月見小屋分岐

月見小屋

天狗の舞台

0.15

▲東峰

0.30

ミヤマキリシマ

水汲谷

1001
北尾根

赤ガレ谷

虎ヶ峰•
鷲ヶ峰•

南岳
▲1496

草原上端

•1346

1400
1300
1200

高森町

1162•

ミヤマキリシマ

丸山
▲1187

倶利伽羅谷

行儀松ルート

行儀松登山口へ

2万5000分ノ1地形図　阿蘇山

スカイラインを切る高岳
と噴煙を上げる中岳火口

問合せ先
［市町村役場］阿蘇市役所☎0967-22-3111
［交通機関］九州産交バス☎096-325-0100（産
交バスサービスセンター）・☎0967-34-0211（阿
蘇営業所）、一の宮タクシー☎0967-22-0161、
大阿蘇タクシー☎0967-22-0825（ともに宮地駅）

98

霧島山

九州／宮崎県・鹿児島県

きりしまやま

満開のミヤマキリシマ

コースグレード 初級

技術度 ★★☆☆☆ 2

体力度 ★★☆☆☆ 2

巨大な火口を持つ
霧島山の最高峰。
韓の国まで見通せる展望が
山名の由来

標高
1700m
（韓国岳）

霧島山は、全国で最初の国立公園として指定を受けた景勝地で、宮崎県と鹿児島県にまたがる大小20以上の火口を有する火山群の総称である。最高峰である韓国岳山頂の火口は直径が800m、火口底まで300mあり、その規模も最大を誇る。地形から霧が発生しやすく、霧の中から頭を出した山頂が、島のように見えることから「霧島」と呼ばれるようになったという。

100
Mountains of Japan

深田久弥と霧島山

深田が霧島山に登ったのは、1939（昭和14）年のことで、1人で韓国岳、獅子戸岳、大幡山、新燃岳、中岳などへ登って、それぞれの山頂から飽きるほど高千穂峰の美しい峰を眺めた。そして12月中旬、新湯温泉で一夜を明かして翌朝高千穂峰に向かったとある。翌年が建国2600年にあたることで、建国の始原の伝説地である高千穂峰には立派な登山路が開拓されつつあったことや、山頂の天の逆鉾を保護するコンクリートの堂ができていたこと、また山番人の小屋があったなどの記述があり、興味深い。

えびの高原北方の白鳥山から望む韓国岳。手前は活動中の硫黄山

えびの高原と周辺の山を一望にする五合目展望所

日帰り えびの高原起点の山頂周回
歩行時間：3時間20分 | **歩行距離：6.2km**

　えびの高原駐車場から県道1号に出ると、すぐ通行止めされており、その右に韓国岳登山口がある。韓国岳を正面に見ながらアカマツとミヤマキリシマが群生する遊歩道を進むと、通行止めのロープが張られ、ここから火山活動中の硫黄山を大きく迂回するコースに入る。急坂が続く登山道には、コースを外して植物を痛めないよう、左右

プランニング&アドバイス

ミヤマキリシマの開花は5月中旬から6月初旬、紅葉は10月下旬から11月初旬が見頃。登山口近くの硫黄山と縦走路上の新燃岳は火山活動が続いており、噴火警戒レベルに応じて入山や火口周辺への通行が規制されるので確認すること。韓国岳から大浪池へ下る木階段は狭く急勾配なので、登山者とすれ違う際に接触してバランスを崩さないよう、また雨・雪の日は滑りやすいので慎重に。積雪時の韓国岳登山はアイゼン持参が安全。韓国岳避難小屋は自由に利用できるがトイレはない。

にロープが張られている。ようやく傾斜が緩み、少し下ると立ち入り規制前の登山道である**二・五合目**に出る。白煙を吹く硫黄山を見下ろす展望所で、日によっては轟々と不気味な地鳴り音が聞こえる。

　四合目の手前から、後方にえびの高原が広がる。ゴロゴロした岩屑の道を登ると、広場になった**五合目**の展望所に着く。格好の休憩所で、えびの高原を囲むように並ぶえびの岳と白鳥山、甑岳が望まれる。

　道はしだいになだらかになり、八合目あたりから一面ミヤマキリシマの群生地となる。開花時はまさに花園のプロムナード。九合目まで登ると山頂の岩に立つ登山者の姿が見え、ひと息で溶岩塊に覆われた**韓国岳**山頂だ。眺望は360度、眼下に大浪池、

韓国岳山頂からの新燃岳（手前）と高千穂峰

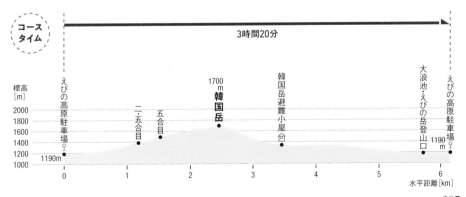

右回りにえびの岳、白鳥山など、好天日は遠くに市房山や石堂山も確認できる。南には火口縁まで溶岩がせり上がり、白煙を吹く新燃岳、霧島連山の南の主峰・高千穂峰や錦江湾、桜島、遠く開聞岳も望まれる。

帰りは真下に見える大浪池をめざす。溶岩のガレを下ると、狭い急傾斜の木階段が長々と続く。ようやく急階段から開放され、スズタケを切り開いたなだらかな道を下ると**韓国岳避難小屋**がある鞍部に着く。

ひと息入れ、北に向かって木道を進むとすぐ三差路に出る。左は西回りコースで県道1号上の大浪池登山口バス停へ（約1時間20分）、右はえびの高原へ下る登山道の分岐点になる。右に進み、小さな登り下りを繰り返しながら、わずかに水が流れる沢と枯れた沢を何度も横切る。なだらかな下りが続くようになり、アカマツやモミジ、ミズナラなどの林を抜けると県道1号の県境にある**大浪池・えびの岳登山口**に出る。5月初旬にはこの付近だけでしか見られない、天然記念物に指定されているノカイドウが満開で迎えてくれる。**えびの高原駐車場**までは数分である。

その他のコースプラン

霧島第2の高峰・高千穂峰へは、鹿児島県側に高千穂河原コース、宮崎県側に霧島東神社コース、天孫降臨コース、夢ヶ丘コースなどがある。よく登られているのは高千穂河原コース（往復約4時間）で、登山口の高千穂河原には広い駐車場、トイレ、ビジターセンターもあり、施設が整っている。御鉢の巨大な火口を覗き、馬の背と呼ばれる火口縁を約半周し、天孫降臨伝説にちなむ天ノ逆鉾が突き刺さる山頂に達する。展望は360度、視界をさえぎるものはない。

文・写真／川野秀也

山頂から大浪池へ急な木階段を下る

問合せ先
［市町村役場］霧島市観光協会☎0995-78-2115、えびの市役所☎0984-35-1111、えびのエコミュージアムセンター☎0984-33-3002
［交通機関］鹿児島交通（バス）☎0995-45-6733（霧島連山周遊バスも）、第一交通☎0995-57-0061（タクシー・霧島神宮駅）

アクセス
霧島神宮駅からえびの高原へは、「霧島連山周遊バス」も運行されている（高千穂河原・大浪池登山口も経由）。往復2便あり、先発便に乗れば帰りは後発便を利用できる。マイカー利用の場合は、えびのエコミュージアムセンター前の有料駐車場に車を停める。

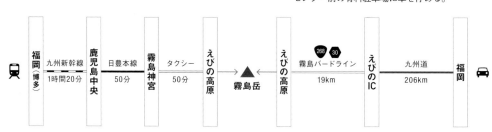

福岡（博多）	九州新幹線 1時間20分	鹿児島中央	日豊本線 50分	霧島神宮	タクシー 50分	えびの高原	霧島岳	えびの高原	霧島バードライン 268 30 19km	えびのIC	九州道 206km	福岡

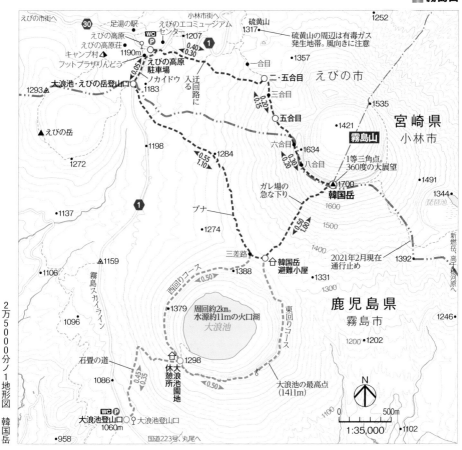

えびの市街へ
小林市街へ
えびのエコミュージアムセンター
足湯の駅
30 えびの高原
えびの高原荘
キャンプ村
フットパスりんどう
1190m
えびの高原駐車場
ノカイドウ
1207
0.40
0.30
1
硫黄山
1317
硫黄山の周辺は有毒ガス発生地帯。風向きに注意
1252
一合目
1357
二・五合目
三合目
0.15
五合目
えびの市
1535
1421
霧島山
宮崎県
小林市
1293 大浪池・えびの岳登山口
1183
迂回路に入る
六合目
1634
0.30
0.20
八合目
1等三角点。360度の大展望
1491
1344
えびの岳
1198
1284
0.55
1.10
1700 韓国岳
1600
琵琶池
1272
ガレ場の急な下り
1137
1
ブナ
1274
三差路
1379
1388
韓国岳避難小屋
0.50
1.00
1500
新燃岳、高千穂河原へ
2021年2月現在通行止め
1392
1159
霧島スカイライン
西回りコース
0.50
1331
1400
鹿児島県
霧島市
1106
1096
周回約2km。水源約11mの火口湖
大浪池
東回りコース
1300
1086
石畳の道
0.45
0.35
1298
大浪池園地
休憩所
0.50
大浪池の最高点(1411m)
1200 1202
1246
1102
大浪池登山口
1060m
大浪池登山口
958
国道223号、丸尾へ
N
0 500m
1:35,000

2万5000分ノ1地形図　韓国岳

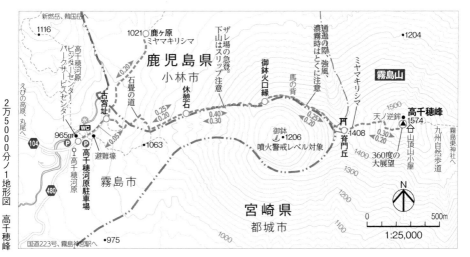

新燃岳、韓国岳へ
1116
鹿ヶ原
ミヤマキリシマ
1021
鹿児島県
小林市
下山はスリップ注意
ザレ場の急登。
御鉢火口縁
通過の際、強風、濃霧時はとくに注意
ミヤマキリシマ
馬の背
1204
霧島山
高千穂河原ビジターセンター
パークサービスセンター
えびの高原、丸尾へ
0.20
石畳の道
古宮址
0.25
0.20
休憩石
0.40
0.30
御鉢
0.25
0.20
天ノ逆鉾
高千穂峰
1574
104
965m
WC
避難壕
1063
0.05
0.30
0.20
1206
御鉢
噴火警戒レベル対象
鞍
1408
背門丘
0.30
0.20
山頂避難小屋
360度の大展望
霧島東神社へ
九州自然歩道
P 高千穂河原駐車場
480
高千穂河原
霧島市
1300
1200
宮崎県
都城市
1100
N
0 500m
1:25,000
国道223号、霧島神宮駅へ
975
1000

2万5000分ノ1地形図　高千穂峰

99

開聞岳
（かいもんだけ）

薩摩半島南端にある
どこから見ても均整の取れた
円錐形の秀峰。山頂からの
雄大な展望が魅力

標高
924m

開聞岳は「薩摩富士」とも呼ばれ、全国に数ある「ご当地富士」の中でこれほど完璧な富士はほかにないだろう。山体は、下部がコニーデ型、上部がトロイデ型の二重火山で、標高700mあたりにあるわずかなくびれで確認できる。登山道は、登山口から山頂まで螺旋状に一周する一本のみ。春は山麓が菜の花の黄色に彩られ、山頂から眺めれば黄色いじゅうたんを敷いたように美しい。

山頂の一角にある御嶽神社

コースグレード｜初級

技術度｜★★★★★ 2

体力度｜★★★★★ 2

100
Mountains of Japan

深田久弥と開聞岳

深田は日本百名山の選定時におおよそ標高1500m以上という線を引いたので、昔から聞こえた多くの名山もこの線で選ばなかったが、開聞岳と筑波山のみ例外として選んだ。その理由として、「高さこそ劣れ、ユニークな点では、この山のようなものは他にはないだろう。これほど完璧な円錐形もなければ、全身を海中に乗りだした、これほど卓抜な構造もあるまい。名山としてあげるのに私は躊躇しない」と記述している。深田が川尻コース（現在は廃道）を登ったのは戦前の12月とあるので、1940年であろう。

南九州市にある瀬平公園の海辺から望む開聞岳

最初の休憩ポイントとなる2・5合目

登山者の靴に踏まれてえぐられたものだ。樹林に覆われた道を登っていくと、展望デッキとベンチがある**5合目**に着く。長崎鼻(ながさきはな)の海岸、指宿市街地(いぶすき)、遠く大隅半島南部(おおすみ)の山々など展望がよい。

6合目を過ぎると、登山道の右に自然石の記念碑がある。「登山道開整記念　大正十五年四月起工全年五月竣成　鹿児島営林署」のほか、関係者5人の名前が刻まれている。近年まで存在を知られていなかったが、台風によりあたりの木が倒れて日が当たるようになり、石を覆っていた苔が枯れて文字が出現したのを、地元の開聞岳ガイドクラブのメンバーが発見した。

かつて川尻コースが合流していた7合目(かわじり)の先から樹高が低くなり、左手に東シナ海が広がる。明るい露岩の上を歩くと7.1合目の展望所があり、好天日は案内板に描か

日帰り かいもん山麓 ふれあい公園から開聞岳へ

歩行時間：4時間30分 | 歩行距離：7.1km

かいもん山麓ふれあい公園の駐車場からイベント広場を横切り、開聞岳を仰ぎながら車道を歩くと**2合目の登山口**に着く。登山道沿いの樹木が伐採され、明るくなった石屑の道を登ると、案内板とベンチがある**2.5合目**に着く。

ここから背丈ほどの深さで、幅1mあまりの溝状の道となる。約1200年前に開聞岳が噴火した際の噴出物の堆積層が、雨や

プランニング＆アドバイス

盛夏を除いてはいつでも登れる山だが、菜の花の咲く春先がベスト。視界のよい秋晴れの季節もおすすめ。登山拠点のかいもん山麓ふれあい公園には駐車場や売店、トイレあり。またログハウス、オートキャンプ・フリーキャンプ場があり、管理棟では開聞岳の登山情報が入手できる。登山の際の注意点は、岩場と溶岩礫の下りは滑りやすいだけに急がないこと。北麓にある薩摩一之宮の枚聞(ひらきき)神社は開聞岳をご神体とする。開聞駅から徒歩15分ほどなので、帰りに立ち寄ってみよう。

ぽっかり穴が空いた仙人洞

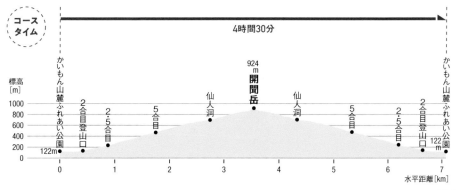

れた硫黄島、種子島、屋久島などが望める。昔山伏たちの修行の場だったという仙人洞を過ぎると、小さな岩場の登りが続く。

　9合目を過ぎると展望が開け、眼下にふれあい公園や山麓の町並みが見え、ちょうど山体を一周したことがわかる。岩場にかかる高さ約8mの急なハシゴを上がると、山頂まで容易な岩場が続く。山頂の一角に着くと、北麓にある枚聞神社の奥宮御嶽神社の鳥居と祠がある。参拝して進むと、大きな溶岩塊の開聞岳の頂に着く。山頂には、1988（昭和63）年7月に現天皇陛下が皇太子だったときに登られた記念の「皇太子殿下登山御立所」と彫られた石盤がある。展望は360度、九州最大の池田湖、桜島や霧島連山、大隅の山々から佐多岬など視野いっぱい広がる大展望を満喫しよう。

　下山は往路を引き返す。

その他のコースプラン

　深田久弥が歩いた川尻コースは廃道のため、現在は紹介する開聞駅方面からの1本のみ。そこで右ページの地図の範囲外となるが、開聞岳の北隣りにある矢筈岳（標高359m）を紹介する。2つのコブがあるので、地元ではラクダ山とも呼んでいる。名峰・開聞岳に近すぎて目立たない存在だが、矢筈岳の縦走コースの各所にある展望所から、開聞岳と東シナ海、眼下に広がる山麓の畑

多くの登山者で賑わう展望抜群の開聞岳山頂

や町並みなど、思いがけない眺望に恵まれる。また岩場の通過や矢筈岳のシンボル「西郷ドン岩」のてっぺんに登れるなど、楽しめるポイントが多く、「知る人ぞ知る」人気の山だ（物袋集落から縦走約4時間）。

文・写真／川野秀也

問合せ先
[市町村役場]指宿市役所開聞庁舎☎0993-32-3111、開聞岳ガイドクラブ事務局（かいもん山麓ふれあい公園内）☎0993-32-5566
[交通機関]鹿児島交通（バス）☎0993-22-2211、第一交通（タクシー）☎0993-22-3191、南九州あづま交通（タクシー）☎0993-32-3121、指宿観光タクシー☎0993-22-2251、ハニ交通（タクシー）☎0993-22-3161（タクシーはいずれも指宿市）

アクセス
マイカーの場合、鹿児島市方面からは、国道226号を南下し県道28号に入る。また指宿スカイライン終点から県道28号に出て、いずれも開聞町十町交差点から正面に見える開聞岳をめざせば、無料駐車場あるかいもん山麓ふれあい公園に着く。公共交通機関の場合はJR指宿枕崎線山川駅で鹿児島交通バスに乗り、開聞駅前バス停で下車する方法もある。鉄道、バスともに便が少なく、事前にダイヤを確認しておきたい。

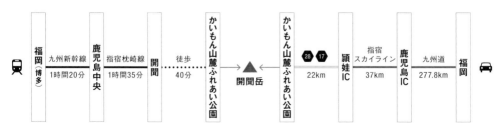

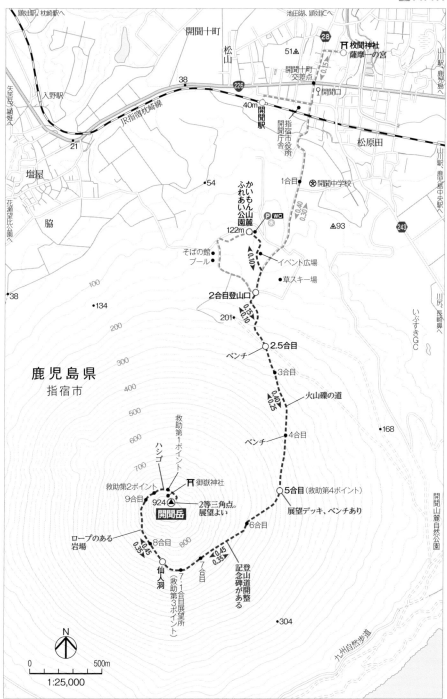

頴娃駅、枕崎駅へ
開聞十町
松山
51△
枚聞神社 薩摩一の宮
28
0.15
池田湖、頴娃ICへ
山川駅、鹿児島へ
開聞十町交差点
開聞口
矢筈岳、頴娃へ
入野駅
JR指宿枕崎線
226
40m 開聞駅
指宿市役所
開聞口
松原田
山川駅、鹿児島中央駅へ
21
塩屋
脇
54
1合目
開聞中学校
0.40
0.30
△93
243
ふれあい公園山麓
かいもん山麓
P WC
122m
そばの館
プール
イベント広場
0.10
草スキー場
川尻、長崎鼻へ
いぶすきGC
鹿児島県
指宿市
・38
・134
100
200
201・
2合目登山口
0.15
0.10
300
2.5合目
ベンチ
3合目
・168
400
500
0.40
0.25
火山礫の道
ベンチ
4合目
5合目(救助第4ポイント)
600
救助第1ポイント
ハシゴ
展望デッキ、ベンチあり
6合目
700
救助第2ポイント
御嶽神社
開聞山麓自然公園
9合目
924 ▲
2等三角点。展望よい
開聞岳
0.45
0.35
登山道開整記念碑がある
ロープのある岩場
0.45
0.35
8合目
800
7合目
仙人洞
7.1合目展望所(救助第3ポイント)
・304
九州自然歩道

N
0 500m
1:25,000

宮之浦岳
みやのうらだけ

九州最高峰に立ち、
縄文杉を訪ねる——
世界自然遺産を体感する
2泊3日の縦走コース

標高
1936m

「洋上アルプス」とよばれる屋久島は、最高峰の宮之浦岳と第2峰の永田岳など、九州の山岳標高のベスト5を占める。また、島のシンボル縄文杉や大王杉など巨大な杉も数多く、1993（平成5）年に日本初の世界自然遺産に登録されている。ここでは、高山と古木の両方を楽しめる屋久島登山で最も人気のある縦走コースを、山小屋を利用して2泊3日で歩くプランを紹介する。

満開のヤクシマ
シャクナゲ

100
Mountains of Japan

深田久弥と宮之浦岳

今でこそ世界遺産人気や百名山ブームでその名が知られている宮之浦岳だが、深田が若い頃はまだ無名に近い存在だった。そんな宮之浦岳に深田が登山に臨んだのは、1939（昭和14）年12月のこと。小杉斫伐所（現在の小杉谷集落跡）に前泊し、翌日は現在廃道になっている楠川沿いの旧安房歩道をたどって花之江河へ、その翌日に宮之浦岳の頂に立っている（その後は永田岳を経て永田集落へ下山）。「一と月に三十五日雨が降る」屋久島だが、冬だったことが幸いしたのか、比較的天候に恵まれた登行だったようだ。

コースグレード｜**上級**

技術度｜★★★☆☆　3

体力度｜★★★★☆　4

高塚尾根から望む宮之浦岳（右）と翁岳（左）

花之江河湿原にある水神祠と黒味岳を望む

1日目 紀元杉バス停から淀川小屋へ

歩行時間：1時間20分｜歩行距離：2.9km

　紀元杉バス停から安房林道を約2km・30分ほど歩くと淀川登山口で、タクシーやレンタカーはここまで入ることができる。

　ここで入山協力金2000円を支払い（詳細は「プランニング&アドバイス」参照）、淀川小屋をめざす。急坂こそないが、木の根が露出した歩きづらい道をたどること約50分で淀川小屋に着く。

2日目 花之江河、宮之浦岳を経て新高塚小屋へ

歩行時間：7時間40分｜歩行距離：8.6km

　小屋を出てすぐ淀川の清流に架かる橋を渡ると、急坂の登りが始まる。尾根の傾斜が緩むと、左に高盤岳展望所があり、山頂に巨大な奇岩のトーフ岩が望まれる。

永田岳山頂からの永田集落と東シナ海。手前は障子岳

　木道が設置された小花之江河の湿原を通過すると、まもなく花之江河の湿原に着く。一帯の湿原は木道で保護され、背後の黒味岳を借景にした純日本式庭園風の美しい景観は、時の経つのを忘れそうになる。運がよければ、湿原で遊ぶヤクシカを見ること

プランニング&アドバイス

　2日目は行程が長いので、天候次第では永田岳の往復はカットしてもよい。車利用の場合は駐車場のある淀川登山口から宮之浦岳までの往復か、屋久杉記念館に駐車し、バス利用で紀元杉〜宮之浦岳〜縄文杉〜楠川分れ〜荒川登山口という経路で歩く。登山適期は3〜11月。5月下旬から6月初旬のヤクシマシャクナゲの開花期やゴールデンウイーク、夏休み期間は山小屋が満員になることがあり、テントは必携。なお、小屋周辺以外での幕営は禁止されている。各山小屋にトイレはあるが、携帯トイレの利用をお願いしたい（携帯トイレは観光案内所やレンタカー店、ホテルなどで入手できる）。登山の際、山岳部環境整備推進協力金への協力（日帰り1000円、山中宿泊2000円）が必要（事前振込みも受け付けている）。詳細は屋久島町役場☎0997-42-5900へ。

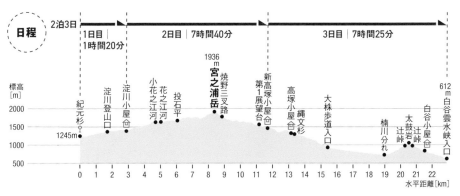

日程　2泊3日

1日目 1時間20分｜2日目 7時間40分｜3日目 7時間25分

標高[m]

紀元杉 1245m

淀川登山口

淀川小屋

小花之江河

花之江河

投石平

宮之浦岳 1936m

焼野三叉路

新高塚小屋

第1展望台

高塚小屋

縄文杉

大株歩道入口

楠川分れ

太鼓岩 辻峠

辻峠

白谷小屋

白谷雲水峡入口 612m

水平距離[km]

215

ができる。

　その先の黒味岳分岐では左に行けば好展望の黒味岳山頂へ立てるが、往復1時間半弱を要する。ここでは無理をせずそのまま投石平方面に向かう。

　黒滝の岩場を登るとまもなく**投石平**に着く。ここから眺める黒味岳はひときわ美しい。投石岩屋を覗いて、徐々に高度を上げながら木道を進む。投石岳、安房岳、翁岳

高塚尾根から永田岳（左）とネマチ（中央）

はいずれも西側の山腹を巻き、白骨化した杉、奇岩や巨岩など、屋久島独特の景観を楽しむ。巨岩の栗生岳まで登ると、九州の最高峰は目前にある。

　宮之浦岳山頂で雄大な展望を堪能したら**焼野三叉路**へ下り、永田岳を往復する。ヤクザサの切り開きを登り下りし、山頂直下の太いロープをつかんでよじ登れば**永田岳**山頂に着く。展望はこちらも360度、正面に宮之浦岳、背に障子岳の岩壁、眼下に永田集落と太平洋を望むこともできる。

　焼野三叉路からの高塚尾根の下りは、雄大な景観を楽しみながらの稜線漫歩となる。平石展望台、第2展望台と**第1展望台**でひと息入れ、ぐんぐん下ると宿泊地となる**新高塚小屋**に着く。

縄文杉。樹高25・3ｍ、胸高16・4ｍ、樹齢は7千年を超えるともいわれる

おすすめの撮影ポイント

淀川小屋を早朝出発する屋久島縦走では、午前中は宮之浦岳の東面から南面側に日が当たるので、黒味岳山頂や宮之浦岳を望む縦走路の随所に撮影ポイントが得られる。午後に永田岳山頂から正面に眺める宮之浦岳は西面側に日が当たり、撮影場所の時間と光線の向きに恵まれる。おすすめのポイントとしては、①黒味岳山頂、②翁岳西側の縦走路、③翁岳と栗生岳との鞍部付近、④栗生岳手前付近、⑤永田岳山頂、⑤高塚尾根の平石展望台など。

■3日目■ 縄文杉を見て白谷雲水峡へ

歩行時間：**7時間25分** ／ 歩行距離：**11.8km**

　この日は早朝に出発しよう。約1時間で**高塚小屋**に着き、小屋から約10分で縄文杉展望台に着く。荒川からの登山者はまだ到着しないので、ゆっくり**縄文杉**を眺めることができる。

　夫婦杉、大王杉など巨杉を見て下ると、ウイルソン株に着く。株は空洞で、中に祠が置かれている。神水といわれる湧き水が

あり、一角から頭上を仰げば、株の切り口がハート形に見える。

大株歩道入口まで下ると、森林軌道敷（トロッコ道）歩きとなる。**楠川分れ**で軌道敷と離れ、辻の岩屋を経て**辻峠**にいたる。

辻峠から**太鼓岩**を往復し、苔むす森をすぎると**白谷小屋**に着く。くぐり杉を抜け、奉行杉コース分岐を直進し、白谷川を横切っていく。

あとは白谷雲水峡の遊歩道を下ると、縦走終了点の**白谷雲水峡入口**に着き、鹿児島本港への高速船に連絡する宮之浦港行きバスに乗車する。

その他のコースプラン

大雨・増水時は白谷川の徒渉を避けて、楠川分れから荒川登山口へ下るほうが安全だ（約2時間30分）。荒川登山口からは屋久杉自然館への種子島・屋久島交通バスが運行している（冬期運休）。

高塚小屋（20人収容）。水場は縄文杉まで10分下る

ほかにヤクスギランドバス停から石塚小屋を経て花之江河に向かう花之江河歩道（約7時間）、深田が下山にたどった永田岳から鹿之沢小屋を経て永田バス停に下る永田歩道（約7時間20分）などがある。

　　　文／川野秀也、吉田祐介　写真／川野秀也

アメリカの植物学者の名を冠するウイルソン株

問合せ先
[市町村役場] 屋久島町役場☎0997-43-5900、屋久島観光協会☎0997-49-4010
[交通機関] 種子屋久高速船（トッピー）予約センター☎099-226-0128、折田汽船（フェリー屋久島2）☎099-226-0731、種子島・屋久島交通（バス）☎0997-46-2221、まつばんだ交通バス・タクシー・レンタカー☎0997-43-5000、屋久島交通タクシー☎0997-42-0611（宮之浦）、☎0997-46-2321（安房）
[山小屋] 淀川小屋、新高塚小屋、高塚小屋、白谷小屋☎0997-43-5900（屋久島町役場）

アクセス
鹿児島本港から屋久島への航路は種子屋久高速船（トッピー）のほか、折田汽船運航の旅客船もある（約4時間）。屋久島空港へは鹿児島空港からの便が就航（約40分）。往路の紀元杉行きバスは12～2月は運休、積雪で車の通行も規制されることがあり、当該自治体などに道路情報を確認のこと。復路の白谷雲水峡発のバスの最終は16時過ぎ

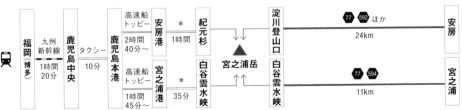

＊=種子島屋久島交通バス・まつばんだ交通バス

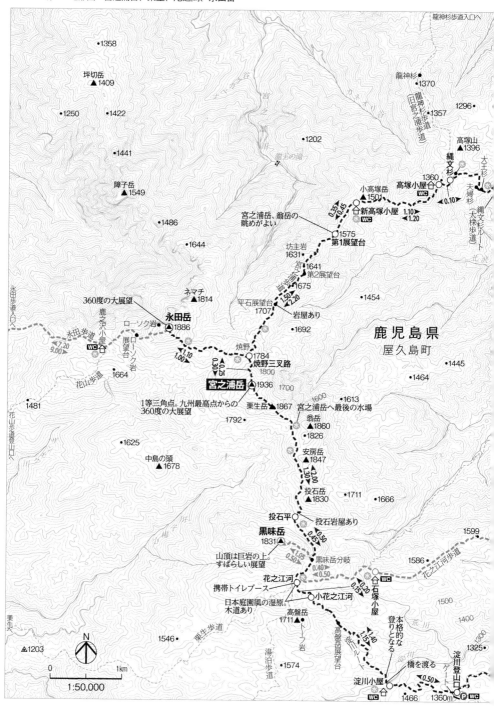

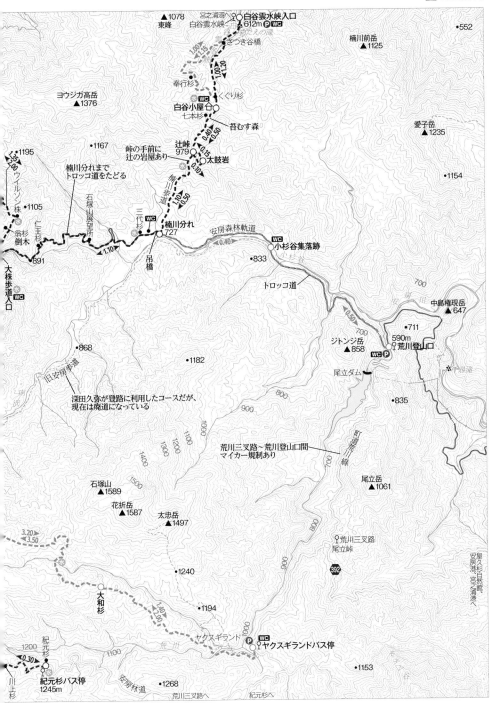

深田久弥・もうひとつの「百名山」

世界百名山で最後の掲載となったペルー・ワスカラン（6768m）

深田久弥といえばあまりにも日本百名山のイメージが強いが、登山家らしく世界の山にも目を向けており、なかでも50歳を迎えたあたりから、ヒマラヤ研究に精力を傾注していく。

その深田が『日本百名山』刊行6年後の1970（昭和45）年に雑誌『岳人』にて連載開始したのが「世界百名山」だ。「日本百名山」同様、深田自身の見解で百の山を選び、各山の山容や歴史、登山の記録などについて書き記している。翌年4月号までに41座掲載していたが、深田の急逝により中絶となった（掲載の山は右段リスト参照）。また、没後4年の1974年には、41座にこの先掲載されたであろう3座を加えた単行本『世界百名山絶筆41座』が新潮社から出版されている。

深田の「世界百名山」は志半ばで終わったが、それを実現した日本人もいる。写真家の白川義員（しらかわよしかず）（1935〜）で、2000〜02年にかけて作品集『世界百名山』（小学館）を出版した。候補にあがった127座すべてを空撮し、最終的に100座に絞りこんだ（日本からは富士山を選定）。

深田と白川には縁がある。白川の代表作のひとつ、写真集『ヒマラヤ』（小学館・1970年）にための撮影していた昭和40年代前半に、『ヒマラヤ』制作の唯一の理解者だった深田は、「世界百名山をやるなら阿蘇山を入れるべき」とアドバイスをしている（結局未収録）。この当時は深田もまだ世界百名山の連載を始める前だったが、すでにふたりの中には世界百名山が念頭にあったことがうかがえる。

岳人版「世界百名山」掲載リスト

	山名	所属
1	カズベク	中部コーカサス
2	シニオルチュー	シッキム・ヒマラヤ
3	アルパマヨ	ペルー・アンデス
4	カイラス	チベット
5	モンテ・ローザ	ペンニン・アルプス
6	ローガン	カナダ
7	ムズターグ・タワー	カラコルム
8	ルウェンゾリ	アフリカ
9	マルモラダ	ドロミテ
10	アマ・ダブラム	ネパール・ヒマラヤ
11	チンボラソ	エクアドル
12	キナバル	ボルネオ
13	ミニャ・コンカ	中国西部
14	ハーン・テンリ	天山
15	エレブス	南極
16	ナンダ・デヴィ	ガルワール・ヒマラヤ
17	モン・ブラン	モン・ブラン山群
18	ジャヌー	ネパール・ヒマラヤ
19	チョモラーリ	ブータン・ヒマラヤ
20	ミール・サミール	中部ヒンズークシ
21	レーニン峰	パミール
22	白頭山	朝鮮
23	デマヴェンド	イラン
24	パイネ	パタゴニア
25	マウント・クック	ニュージーランド
26	セント・エライアス	アラスカ
27	ニルカンタ	ガルワール・ヒマラヤ
28	シュレックホルン	ベルニーズ・アルプス
29	アララット	トルコ
30	ポポカテペトル	メキシコ
31	K2	カラコルム
32	スカルノ峰	ニューギニア
33	アコンカグア	アルゼンチン
34	オリンポス	ギリシャ
35	ナンガ・パルバット	パンジャブ・ヒマラヤ
36	エルブルーズ	コーカサス
37	マカルー	ネパール・ヒマラヤ
38	レーニア	キャスケード山脈
39	キリマンジャロ	アフリカ
40	ティリチ・ミール	東部ヒンズークシ
41	ワスカラン	ペルー・アンデス

※単行本には上記のほかエヴェレスト、カンチュンジェンガ、マナスル（ネパール・ヒマラヤ）を掲載

100

Mountains of Japan

百名山・選外の山

※101～121北関東・信越以前の東日本の山は上巻に掲載

122 奥大日岳
おくだいにちだけ

2万5000分ノ1地形図　剱岳

標高
2611m

大日三山の雄姿。右から奥大日岳、大日岳、中大日岳（写真／星野秀樹）

雄大な剱の展望と花々が魅力

大日尾根からの剱岳（左）（写真／星野秀樹）

剱・立山連峰の登山拠点となる室堂の北西に、どっしりした姿を見せる山がある。これが奥大日岳だ。中大日岳、大日岳とともに「大日三山」と呼ばれ、その最高峰となっている。山頂からは天を突くようにそびえる剱岳の雄姿が望める。室堂から新室堂乗越へ向かい、大日尾根を西進して山頂へ（室堂から約3時間30分）。途中のカガミ谷乗越周辺はシナノキンバイやハクサンフウロなど花が多い。

123 針ノ木岳
はりのきだけ

2万5000分ノ1地形図　黒部湖

標高
2821m

蓮華岳の登路からの針ノ木岳（中央）。右はスバリ岳（写真／菊池哲男）

日本三大雪渓を抱く後立山の雄峰

鳴沢岳を背に針ノ木雪渓を登る（写真／矢口拓）

後立山連峰の南端にある三角形の名山。日本二百名山に選ばれている。「山を想えば人恋し　人を想えば山恋し」の詩で知られる地元大町出身の文人・登山家の百瀬慎太郎ゆかりの山。メイン登山口である扇沢からの登路には日本三大雪渓のひとつ針ノ木雪渓があり、盛夏でも快適な登山が楽しめる。山頂からは眼下に黒部湖、正面に立山連峰、目を転じれば後立山連峰や槍・穂高まで見渡せる。

124

北アルプス南部／長野県

燕岳
（つばくろだけ）

2万5000分ノ1地形図　槍ヶ岳

標高
2763m

燕山荘前からの花崗
岩塔を連ねる燕岳
（写真／渡辺幸雄）

燕山荘〜燕岳間のイルカ岩
（写真／渡辺幸雄）

砂礫の斜面にコマクサが咲く北アの女王

常念山脈の日本二百名山。頂稜部は花崗岩塔が林立し、独特の景観を見せる。常念山脈は常念岳（P32）をはじめ北アルプスの中では登りやすい山が多いが、燕岳も同様。中房・燕岳登山口からの合戦尾根は急登が続くが道はよく整備され、北アルプスビギナーに最適。山頂南側の燕山荘を拠点に、大天井岳（P225）経由で常念岳や槍ヶ岳（P22）、燕岳経由で餓鬼岳（P225）へ縦走できる。

125

北アルプス南部／長野県

霞沢岳
（かすみざわだけ）

2万5000分ノ1地形図　上高地

標高
2646m

西穂稜線・丸山からの霞沢岳。どっしりした山容だ（写真／渡辺幸雄）

霞沢岳を望むK1ピーク（写真／渡辺幸雄）

上高地を挟み穂高と対峙する隠れた名峰

日本二百名山の霞沢岳は、上高地を挟んで穂高岳（P28）や焼岳（P40）と対峙する位置にある。上高地からダイレクトに登れず遠回りを強いられるためか登山者は多いとはいえないが、山頂からは穂高連峰などのすばらしい景観が堪能できる。その山頂へは徳本峠から長い稜線でめざす1本のみ。上高地からは往復13時間近くを要するため、徳本峠小屋で1泊する必要がある。

126 毛勝山（けかちやま）

北アルプス北部／富山県

2万5000分ノ1地形図　毛勝山

毛勝山は日本二百名山に選ばれている（写真／星野秀樹）

標高
2415m

強靭な体力が求められる北方稜線の盟主

剱岳（つるぎだけ）から北にのびる北方稜線上に位置し、近接する釜谷山（かまたんやま）（2415m）や猫又山（ねこまたやま）（2378m）とともに「毛勝三山」に数えられる。以前は残雪期に毛勝谷をつめるコースのみだったが、現在は西北尾根をたどる夏道（せいほく）が開かれている。とはいえ往復10時間を日帰りするだけの体力が求められる。

127 雪倉岳（ゆきくらだけ）

北アルプス北部／新潟県・富山県

2万5000分ノ1地形図　白馬岳

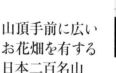

雪倉岳（左）と朝日岳（写真／菊池哲男）

標高
2611m

山頂手前に広いお花畑を有する日本二百名山

白馬岳（上巻P196）から朝日岳へと続く縦走路の中間に位置する。山頂手前の鉢ヶ岳東斜面には広大なお花畑があり、残雪が消えた7月下旬にはハクサンイチゲやシナノキンバイなどが咲き乱れる。この山だけを登る場合は、栂池自然園から白馬大池、三国境経由で往復する（約15時間）。

128 蓮華岳（れんげだけ）

北アルプス北部／長野県・富山県

2万5000分ノ1地形図　黒部湖

針ノ木岳方面から望む蓮華岳（写真／菊池哲男）

標高
2799m

山頂直下に国内屈指のコマクサ群生地

針ノ木峠（はり）を挟んで針ノ木岳（P222）と隣り合い、尖った山容の針ノ木岳に対し、こちらはなだらかな山容を見せる。雄大な展望が楽しめる山頂には若一王子神社（にゃくいちおうじ）の奥宮が置かれている。山頂への最短コースは扇沢（おうぎさわ）が起点。針ノ木雪渓をつめて針ノ木峠へ、ここから左の縦走路上を行く（約6時間）。

224

129

北アルプス南部／長野県

餓鬼岳
（がきだけ）

2万5000分ノ1地形図　烏帽子岳

餓鬼岳直下に建つ餓鬼岳小屋。テント場もある（写真／渡辺幸雄）

標高
2647m

常念山脈北端に佇まいをみせる静かなる山

常念山脈の北端に位置する山。恐ろしげな山名は、崩壊地が多い崖岳（＝がけだけ）」が転じたとも。登山道は白沢三股から白沢沿いに進むコースと、燕岳・中房登山口から東沢乗越経由の2本。後者はケンズリと呼ばれる難所の通過があり、上級者向き。山頂直下には餓鬼岳小屋が建っている。

北アルプス南部／長野県

大天井岳
（おてんしょうだけ）

2万5000分ノ1地形図　槍ヶ岳

常念の肩からの横通岳と大天井岳（左）（写真／渡辺幸雄）

標高
2922m

北アの人気コースが集まる常念山脈最高峰

常念山脈最高峰の日本二百名山。山頂こそ縦走路から外れているが、燕岳（P223）や槍ヶ岳（P22）からの表銀座コースと蝶ヶ岳や常念岳（P32）からの人気の登山道が、この山の近くで合流する。山名の大天井は高いところを意味し、名前通り山頂は北アルプス全体を見渡す好展望台となっている。

131

北アルプス南部／長野県

有明山
（ありあけやま）

2万5000分ノ1地形図　有明

松川村・船方遊歩道から見る有明山（右）。左奥は常念山脈

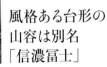

標高
2268m

風格ある台形の山容は別名「信濃冨士」

長野県安曇野市と松川町の境に位置する、常念山脈の前衛峰的存在の山。山麓からもよく目立ち、なおかつ日本二百名山にも選ばれているが、登山者は決して多くはない。台形の山頂部には最高点の北岳、中岳、南岳の3つのピークがある。登山道は3本あるが、いずれもハードな登降だ。

132

中央アルプス／長野県

南駒ヶ岳
<small>みなみこまがたけ</small>

2万5000分ノ1地形図　空木岳

濁沢大峰から望む空木岳（左）と南駒ヶ岳（写真／渡辺幸雄）

標高
2841m
（北峰）

ハイマツと岩峰を抱えた中ア中央の名山

中央アルプス中央部にある日本二百名山で、南北2つのピークからなる。深田久弥は『日本百名山』内で選から漏れた山については大半が後記で触れているが、この山は本文中の「空木岳」の項でその理由を記述している（わずかに背が高いことと、山名の美しさから空木岳を選んだ）。

133

南アルプス／山梨県・静岡県

笊ヶ岳
<small>ざるがたけ</small>

2万5000分ノ1地形図　新倉

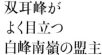

笊ヶ岳は顕著な双耳峰だけに山座同定がしやすい（写真／岸田 明）

標高
2629m

双耳峰がよく目立つ白峰南嶺の盟主

大井川左岸に南北に連なる白峰南嶺。いささか地味な山域な中で、大笊と小笊の双耳峰を持つ笊ヶ岳は存在感充分。山頂からの展望もすばらしく、甲斐駒ヶ岳を除く南アルプスの主要な山々はすべて見ることができる。深田久弥は1960年冬に登頂を試みているが、深い雪により撤退している。

134

南アルプス／山梨県

七面山
<small>しちめんざん</small>

2万5000分ノ1地形図　七面山

大崩壊地・ナナイタガレが目印の七面山（写真／岸田 明）

標高
1989m

山上寺院で知られる南アルプス前衛

山梨県早川町にある日本二百名山。山上へは2本の参道がのびるが、ただ登るだけではきつい標高差の登降に終始してしまうので、山上寺院で知られる敬慎院に宿泊して参籠修行体験や富士山のご来光を見るのもいいし、山麓にある国重要伝統的造物群保存地区・赤沢宿に前泊して登山に臨むのもよい。

南アルプス／静岡県

大無間山
（だいむげんさん）

2万5000分ノ1地形図　畑薙湖

リバウェル井川スキー場からの大無間山
（写真／岸田 明）

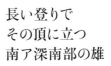

長い登りで
その頂に立つ
南ア深南部の雄

標高
2330m

南アルプス深南部にある日本二百名山。以前は井川の田代集落から尾根をひたすら登って途中の小無間山に向かっていたが、途中にある鋸歯の崩壊により通行不能となり、現在は県道60号の明神橋から北東尾根を登って小無間山をめざす（詳細は弊社アルペンガイド『南アルプス』参照）。

北陸・関西／福井県・岐阜県

能郷白山
（のうごうはくさん）

2万5000分ノ1地形図　能郷白山

山頂直下に広がる気分のよい笹原の道（写真／石際 淳）

本家とともに
両白山地を
代表する山

標高
1617m

両白山地の南の盟主・能郷白山。標高は1600mをわずかに超える程度だが、ブナやダケカンバなど高山の雰囲気を持つ。深田久弥は『日本百名山』の「荒島岳」の項で、荒島岳と能郷白山のどちらを選ぶか迷ったが、最終的に荒島岳を選んでいる。最短コースの温見峠から往復4時間。

北陸・関西／三重県・滋賀県

鈴鹿山
（すずかやま）

2万5000分ノ1地形図　御在所山

中道からの御在所岳山頂部。左にロープウェイが見える

鈴鹿山脈の
北部と中部を
代表する2山

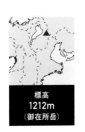

標高
1212m
（御在所岳）

『日本百名山』の後記にある「鈴鹿山」は、鈴鹿山脈の主峰・御在所岳と、全山石灰岩からなる藤原岳（標高約1140m）を指す。ともに日本二百名山・三百名山に選ばれている鈴鹿山脈の名山だが、前者はその当時ですでに遊園地化、後者は高さが足りないことから選ばれることはなかった。

138 笈ヶ岳（おいづるがたけ）

2万5000分ノ1地形図　中宮温泉

冬瓜山付近からの笈ヶ岳。すぐ右に小笠を従える（写真／原 弘展）

残雪期のみ入山できる秘境の山

標高
1841m

　白山の北方、富山・石川・岐阜の3県にまたがる。日本二百名山の一峰だが登山道はなく、4～5月の残雪期に中宮からテント泊で登る（往復14時間強）。深田久弥にとって北陸はふるさとだけに下記大笠山のどちらかを入れようとしていたが、登頂の機会がなくリストから外された。

139 大笠山（おおがさやま）

2万5000分ノ1地形図　中宮温泉

登路からの大笠山。まさに笠のような姿だ（写真／原 弘展）

豊かな自然が残る山に一日がかりで登る

標高
1822m

　富山・石川県境の山で、上記笈ヶ岳の稜線続きにある。笈ヶ岳同様深田が登頂の機会がなく、惜しくも選ばれなかった。登山道は実質東麓の桂湖からフカバラの尾根の標高差1200mをひたすら登る1本のみ（往復約9時間）。1等三角点のある山頂からは白山などが一望できる。日本三百名山。

140 比良山（ひらさん）

2万5000分ノ1地形図　北小松

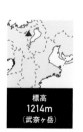

御殿山からの西南稜と武奈ヶ岳山頂（写真／青木 繁）

琵琶湖西岸に南北に連なる約20kmの山地

標高
1214m
（武奈ヶ岳）

　『日本百名山』後記では選から漏れた山として「比良山」の記述がある。比良山地には唯一山地の名を有する比良岳（1051m）があるが縦走路上の一ピークだけに、ここでの比良山は山地最高峰で日本二百名山の武奈ヶ岳か、三百名山の蓬莱山（1174m）を指すと思われる。

氷ノ山
ひょうのせん

2万5000分ノ1地形図　氷ノ山

氷ノ越コースの尾根上からの氷ノ山
（写真／藤原道弘）

標高
1510m

孤高の登山家・加藤文太郎ゆかりの山

兵庫県最高峰の山（別名須賀ノ山）で、中国地方でも大山（P180）に次ぐ標高を有することもあり、「日本百名山」の中国地方からの選定の際は、大山の次点に上がっていた。登山道は兵庫県側、鳥取県側から複数あるが、ともに氷ノ越を経由するコースが人気。日本二百名山。

蒜山
ひるぜん

2万5000分ノ1地形図　蒜山

真庭市蒜山東茅部からの蒜山三座。左から上、中、下蒜山

標高
1202m
（上蒜山）

「蒜山三座」の名で親しまれる中国地方の名山

日本二百名山の蒜山は、大山、三瓶山とともに中国地方を代表する山のひとつ。蒜山高原の北に、上蒜山と中蒜山、下蒜山の3つのピークを並べる。別個に登ってもいいが、三座の縦走（約5時間半）は、ブナの純林や花、雄大な展望と、蒜山の魅力が一度に楽しめる贅沢な行程となる。

三瓶山
さんべさん

2万5000分ノ1地形図　三瓶山東部、三瓶山西部

西麓の浮布ノ池越しに望む主峰・男三瓶山（左）と子三瓶山

標高
1126m
（男三瓶山）

親子など6つのピークを持つトロイデ型火山

火口跡の周りに、主峰の男三瓶、女三瓶、大平山、孫三瓶、子三瓶、日影山の6つの山頂が並び立つ。山名は、出雲風土記の国引き神話に登場する佐比売山が転訛したとされる。最高点の男三瓶山頂（北の原から約1時間半）からは、島根半島から日本海まで一望できる。日本二百名山。

144 九州／大分県

由布岳
（ゆふだけ）

2万5000分ノ1地形図　別府西部

姿は富士、山頂部は双耳峰の印象的な山容を持つ

温泉リゾート・湯布院のシンボルの山

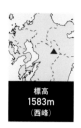

標高
1583m
（西峰）

九州屈指の温泉地・湯布院温泉の背後にそびえる日本二百名山の由布岳は、東峰と最高点で1等三角点がある西峰の2つのピークからなる双耳峰。均整の取れた三角錐の姿から「豊後富士」と称される。最も利用される正面登山口から360度の展望が広がる東峰へは、往復3時間半弱。

---

145 九州／熊本県・宮崎県

市房山
（いちふさやま）

2万5000分ノ1地形図　市房山

熊本県側から望む
市房山（右）
（写真／吉川 渡）

脊梁の南の盟主と称される美しい山容

標高
1721m

熊本・宮崎県境にまたがる市房山は九州脊梁山地南端に位置し、熊本では国見岳（1739m）に次ぐ標高。日本二百名山だけに堂々とした山容で、熊本県水上村から見るといちばん均整がとれて美しい。熊本側の市房山キャンプ場から山頂へ約3時間、宮崎側の五合目からは約2時間20分。

---

146 九州／鹿児島県

桜島
（さくらじま）

2万5000分ノ1地形図　桜島北部

鹿児島市・城山山頂からの桜島（写真／川野秀也）

噴煙たなびく「鹿児島のシンボル」

標高
1117m
（御岳）

鹿児島市街から錦江湾越しに豪快な姿を見せる桜島。「島」とあるが、1914（大正3）年の噴火以前は実際に大隅半島とはつながっていなかった。現役バリバリの活火山だけに当然最高点の御岳には立てず、四合目の湯之平（標高374m）を頂点として登ることになる。

230

日本百名山 登山ガイド・50音別 山名さくいん

※太字は本書に掲載している山です。　231

Alpine Guide
日本百名山 登山ガイド 下

写真・文

みやけ がく
三宅 岳
黒部五郎岳・丹沢山

わたなべゆき お
渡辺幸雄
水晶岳・鷲羽岳・
槍ヶ岳・穂高岳・
常念岳・焼岳・八ヶ岳・
木曽駒ヶ岳・空木岳

しまだ おさむ
島田 靖
笠ヶ岳・乗鞍岳・
御嶽山

かい と ふじ お
垣外富士男
美ヶ原・霧ヶ峰

ひぐちかずしげ
樋口一成
蓼科山

うち だ えいいち
打田鍈一
両神山

山岳写真ASA
（鈴木弘之）
雲取山

ながさわ ひろし
長沢 洋
甲武信ヶ岳・金峰山・
瑞牆山・大菩薩嶺

ひら た けんいち
平田謙一
富士山

よし だ ゆうすけ
吉田祐介
天城山・宮之浦岳

いしぎわ あつし
石際 淳
恵那山

なかにしとしあき
中西俊明
甲斐駒ヶ岳・
仙丈ヶ岳・北岳・
間ノ岳

い とうてつ や
伊藤哲哉
鳳凰三山・塩見岳

きし だ あきら
岸田 明
東岳・赤石岳・
聖岳・光岳

はら ひろのぶ
原 弘展
白山

おか だ としあき
岡田敏昭
荒島岳・伊吹山

こじままさたか
小島誠孝
大台ヶ原山・大峰山

ふじわらみちひろ
藤原道弘
大山

いしかわみち お
石川道夫
剣山・石鎚山

ふじ た せいいち
藤田晴一
九重山・祖母山

よしかわ わたる
吉川 渡
阿蘇山

かわ の ひでや
川野秀也
霧島山・開聞岳・
宮之浦岳

ヤマケイ アルペンガイド
日本百名山 登山ガイド 下

2021年3月5日　初版第1刷発行

編者／山と溪谷社
発行人／川崎深雪
発行所／株式会社 山と溪谷社
〒101-0051
東京都千代田区神田神保町1丁目105番地
https://www.yamakei.co.jp/

■乱丁・落丁のお問合せ先
山と溪谷社自動応答サービス
TEL03-6837-5018
受付時間／10:00〜12:00、
13:00〜17:30（土日、祝日を除く）
■内容に関するお問合せ先
山と溪谷社　TEL03-6744-1900（代表）
■書店・取次様からのお問合せ先
山と溪谷社受注センター
TEL03-6744-1919　FAX03-6744-1927

印刷・製本／大日本印刷株式会社

装丁・ブックデザイン／吉田直人
編集／吉田祐介
編集協力／後藤厚子
写真協力／星野秀樹、菊池哲男、
矢口 拓、青木 繁
DTP・地図制作／株式会社 千秋社

＊参考文献／『日本百名山』深田久弥（新潮社）、『世界百名山 絶筆41座』深田久弥（新潮社）、ヤマケイ文庫『わが愛する山々』深田久弥（山と溪谷社）、ヤマケイ文庫『深田久弥選集 百名山紀行』上・下巻（山と溪谷社）、『山と溪谷』2021年1月号（山と溪谷社）

＊本書に掲載した地図の作成に当たっては、国土地理院発行の数値地図（国土基本情報）を使用しました。
＊コース断面図の作成は、DAN杉本さん作成のフリーウェア「カシミール3D」を使用しました。